20★22

김성원
이원만
김 용
윤진만
박찬준
김가을
지음

2022
K리그
스카우팅리포트

K 리 그 관 전 을 위 한 가 장 쉽 고 도 완 벽 한 준 비

2022
K LEAGUE
SCOUTING REPORT

CONTENTS

CHAPTER 1. FEATURE

PREVIEW 1. 2022년 K리그 어떻게 바뀌었나?   6

PREVIEW 2. 항저우 아시안게임 3연패를 책임질 영건들   8

PREVIEW 3. 행복은 연봉순? 반은 맞고 반은 틀렸다   10

PREVIEW 4. 꿀케미를 기대해   12

CHAPTER 2. 2022 K LEAGUE SCOUTING REPORT

전북 현대 모터스 JEONBUK HYUNDAI MOTORS   16

울산 현대 축구단 ULSAN HYUNDAI   34

대구FC DAEGU FC   52

제주 유나이티드 JEJU UNITED   70

수원FC SUWON FC   88

수원 삼성 블루윙즈 SUWON SAMSUNG BLUEWINGS   106

스쿼드 일러두기   14

FC서울 FC SEOUL   124

인천 유나이티드 INCHEON UNITED   142

포항 스틸러스 POHANG STEELERS   160

성남FC SEONGNAM FC   178

강원FC GANGWON FC   196

김천 상무 프로축구단 GIMCHEON SANGMU FC   214

2022년 K리그 어떻게 바뀌었나?

카타르 월드컵으로 인해 바뀐 일정

임인년 K리그는 변화가 물결치고 있다. 역대 가장 빠른 2월 19일 개막한다. 1983년 출범한 한국 프로축구에서 2월 말(2010년, 2021년·2월 27일) 개막은 있었지만 겨울 기운이 가득한 2월 중순 개막은 없었다.

2022년 카타르 월드컵이 몰고 온 바람이다. 사상 첫 겨울 월드컵인 카타르 대회는 11월 21일 막을 올린다. 한국프로축구연맹은 돌발상황이 벌어지지 않는 한 월드컵 개막 전인 10월 30일, 모든 일정을 소화한다는 계획이다. 코로나19 확진자 발생으로 불가피하게 연기되는 경우라도 마지막 경기를 치를 수 있는 시점을 12월 4일로 결정했다.

코로나19 확산사태가 심각하여 리그 진행이 불가능하거나, 예비일 부족으로 더 이상 경기 연기가 불가능할 경우에는 그 시점에서 리그를 중단한다. 다만 22라운드 이상 치러진 후에 중단되면 리그는 성립한 것으로 본다.

선수단 내 코로나19 확진자가 발생할 경우 해당 팀의 경기는 2주일 이상 연기하고 그 외 경기는 정상 운영하는 것을 원칙으로 한다. 단 해당 팀 선수 중 17명(골키퍼 1명 포함) 이상이 코로나19 검사 결과 음성, 무증상, 자가격리 비대상의 요건을 충족하여 경기에 참가할 수 있는 상태라면 해당 팀의 경기를 개최할 수 있다.

K리그 팀들은 FA컵과 아시아챔피언스리그리그(ACL)도 병행해야 한다. ACL 플레이오프는 3월 15일 단판으로 열리고, 조별리그는 4월 15일부터 5월 1일까지 한 곳에 모여 치러진다. 16강부터 4강까지도 8월 18일부터 25일까지 단판승부로 중립지역에서 개최될 예정이다. 결승전은 해를 넘겨 2023년 2월 19일과 26일 홈 앤 어웨이 방식으로 열릴 예정이다.

촘촘하게 경기 일정이 짜여 져 모든 구단이 살인적인 일정을 피할 수 없다. 변수도 춤을 출 전망이다. 부익부 빈익빈, 선수층이 두터운 구단이 더 유리할 수밖에 없는 구도다.

더 이상의 볼보이 논란은 없다

2022시즌부터는 볼보이가 선수에게 직접 공을 전달하는 대신 터치라인과 엔드라인 주변에 배치된 총 12개의 소형 콘 위에 공을 올려놓으면 선수가 가져가는 방식으로 진행한다. 지난해 강원FC와 대전하나 시티즌의 승강 플레이오프에서 벌어진 '볼보이 경기 지연 행위'의 재발을 방지하는 동시에 코로나19에 대응한 밀접접촉 방지, 신속한 경기 진행을 도모하기 위한 변화다.

K리그2와 승강제의 변화

K리그2도 외양이 달라진다. 김포FC가 합류하면서 11개 구단 체제가 열린다. K리그2는 팀당 40경기를 치르는 일정으로 진행된다. 또한 K리그1에만 적용됐던 '5명 교체'가 K리그2에서도 시행된다.

승강 제도 또한 진화한다. 2부 리그의 1부 승격 기회가 확대됐다. 기존 '1+1'에서 '1+2'로 변모한다. K리그2 1위는 현행대로 1부 리그에 직행한다. 2위는 좀 더 수월해졌다. K리그1 11위팀과 곧바로 승강 플레이오프(PO)를 치른다. 3~5위팀은 PO를 거쳐 K리그1 10위팀과 승강 PO를 펼친다. 승격 가능한 팀이 최대 3개팀이 될 수 있다. 이와 함께 승강 PO에서 적용되던 원정 다득점 제도는 폐지된다.

K리그2 4위와 5위 간 준PO는 10월 19일, K리그2 3위와 준PO 승리팀 간 PO는 10월 23일 열린다. K리그1 11위와 K리그2 2위 간 승강 PO는 10월 26일, K리그1 10위와 K리그2 PO 승자 간 승강 PO는 10월 30일 각각 펼쳐질 계획이다. 한편 K리그1의 생존 경쟁은 더 치열하고 처절해졌다. 파이널B로 떨어지는 순간 강등의 소용돌이에 휘말리게 된다.

프로 B팀 근황

지난해 '프로 B팀' 제도가 도입돼 K리그 구단 중 강원이 처음으로 B팀을 구성하여 K4리그에 참가했다. 올 시즌에는 강원을 비롯해 전북, 대구, 대전까지 총 4개 구단의 B팀이 K4리그에 참가한다. B팀 운영은 유망주들의 실전 경험을 통한 기량 향상과 선수단 운용 폭 확대에 기여할 것으로 보인다. R리그(리저브 리그)는 2020년 코로나19 확산으로 중단된 지 2년 만에 재개된다. 다만 B팀 운영 등 각 구단의 상황이 다름을 고려하여 R리그 참가는 구단의 자율 선택에 맡긴다. 무대가 넓어지는 만큼 고등학생 신분으로 프로 경기에 출전할 수 있는 준프로계약 가능 연령이 17세(고2)에서 16세(고1)로 하향된다. 인원도 3명에서 5명으로 확대된다. 이를 통해 각 구단의 유스 육성 동력이 강화되고 B팀 운영시 선수 수급이 원활해질 전망이다. 표준선수계약서 규정도 개정됐다. 임의탈퇴 제도가 폐지되고, 구단이 소속 선수의 이적을 추진할 때에는 선수와 사전 협의를 거쳐야 한다. 아울러 구단과 프로 계약을 체결한 선수가 등록기간에 구애받지 않고 시즌 중 A팀과 B팀을 상시적으로 오가며 출전할 수 있도록 개정했고, B팀의 경우에는 B급 지도자 자격증을 보유한 스태프를 코칭스태프로 등록할 수 있다.

K리그에 어울리는 K-유니폼

모든 팀의 유니폼에 새기는 선수명과 등번호도 통일된다. 한국프로축구연맹은 K리그의 브랜드 아이덴티티(BI) '다이나믹 피치'를 모티브로 한 공식서체를 제작했다. 공식서체는 유니폼과 각종 제작물, 문서, 홈페이지, SNS 등에 적용된다. 또 유니폼에 선수명을 영문으로 표시하는 경우 가독성과 직관성이 떨어진다는 지적에 따라 유니폼의 선수명 표시를 한글로 표기한다. 또 제2유니폼의 색상을 흰색뿐 아니라 밝고 연한(명도 85% 이상 채도 10% 이하) 유색으로 정할 수 있도록 변경했고, 제3유니폼은 시즌 중에도 등록가능하다. 녹색 그라운드에 더 다채로운 유니폼이 등장할 것으로 기대된다.

항저우 아시안게임
3연패를 책임질 영건들

K리그 유스시스템이 도입된 지도 10년이 훌쩍 넘었다. 유소년 클럽 평가인증제인 유스 트러스트를 비롯해 준프로계약 제도 등 선수 육성에 초점을 맞췄다. K리그는 22세 이하 의무 출전제도(U-22 룰)를 통해 어린 선수들의 출전 기회를 확대하며, 이들의 경기력까지 끌어올렸다. 그 결과가 2014년 인천 아시안게임, 2018년 자카르타-팔렘방 아시안게임 금메달이었다. 올해 또 다시 아시안게임이 열린다. 황선홍호가 9월 항저우에서 3회 대회 연속 금메달을 노린다. 병역혜택이 걸려 있는 아시안게임은 월드컵, 올림픽과 함께 한국축구에서 가장 비중 있는 대회다. 이번 대회도 전망이 밝다.

지난해부터 U-22 룰을 두 명으로 확대하며, 22세 이하 선수 풀이 더욱 넓어졌다. 물론 규정에 맞춘 선발 출전, 조기 교체라는 꼼수가 나오기도 했지만, 꾸준한 출전, 그리고 성장이라는 결실을 제법 만들어냈다.

공격진에서는 엄지성(광주) 조영욱(서울) 송민규(전북)가 눈에 띈다.

엄지성은 지난해 19세의 나이로 데뷔해 맹활약을 펼쳤다. 이름답게 '엄원상+박지성' 같은 플레이를 펼친다. 1월 터키전지 훈련에 전격 이름을 올린 엄지성은 아이슬란드와의 데뷔전에서 데뷔골을 쏘아올렸다.

연령별 대표팀에서 맹활약을 펼친 조영욱은 지난 시즌 마침내 자신의 포텐을 폭발시켰다. 최연소 이달의 선수상을 받기도 했다. 벤투호에서도 입지를 넓히고 있는 조영욱은 독일 함부르크, 스코틀랜드 허츠 등의 해외팀의 관심을 받았다.

'억원의 사나이' 송민규는 포항에서 맹활약을 펼치며 2020년, 스타의 등용문이라고 할 수 있는 영플레이어상을 수상했다. 전북 이적 후 다소 주춤했지만, 갈수록 좋아지고 있다.

미드필드와 수비진에도 좋은 선수들이 많다. 강현묵, 김태환(이상 수원) 권혁규(김천) 김봉수(제주) 이진용(대구) 박진성(전북) 이지솔(제주) 등도 일찌감치 프로를 경험하며 실력을 키운 알토란같은 선수들이다. 여기에 같은 연령대인 해외파 이강인(마요르카) 정우영(프라이부르크) 정상빈(울버햄튼) 등이 더해지면 '3연패'는 꿈만이 아니다.

행복은 연봉순?
반은 맞고 반은 틀렸다

이번에도 결실 맺은 전북

한국프로축구연맹은 1983년 출범 이후 '선수 연봉 비공개'를 원칙으로 했다. 그러나 선수들의 연봉과 이적료가 치솟아 구단 예산에서 선수 인건비가 차지하는 비율이 비정상적으로 높아지는 구조가 발생했다. 이에 연맹은 2013년부터 매년 구단(군팀 김천상무 제외) 선수 기본급 및 각종 수당을 더한 연봉을 산출해 발표하고 있다.

지난 9년의 추이를 살펴보면 연봉 총액은 반등을 거듭하며 현재에 이르렀다. 결과만 놓고 보면 2013년 K리그 14개팀 연봉의 총액은 682억2,719만6,000원이었다. 2021년 K리그 12개팀 연봉 총액은 1,073억782만4,000원으로 증가했다. 특히 2020~2021년은 코로나19 팬데믹 탓에 경제 전반의 상황이 좋지 않았다. 그러나 2021년은 2020년(952억422만5,000원)보다 늘었다.

이러한 흐름 속 꾸준히 지갑을 열고 있는 팀은 단연 전북이다. 전북은 2013년을 제외하고 매년 연봉 총액 1위에 이름을 올리고 있다. 2021년에도 연봉 총액 178억251만1000원(평균 5억4,220만8,000원)을 투자했다. 국내선수 '연봉킹'도 전북에서 나왔다. 김보경이 13억 원을 받았다. 투자는 결실로 이어졌다. 전북은 2021년 K리그1 우승을 차지했다. 2017년부터 5연속 정상을 밟으며 K리그 전무후무 대기록을 작성했다.

반면, 2021년 K리그1 12위를 기록하며 다이렉트 강등을 당한 광주FC는 연봉 총액 46억24만9,000원을 투자했다. K리그1 최하위였다.

축구의 묘미, 돈이 전부는 아니다

축구공은 둥글다. 프로 세계에서도 돈이 전부는 아니라는 점을 입증한 구단이 있다. 지난해 수원FC가 대표적인 예다. 2021년 수원FC는 '마이너'에 속하는 구단이었다. 승격팀인데다 시민구단이란 한계가 분명했다. 실제로 수원FC는 지난해 선수 연봉 총액 65억7,174만4,000원을 사용했다. K리그1 12개 구단 중 10위에 머물렀다. 선수 평균 연봉은 2억698만4,000원으로 전체 6위였다. 하지만 수원FC는 예상을 뒤엎었다. 파이널A 진출은 물론, 5위로 시즌을 마감하는 저력을 발휘했다.

'신흥강호' 대구FC도 가성비 대비 긍정 효과를 냈다. 대구는 선수 연봉 총액 81억8,873만5,000원을 사용했다. 12개 구단 중 7위다. '외국인 선수 연봉킹' 세징야에 투자한 14억 8,500만원을 고려하면 국내 선수 연봉은 더욱 적다. 지난해 국내 선수 평균 연봉은 1억3,190만1,000원으로 11위에 해당하는 수치다. 하지만 대구는 지난해 구단 역대 최고인 3위를 기록하며 활짝 웃었다.

표로 보는 K리그 연봉(2021년 기준)

순위		구단명	총액	평균
총액	최종순위		(단위:천 원)	
1	1	전북	17,802,511	542,208
2	2	울산	14,701,814	484,675
3	4	제주	9,884,271	296,528
4	9	포항	8,433,234	197,269
5	7	서울	8,278,177	228,364
6	3	대구	8,188,735	198,917
7	6	수원 삼성	7,864,951	223,119
8	11	강원	7,830,805	185,711
9	8	인천	7,127,087	197,062
10	5	수원FC	6,571,744	206,984
11	10	성남	6,024,246	178,496
12	12	광주	4,600,249	128,081

꿀케미를 기대해

"이겼는데, 왜 울어? 왜 울어!"

전북 현대 김상식 감독이 2021시즌 K리그1 우승을 확정한 순간 눈물을 왈칵 쏟은 주장 홍정호에게 한 말이다. 홍정호는 "감독 첫 해 마음고생하신 감독님을 위해서라도 꼭 우승하고 싶었다"라고 말했다. 이런 게 이른바 '케미'다. '케미'는 때로는 말로 설명할 수 없는 엄청난 효과를 가져다주고는 한다. 김상식–홍정호의 뒤를 이을 '2022년 꿀케미 대상' 후보들을 소개한다.

홍명보 X 박주영

홍명보 감독과 박주영이 울산에서 의기투합했다. 2012년 런던올림픽에서 영광을 함께한 사이다. 홍 감독은 박주영이 병역 관련 논란에 휩싸였을 때 "내가 대신 군대에 가겠다"라고 감쌌고, 이후 2014년 브라질 월드컵 대표팀에도 합류시켰을 정도로 박주영에 대한 신임이 두텁다. FA 신분으로 서울을 떠난 38세 노장을 품은 것도 홍명보였다. 박주영은 "감독님께 트로피 보여드릴 것"이라고 각오를 밝혔다.

조광래 X 가마

대구 조광래 대표와 가마 신임감독은 2010년대 경남FC와 한국 대표팀에서 감독-코치로 인연을 맺었다. 조 대표는 가마 감독의 '축구 보는 눈'을 높이 샀다. 브라질 출신 가마 감독은 그런 조 대표를 '아버지'라고 부르며 따랐다. 모처럼 다시 뭉쳐 우승이라는 공동 목표를 향해 달린다.

이명주 X 김도혁

2018년 경찰축구단에서 급격히 친해졌다. 다시 같은 팀에서 호흡을 맞출 일이 없을 것 같던 두 미드필더는 이명주가 인천으로 깜짝 이적하며 재회했다. 뼛속까지 '인천맨' 김도혁과 '탑티어 영입생' 이명주가 버티는 인천 중원은 한층 업그레이드됐다.

최용수 X 유상훈
남기일 X 김동준

강원 최용수 감독과 제주 남기일 감독은 새 시즌을 앞두고 각각 골키퍼 유상훈과 김동준을 데려왔다. 원하는 목표를 이루기 위해선 믿음직한 제자가 필요했던 모양이다. 최 감독과 유상훈은 FC서울에서 희로애락을 함께한 인연이 있다. 김동준은 남 감독과 함께 성남의 1부 승격을 함께 일궜다.

김도균 X 이승우

이승우가 최근 2~3년간 유럽의 여러 팀을 오가며 출전기회를 거의 잡지 못했다는 건 각 소속팀 감독의 눈도장을 찍지 못했다는 말과 다르지 않다. 이승우의 K리그행으로 시선은 이제 수원FC 김도균 감독에게 쏠린다. 김 감독은 일단 K리그에 데뷔하는 이승우를 부활시킬 수 있다는 자신감을 피력해둔 상태다.

박진섭 X 박진섭

전북은 2022시즌 두 명의 '박진섭'을 영입했다. '꾀돌이' 박진섭 1군 기술코치 겸 B팀 감독과 '전 대전하나시티즌 주장' 박진섭이다. 감독 박진섭과 선수 박진섭의 역할은 다르지만, 임무는 같다. 김상식 감독의 옆에서, 공격수들의 뒤에서, 전북의 6연패를 뒷받침하는 일이다.

스포츠조선 기자들이 각 팀의 주목할 만한 선수 5인과 1군 경기에서 얼굴을 자주 비출 선수 15인을 선정하였다.

홍정호

② 1989년 8월 12일 | 33세 | 대한민국 | 186cm | 77kg

③ DF

No.26

경력 ⑦

제주(10~13)
▷아우크스부르크(13~16)
▷장쑤 쑤닝(16~18)
▷전북(18~)

K리그 통산기록 ⑧

170경기 8득점 4도움

대표팀 경력 ⑨

42경기 2득점
2014 월드컵

홍정호에게 2021년은 특별했다. 홍정호는 또래 중 최고로 불렸다. 연령별 대표팀을 모두 경험하며, 엘리트 코스를 밟았다. 고향팀 제주에서 프로생활을 시작한 홍정호는 적응기 없이 리그 최고의 수비수 한명으로 떠올랐다. 2013년 여름에는 독일 아우크스부르크로 이적하며 한국인 최초의 빅리그 중앙 수비수로 역사에 이름을 남겼다. 이후 스타급 선수들을 빨아들인 중국 무대(장쑤 쑤닝)를 밟았고, 'K리그 1강'인 전북 유니폼을 입었다. 화려한 커리어를 보냈지만, 기대만큼의 임팩트를 남기지 못했다. 부상 등이 겹치며 오히려 대표팀에서는 거리가 멀어졌다. 절친 김영권, 후배 김민재 등은 승승장구했다. 하지만 주저앉지 않았다. 전북 이적은 터닝포인트였다. 꾸준한 경기력으로, 화려했던 이전과는 다른 모습을 보여줬다. 홍정호 입성 후 전북은 한차례도 우승을 놓치지 않았다. 2021년은 하이라이트였다. 이동국의 뒤를 이어 전북의 주장 완장을 찬 홍정호는 매경기 엄청난 활약을 펼쳤다. 잦은 부상은 이제 남의 일이었다. 꾸준히 후방을 지키며 흔들리던 전북의 중심을 잡았다. 특히 9월 울산과의 현대가 더비에서 종료 직전 이동준의 헤더를 걷어낸 장면은 '올해의 플레이'로 손색이 없을 정도였다. 리그 최소실점을 견인하며 K리그 초유의 5연패를 이끈 홍정호는 'MVP'로 선정됐다. 수비수로는 24년만의 일이었다. 다시 한번 최고임을 공인한 홍정호는 한층 더 원숙해진 기량으로, 올 시즌에도 팀의 핵심으로 활약할 전망이다.

2021시즌 기록

⑩ 4	**⑫** 3,315(36) MINUTES 출전시간(경기수)	**⑬** 2 GOALS 득점	**⑭** 1 ASSISTS 도움	0 **⑪**

강점	패스 차단 능력, 정교한 태클	특징	K리그에서 볼 수 없는 완성형 수비수
약점	가끔씩 놓는 정신줄 아쉬운 스피드	별명	홍일단

③ MF

① 바코

1993년 1월 29일 | 29세 | 조지아 | 174cm | 74kg ②

경력 | 트빌리시(10~11) ▶루스타비(10~11) ▶피테서(11~17)
▶레기아 바르샤바(16~17) ▶산호세(17~20) ▶울산(21~) ⑦

대표팀 경력 | 조지아 대표팀 57경기 11득점 ⑨

K리그와의 첫 만남은 성공적이었다. 미드필더 부문 베스트11에 뽑혔을 정도로 활약을 인정받았다. 드리블을 이용한 탈압박과 침투 플레이 모두 시선을 끌어당겼다. 드리블 성공은 30회로 리그 최고였다. 공격 지원 능력도 뛰어나 신임을 듬뿍 받았다. 경험이 풍부한 만큼 2년차 징크스는 없을 것으로 보인다. 새로운 공격 조합과 발만 맞아 떨어진다면 어떤 상황에서도 제몫을 할 수 있다. 물론 살인적인 일정에 체력 관리는 그의 몫이다. 지난해는 막판에 몸이 떨어져 승부처에서 역량을 발휘하지 못하는 모습을 보였다. 1년이라는 귀중한 시간이 올 시즌 보약이 될 전망이다.

⑥ (조지아 국기)

④ No.10

2021시즌 기록					강점	약점
0	0	2,529(34) MINUTES 출전시간(경기수)	9 GOALS 득점	3 ASSISTS 도움	드리블을 이용한 탈압박	떨어지는 체력
⑩	⑪	⑫	⑬	⑭		

---

① 이름

② 프로필

③ 포지션

④ 등번호

⑤ 주장 마크

⑥ 국적표시
이중국적의 선수의 경우 K리그에 등록된 국가만 표기했다.

⑦ 경력
이적과 임대를 가리지 않고 소속된 팀을 나열했다. 군과 경은 연고지 이전 문제로 혼돈을 줄 수 있어 '상무'와 '경찰'로 통일했다. 하지만, 김천 상무를 소개할 때는 김천으로 표기했다.

⑧ K리그 통산 기록
K리그 통산기록은 1부리그, 2부리그, 승강 PO경기가 포함된 기록이다.

⑨ 대표팀 경력
가장 높은 연령 대표팀 출전 기록 & 참가한 주요 대회를 표기했다. (2022년 2월 2일 기준기준)

⑩ 경고

⑪ 퇴장

⑫ 출천시간(경기수)

⑬ 득점수 / 선방수

⑭ 도움수 / 실점수

일러두기

■ 각종 기록 및 사진 출처는 한국프로축구연맹이다.
■ 지난 시즌 두 팀에서 뛰었던 선수는 합산 기록을 반영했다. 단, 상무나 2부리그에서 뛰다 온 선수의 기록은 1부리그만 기록하였다.
■ 김천 상무 선수의 개인 기록은 2부리그를 따로 표시하지 않았다.
■ 이적시장은 2022년 3월 10일까지 반영하였다.
■ 골키퍼의 경우 득점과 도움 대신 선방과 실점을 표기하였다.
■ 국가대표 경력의 경우 KFA 홈페이지를 참조하였다.
■ 외국인 선수 국가대표 경력의 경우 트랜스퍼마켓를 참조하였다.
■ 부상 및 이적 등으로 인해 해당 시즌 프로필 사진이 촬영되지 않은 선수는 지난 시즌 혹은 이전 팀 유니폼을 입은 모습을 담았다.
■ 감독의 K리그 전적은 K리그2 기록이 포함된 기록이다.

이용
이범수
박진섭
최보경
한교원
백승호
바로우
김보경
이승기
구자룡
이유현
송민규
김진수
김승대
최철순
홍정호
문선민
맹성웅
류재문
송범근
장윤호
한승규
구스타보
일류첸코
쿠니모토

전북현대모터스

쉽지 않은 겨울 보낸 전북, 초유의 6연패 가능할까

전북 현대 모터스

K리그는 전북 천하다. 1994년 전북 다이노스라는 이름으로 출발해, 이렇다할 족적을 남기지 못한 전북은 2005년 최강희 감독과 함께 명문 구단으로 발돋움했다. 2006년 아무도 예상 못한 아시아챔피언스리그 우승을 차지하며 도약의 기틀을 마련한 전북은 2009년 '한물갔다'는 평가를 받은 이동국과 김상식을 영입하며 마침내 K리그 정상에 올랐다. 이후 스토리는 우리가 아는 대로다. 2009년부터 무려 9번의 리그 우승컵을 들어올렸다. 성남을 뛰어넘어 K리그 최다 우승 기록을 세웠다. 막강한 자본력을 앞세워 리그 최고의 선수들을 싹쓸이 하는 전북은 최고의 클럽하우스까지 갖춘 최고의 팀이 됐다. 선수로, 코치로 전북의 영광을 함께한 김상식 감독이 새롭게 부임한 2021년에도 전북은 우승을 차지하며 K리그 역사상 최초의 5연패를 달성했다. 새 시즌 전북의 목표는 당연히 우승이다. 김상식 감독은 "6연패는 물론, 선수로 한번도 품지 못한 아시아챔피언스리그, 나아가 트레블에 도전하고 싶다"고 했다. 당장의 성적만 쫓는 것도 아니다. 박지성 어드바이저의 조언에 따라 올 시즌부터 B팀을 운영하고, 유소년 시스템에도 변화를 줬다. 현재는 물론 미래도 소홀하지 않는 전북, 그래서 지금 K리그의 지존은 단연 전북이다.

구단 소개

정식 명칭	전북 현대 모터스 축구단
구단 창립	1994년 12월 12일
모기업	현대자동차
상징하는 색	녹색
마스코트	나이티, 써치
레전드	최진철, 김도훈, 에닝요, 김상식, 이동국
서포터즈	매드 그린 보이즈
온라인 독립 커뮤니티	에버그린

우승

K리그	9회(09, 11, 14, 15, 17, 18, 19, 20, 21)
FA컵	4회(00, 03, 05, 20)
AFC 챔피언스리그	2회(06, 16)
아시안 클럽 챔피언십	1회(04)

최근 5시즌 성적

시즌	K리그	FA컵	AFC 챔스
2021시즌	1위	16강	8강
2020시즌	1위	우승	조별리그
2019시즌	1위	32강	16강
2018시즌	1위	16강	8강
2017시즌	1위	32강	–

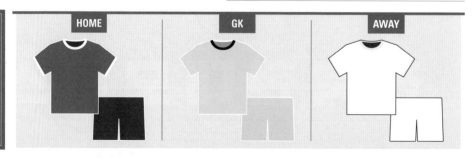

HOME　GK　AWAY

데뷔 시즌 트로피 들며 최고의 감독으로 우뚝 선
'식사마'

김상식　| 1976년 12월 17일 | 46세 | 대한민국

K리그 전적
38전 22승 10무 6패

김상식은 전북, 그 자체다. 2009년 성남을 떠나 전북으로 이적한 '선수' 김상식은 그저 그런 클럽 전북을 우승권 팀으로 바꿨다. 2013년부터 지도자로 변신, '코치' 김상식은 최강희, 모라이스 감독 등을 도우며 전북 왕조의 기틀을 마련했다. 2021년에는 '감독' 김상식으로 전무후무한 5연패를 완성했다. 김 감독은 전북이 거머쥔 9번의 우승 현장에 모두 함께 했다. '레전드'라는 수식어로 부족할 정도다. 많은 기대 속 출발한 감독으로 첫 해, 결과는 해피엔딩이었지만 과정은 만족스럽지 않았다. 7경기 무승에 빠지며 4위까지 내려가기도 했다. 뼛속 깊이 새긴 전북 DNA를 앞세워 역전 우승에 성공했지만, '감독' 김상식에 대해 아직 의구의 눈빛이 있다. 그래서 올 시즌이 중요하다. 김 감독도 이를 잘 알고 있다. 그래서 새 시즌에는 '화공(화려한 공격)'을 완성시키기 위해 전방압박 카드를 꺼낼 계획이다. "절대라는 말은 없지만 전북은 무조건 6연패를 향해야 한다. 특히 올해는 선수로 못한 아시아챔피언스리그 우승을 하고 싶다"는 그의 의지는 지난해 이상으로 뜨거웠다.

선수 경력

성남	광주상무	전북

지도자 경력

전북 플레잉코치	전북 코치	전북 감독(21~)

주요 경력

2000 아시안컵 대표	2006 월드컵 대표

선호 포메이션	4-2-3-1	3가지 특징	몸속 깊숙이 탑재된 전북 DNA	개그와 댄스를 더한 예능감(aka.식사마)	폭넓은 인맥

STAFF

수석코치	전술코치 겸 B팀감독	코치	GK코치	피지컬코치	선수 트레이너	분석관	통역
김두현	박진섭	안재석 박원재	이운재 이민호	펠리페 페조	지우반 올리베이라 김재오 김병선 이규열 박정훈	김규범 노동현	김민수

2 0 2 1 R E V I E W

다이나믹 포인트로 보는 전북의 2021시즌 활약도

이번에도 '어우전(어차피 우승은 전북)'이었다. 김상식 감독의 첫 해. 위기의 파고는 거셌다. 초반 무패로 순항했지만. 7경기 무승의 수렁에 빠졌다. 한때 4위까지 추락했다. '라이벌' 울산이 승승장구하며 연속 우승을 물건너 가는 듯 했다. 위기의 순간, 전북의 우승 DNA가 꿈틀거렸다. 김진수, 송민규를 영입하며 약점인 왼쪽 보강에 성공한 전북은 백승호-쿠니모토-류재문, '3미들'을 완성하며 경기력을 되찾았다. 구스타보-일류첸코는 번갈아 가며 득점포를 가동했다. 무엇보다 고비마다 몸을 날린 '캡틴' 홍정호의 수비력은 단연 빛났다. 당연히 시즌 MVP도 홍정호의 몫이었다.

FW
송민규 17,216 전체 108위
일류첸코 42,042 전체 10위
구스타보 41,645 전체 14위
문선민 14,132 전체 135위

MF
이승기 26,997 전체 52위
한교원 33,364 전체 26위
김보경 31,928 전체 29위
류재문 18,453 전체 93위
백승호 29,949 전체 44위
최영준 20,793 전체 75위
쿠니모토 25,880 전체 53위
바로우 19,630 전체 84위

DF
홍정호 39,387 전체 16위
이유현 9,488 전체 168위
구자룡 8,623 전체 182위
최철순 14,496 전체 132위
김민혁 17,783 전체 102위
최보경 7,945 전체 192위
이용 27,778 전체 48위

GK
송범근 31,057 전체 39위

2021시즌 다이나믹 포인트 상위 20명 ■ 포인트 점수

포지션 평점

FW	🔥🔥🔥🔥🔥
MF	🔥🔥🔥🔥🔥
DF	🔥🔥🔥🔥🔥
GK	🔥🔥🔥🔥

'다이나믹 포인트'란?

K리그판 파워 랭킹으로, K리그 선수들이 라운드마다 기록한 31개의 항목의 부가데이터 수치(득점, 도움, 태클, 경고 등)를 사전에 정해진 산식에 넣어 선수 포인트를 계산한 것이다.

출전시간 TOP 3

순위	선수	기록
1위	홍정호	3,315분
2위	이용	2,365분
3위	백승호	2,194분

■골키퍼 제외

득점 TOP 3

순위	선수	기록
1위	구스타보, 일류첸코	15골
2위	한교원	9골
3위	백승호, 이승기, 쿠니모토	4골

도움 TOP 3

순위	선수	기록
1위	김보경	10도움
2위	쿠니모토, 구스타보	5도움
3위	이승기, 일류첸코	4도움

주목할 기록

71	'닥공' 전북 최다골 1위
45	최다도움 1위

성적 그래프

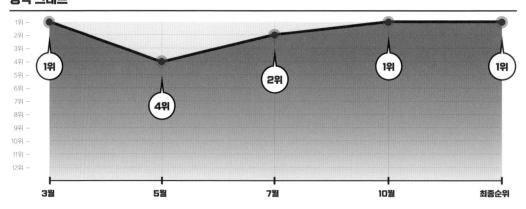

3월 1위 / 5월 4위 / 7월 2위 / 10월 1위 / 최종순위 1위

2022 시즌 스쿼드 운용 & 이적 시장 인앤아웃

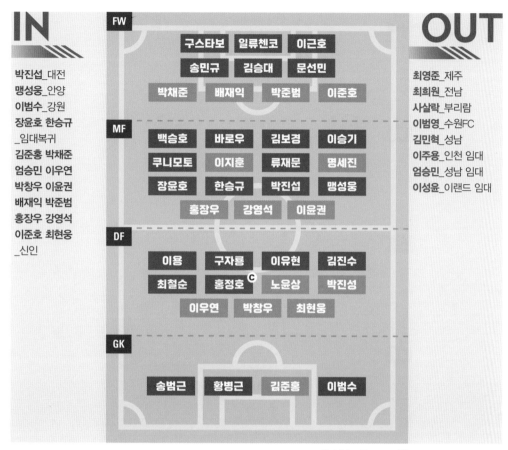

IN

박진섭_대전
맹성웅_안양
이범수_강원
장윤호 한승규
_임대복귀
김준홍 박채준
엄승민 이우연
박창우 이윤권
배재익 박준범
홍장우 강영석
이준호 최현웅
_신인

FW
구스타보 / 일류첸코 / 이근호
송민규 / 김승대 / 문선민
박채준 / 배재익 / 박준범 / 이준호

MF
백승호 / 바로우 / 김보경 / 이승기
쿠니모토 / 이지훈 / 류재문 / 명세진
장윤호 / 한승규 / 박진섭 / 맹성웅
홍장우 / 강영석 / 이윤권

DF
이용 / 구자룡 / 이유현 / 김진수
최철순 / 홍정호 Ⓒ / 노윤상 / 박진성
이우연 / 박창우 / 최현웅

GK
송범근 / 황병근 / 김준홍 / 이범수

OUT

최영준_제주
최희원_전남
사살락_부리람
이범영_수원FC
김민혁_성남
이주용_인천 임대
엄승민_성남 임대
이성윤_아일랜드 임대

Ⓒ 주장　■ U-22 자원

전북답지 않게 조용한 겨울을 보냈다. 전북의 포인트는 세대교체였다. 리그의 수준급 젊은 자원들에게 러브콜을 보냈다. 하지만, 전북이 찍으면 몸값이 올라갔다. 최근 효율에 초점을 맞추고 있는 전북 입장에서 무작정 금액을 맞춰줄 수 없었다. 기대만큼의 영입을 하지 못한 이유다. 포지션별로는 후방에 초점을 맞췄다. 최보경, 김민혁이 떠난 센터백과 최영준이 나간 수비형 미드필더 영입에 열을 올렸다. 수비형 미드필더는 박진섭, 맹성웅을 데려오며 뎁스를 늘렸다. 전북 수준이 아니라는 평가도 있지만, 팀에 없는 유형이라는 점에서 기대를 모은다. 문제는 중앙 수비다. 양과 질에서 예년만 못하다. 센터백 추가 없이 개막에 돌입했기 때문에 박진섭은 초반 센터백으로 기용될 가능성이 있다. 타 포지션은 큰 변화가 없다. 구스타보, 일류첸코가 있는 최전방은 리그 최고 수준이고, 2선 역시 풍부하다. 다만 김보경, 이승기 등 하락세를 겪고 있는 노장들이 변수다. 전체적으로는 리그 최강의 스쿼드지만, 과거처럼 '넘사벽'은 아니다.

주장의 각오

홍정호

"올 시즌도 많은 견제와 압박이 있겠지만, 잘 이겨내고 마지막에 웃을 수 있도록 하겠다. 시즌 MVP는 쿠니모토 몫이다. 부상만 없다면 주축선수가 될 것이다."

2 0 2 2 예 상 베 스 트 11

FW　　　4-2-3-1

9 구스타보

MF
21 송민규　　17 쿠니모토　　7 한교원

8 백승호　　4 박진섭

DF
23 김진수　　26 홍정호　　15 구자룡　　2 이용

GK
31 송범근

예상 순위

1

구단별 이적시장 성적

D

그래도 전북이다. 5연패는 그냥 이룬 역사가 아니다. 지난 시즌 최악의 위기 속에서도 우승을 거머쥔 전북이다. 가장 큰 대항마로 꼽혔던 울산이 젊은 자원들의 이탈로 전력이 떨어진 것도 전북 입장에서는 호재다. 수비 쪽에 다소 리스크가 있기는 하지만, 구스타보와 일류첸코 두 확실한 스트라이커와 송민규, 문선민, 쿠니모토, 김보경 등 막강 2선 자원을 앞세운 공격력은 믿을 구석이다. 무엇보다 기대만큼의 전력 보강을 하지 못했다고 하더라도, 매년 보여준 승부처에서의 힘은 여전히 전북의 가장 큰 장점이다. '전북 DNA'는 분명히 있다.

전북답지 않은 겨울이었다. 막강 자금을 앞세워 겨울 이적시장을 주도했던 예년과는 다른 그림이었다. 원했던 선수들을 줄줄이 놓쳤다. 세대교체를 천명했지만, 젊은 자원은 커녕, 몇몇 포지션에는 숫자도 채우지 못했다. 박진섭과 맹성웅 영입을 통해 수비형 미드필더 뎁스를 늘린 것이 전부였다. 특히 홍정호, 구자룡 밖에 남지 않은 중앙 수비 자리에 전문 센터백을 영입하지 못한 것은 치명타다. 물론 기존 자원들만으로도 충분히 수준급의 스쿼드지만, 리그는 물론 FA컵과 ACL까지 노리는 전북인 만큼 분명 아쉬운 겨울 이적시장이었다.

홍정호

1989년 8월 12일 | 33세 | 대한민국 | 186cm | 77kg

DF

No.26

경력

제주(10~13)
▷ 아우크스부르크(13~16)
▷ 장쑤 쑤닝(16~18)
▷ 전북(18~)

K리그 통산기록

170경기 8득점 4도움

대표팀 경력

42경기 2득점
2014 월드컵

홍정호에게 2021년은 특별했다. 홍정호는 또래 중 최고로 불렸다. 연령별 대표팀을 모두 경험하며, 엘리트 코스를 밟았다. 고향팀 제주에서 프로생활을 시작한 홍정호는 적응기 없이 리그 최고의 수비수 한명으로 떠올랐다. 2013년 여름에는 독일 아우크스부르크로 이적하며 한국인 최초의 빅리그 중앙 수비수로 역사에 이름을 남겼다. 이후 스타급 선수들을 빨아들인 중국 무대(장쑤 쑤닝)를 밟았고, 'K리그 1강'인 전북 유니폼을 입었다. 화려한 커리어를 보냈지만, 기대만큼의 임팩트를 남기지 못했다. 부상 등이 겹치며 오히려 대표팀에서는 거리가 멀어졌다. 절친 김영권, 후배 김민재 등은 승승장구했다. 하지만 주저 앉지 않았다. 전북 이적은 터닝포인트였다. 꾸준한 경기력으로, 화려했던 이전과는 다른 모습을 보여줬다. 홍정호 입성 후 전북은 한차례도 우승을 놓치지 않았다. 2021년은 하이라이트였다. 이동국의 뒤를 이어 전북의 주장 완장을 찬 홍정호는 매경기 엄청난 활약을 펼쳤다. 잦은 부상은 이제 남의 일이었다. 꾸준히 후방을 지키며 흔들리던 전북의 중심을 잡았다. 특히 9월 울산과의 현대가 더비에서 종료 직전 이동준의 헤더를 걷어낸 장면은 '올해의 플레이'로 손색이 없을 정도였다. 리그 최소실점을 견인하며 K리그 초유의 5연패를 이끈 홍정호는 'MVP'로 선정됐다. 수비수로는 24만의 일이었다. 다시 한번 최고임을 공인한 홍정호는 한층 더 원숙해진 기량으로, 올 시즌에도 팀의 핵심으로 활약할 전망이다.

2021시즌 기록

4	3,315(36) MINUTES 출전시간(경기수)	2 GOALS 득점	1 ASSISTS 도움	0

강점	패스 차단 능력, 정교한 태클	특징	K리그에서 볼 수 없는 완성형 수비수
약점	가끔씩 놓는 정신줄 아쉬운 스피드	별명	홍일단

백승호

1997년 3월 17일 | 25세 | 대한민국 | 180cm | 78kg

MF

No.8

경력

바르셀로나B(16~17)
▷지로나(17)
▷페랄라다(17~18)
▷지로나(18~19)
▷다름슈타트(19~21)
▷전북(21~)

K리그 통산기록

25경기 4득점

대표팀 경력

7경기 2득점

입성부터 시끌시끌했다. 이승우와 함께 바르셀로나에서 뛰었던 백승호는 역대급 재능으로 불렸다. 기본기가 좋은데다, 많은 포지션에서 뛸 수 있는 다재다능함까지 지니고 있었다. 하지만 기대와 달리 유럽에서의 입지는 좋지 않았다. 페랄라다, 지로나를 거쳐 독일 다름슈타트까지 갔지만, 갈수록 출전기회를 잃었다. 백승호는 결국 K리그행을 택했다. 박지성 어드바이저의 조언으로 전북과 협상을 했지만, 과거 수원과의 합의서 문제가 불거졌다. 당시 매일 언론을 장식할 정도로 큰 이슈가 됐지만, 백승호는 결국 전북 유니폼을 입었다. 다름슈타트에서 많은 경기에 나서지 못한 탓에, 초반 기대만큼의 경기력을 보여주지 못했다. 입단 당시 부정적인 이슈로 심적 부담까지 느꼈다. 하지만 백승호의 재능은 특별했다. 김상식 감독의 배려 속 출전 기회를 늘려나간 백승호는 조금씩 과거의 기량을 회복했다. 놀라운 테크닉과 정교한 킥, 감각적인 조율 능력을 선보이며 전북 중원의 핵으로 자리매김했다. 특히 후반기 쿠니모토-류재문과 호흡을 맞추며 전북의 상승세를 이끌었다. '혹시' 하는 우려 속 출발했지만 '역시' 라는 찬사로 시즌을 마무리했다. 전북에서 부활에 성공한 백승호는 벤투호의 부름을 받았다. 올 시즌 전북 내 백승호의 입지는 더욱 넓어질 전망이다. 전북은 올 겨울 보디가드 유형의 수비형 미드필더를 더했다. 백승호의 경기력을 더욱 살리기 위해서다. 백승호가 기대만큼의 경기력을 보여준다면, 전북의 6연패는 그만큼 가까워질 수 있다.

2021시즌 기록

2	2,194(25) MINUTES 출전시간(경기수)	4 GOALS 득점	0 ASSISTS 도움	0

강점	뛰어난 기본기, 강력한 킥	특징	소리 없이 강한 스타일
약점	떨어지는 수비 포지셔닝 부족한 스피드	별명	작은 이니에스타

쿠니모토

1997년 10월 8일 | 25세 | 일본 | 174cm | 70kg

MF

No.17

경력

우라와 레즈(13~14)
▷아비스파 후쿠오카(15~17)
▷경남(18~19)
▷전북(20~)

K리그 통산기록

113경기 13득점 10도움

대표팀 경력

일본 U-20 대표팀 7경기

말 그대로 악마의 재능이었다. 김종부 전 경남 감독은 쿠니모토를 천재라고 했다. 두세 수를 미리 본다는 극찬을 전했다. 16세에 J리그 명문 우라와 레즈의 1군 무대를 밟을 정도로 재능을 인정받은 쿠니모토는 이후 불량스러운 행동을 이유로 방출됐다. 아비스파 후쿠오카에서도 능력은 인정받았지만, 또 다시 경기 외적인 문제로 방출당했다. 터닝 포인트는 한국이었다. 혈혈단신, 한국땅을 밟은 쿠니모토는 2018년 당시 승격한 경남 유니폼을 입었다. 쿠니모토는 탁월한 테크닉을 앞세워 경남의 핵심 미드필더로 활약했다. 강등된 2019년에도 홀로 빛났다. 이같은 활약을 인정받아 쿠니모토는 2020년 일본 국적으로는 처음으로 전북의 유니폼을 입은 선수가 됐다. 경남에서의 모습을 보여주지 못하던 쿠니모토는 지난해 결정적인 순간 빛났다. 다소 애매한 롤 속 자신의 장점을 보여주지 못하던 쿠니모토는 자신 못지 않은 테크닉을 자랑하는 백승호와 함께 호흡을 맞추며, 특유의 창의성을 발휘했다. 11월 울산과의 현대가 더비에서는 일류첸코의 극장골을 비롯해 3골을 모두 관여하는 등 후반기 맹활약을 펼치며 팀 우승의 주역이 됐다. 제주와의 최종전, 송민규의 골을 도운 환상 패스는 쿠니모토의 재능을 보여주는 장면이었다. 사실 쿠니모토는 김상식 감독이 가장 애정하는 선수 중 하나다. 타팀 이적설도 있었지만, 마지막까지 신뢰를 보냈다. 마침내 최적의 활용법을 찾은만큼, 쿠니모토는 올 시즌에도 전북 공격의 핵으로 활약할 전망이다.

2021시즌 기록

2	1,468(25) MINUTES 출전시간(경기수)	4 GOALS 득점	5 ASSISTS 도움	0

강점	탄성을 자아내는 창의성 탁월한 축구센스	특징	브라질 선수를 연상케 하는 엄청난 테크니션
약점	잦은 패스미스, 무모한 태클	별명	악마의 재능

송민규

1999년 9월 12일 | 23세 | 대한민국 | 181cm | 72kg

MF

No.21

경력

포항(18~21)
▶전북(21~)

K리그 통산기록

89경기 22득점 12도움

대표팀 경력

9경기

2021년 여름, 울산에 밀리던 전북이 승부수를 띄웠다. 무려 21억 원에 '포항의 에이스' 송민규를 영입했다. 송민규는 포항이 애지중지 키우던 선수였다. 사실 송민규는 무명이었다. 김기동 감독의 눈에 띄어 포항의 유니폼을 입은 송민규는 특유의 자신감 넘치는 움직임과 돌파력으로 강한 인상을 남기며, 조금씩 기회를 받았다. 2019년 27경기에 나서며 잠재력을 세상에 알린 송민규는 2020년 '친한 선배' 김승대가 달았던 12번을 달고 맹활약을 펼쳤다. 11골을 폭발시키며, K리그1 영플레이어상을 수상했다. 많은 러브콜 속 포항에 잔류했던 송민규는 2021년에도 변함없는 활약을 펼쳤고, 결국 전북의 지갑을 열게 했다. 송민규 영입 승부수는 결과적으로 대성공이었다. 물론 초반은 좋지 않았다. 올림픽대표팀에서 복귀해 8월 대구전에서 데뷔전을 치렀지만, 무려 9경기 동안 골맛을 보지 못했다. 포항시절 보여준 플레이를 보여주지 못하며 전북 팬들의 비난까지 들었다. 하지만 송민규는 10월부터 자신의 진가를 알렸다. 우승 경쟁의 가장 중요했던 11월 공격포인트를 몰아 올리며, 팀 우승에 일조했다. 전북에서 기록은 3골-3도움. 포항 시절 기록한 7골-1도움과 비교하면, 아쉬운 게 사실이다. 송민규는 상대의 밀집수비와 많이 뛰어야 하는 전북식 전술에 100% 적응하지 못했다. 막판 가능성을 보여준 송민규가 포항에서 보여준 신바람 넘치는 플레이를 재연한다면, 올 시즌 전북의 공격은 더욱 강해질 것이다.

2021시즌 기록

1	2,652(33) MINUTES 출전시간(경기수)	10 GOALS 득점	3 ASSISTS 도움	1
강점	뛰어난 공간창출력 저돌적인 드리블	**특징**	딱 부러지지만, 의외로 섬세한 츤데레	
약점	느린 스피드, 아쉬운 왼발	**별명**	송스타	

구스타보

1994년 3월 29일 | 28세 | 브라질 | 189cm | 83kg

FW

No.9

경력

크리시우마(14~15)
▷ 히센지(15)
▷ 나시오날(15)
▷ 크리시우마(16)
▷ 코린치안스(16~17)
▷ 바이아(17)
▷ 고이아스(17)
▷ 포르탈레자(18)
▷ 코린치안스(18~20)
▷ 인터나시오날(20)
▷ 전북(20~)

K리그 통산기록

48경기 20득점 7도움

대표팀 경력

—

지난 두번의 우승, 언성 히어로는 구스타보였다. 2020년 여름 전북 유니폼을 입은 구스타보는 적응기도 없이 득점포를 쏘아올렸다. 생태계 파괴자라는 소리를 들을 정도였다. 이후 잠시 주춤하기도 했만, 그래도 11골이나 넣었다. 여름 이적시장에서 함께 영입된 바로우와 후반기 전북 반등의 일등공신으로, 팀 우승을 이끌었다. 2021년도 마찬가지였다. 초반 새롭게 영입된 일류첸코에 밀린 구스타보는 팀을 떠날 생각까지했다. 김상식 감독과 면담 후 기회를 얻은 구스타보는 6월 성남전에서 포트트릭을 달성하며 흐름을 바꿨다. 살아난 구스타보는 아시아챔피언스리그에서 맹위를 떨친데 이어, 리그에서도 다시 주전자리를 되찾았다. 시즌 내내 울산에 밀리던 전북은 매경기 맹수같은 움직임으로 투쟁심을 더한 구스타보의 활약 속 후반기 막판 특유의 힘을 찾았다. 구스타보가 살아나자, 일류첸코도 살아났다. 구스타보는 후반기 알토란 같은 활약으로 팀 우승에 힘을 보탰다. 전북은 역시 최전방이 살아야 하는 팀이다. 상대의 예고된 밀집수비 속 힘으로 누르기 위해서는 확실한 스트라이커의 존재감이 절대적이다. 그래서 구스타보의 역할이 중요하다. 한때 브라질에서도 알아주는, 이탈리아 세리에A의 관심까지 받았던 구스타보는 K리그 최고의 수준의 재능을 갖고 있다. 힘과 높이, 스피드에 연계력까지 갖춘 구스타보는 완성형 공격수로 손색이 없다. 하지만 재능 이상으로 평가받아야 하는 것은, 주전 경쟁에서 이기고 싶은 마음, 그리고 전북에 대한 애정이다.

2021시즌 기록

5	1,849(34) MINUTES 출전시간(경기수)	15 GOALS 득점	5 ASSISTS 도움	0

강점	엄청난 키와 그 이상의 점프력 뛰어난 연계력	특징	인싸력, 그 이상의 승부욕
약점	키에 비해 아쉬운 헤더능력 카드캡터	별명	구스타골, 구성보

GK

No.31

송범근

1997년 10월 15일 | 25세 | 대한민국 | 194cm | 88kg
경력 | 전북(18~)
대표팀 경력 | U-23 대표팀 23경기 26실점

데뷔 첫 해부터 전북의 골문을 지킨 터줏대감이다. 송범근은 데뷔 후 매 시즌 우승 트로피를 들어올리고 있다. 커리어 초반 다소 불안한 모습으로 '수비빨', '22세빨'이라는 평가도 들었지만, 갈수록 자신만의 존재감을 과시하고 있다. 송범근 등장과 함께 전북은 약점이었던 골키퍼 문제를 지워냈다. 매 시즌 0점대 실점률을 기록 중이지만, 아쉽게 조현우에 밀려 K리그 베스트11에는 이름을 올리지 못하는 비운의 선수이다. 지난 시즌에는 부족한 판단으로 몇차례 아쉬운 실점을 하기도 했지만, 그래도 전체적으로 좋은 활약을 펼쳤다. 벤투 감독 부임 후 대표팀에도 꾸준히 선발되고 있다.

2021시즌 기록					강점	약점
2	0	**3,485(37)** MINUTES 출전시간(경기수)	**94** SAVE 선방	**35** LOSS 실점	정교한 빌드업	편차가 큰 기복

GK

No.1

이범수

1990년 12월 10일 | 32세 | 대한민국 | 190cm | 85kg
경력 | 전북(10~14) ▷ 이랜드(15) ▷ 대전(16) ▷ 경남(17~19) ▷ 강원(20~21)
▷ 전북(22~)
대표팀 경력 | U-23 대표팀 1경기 1실점

돌고 돌아 다시 전북으로 왔다. 2010년 전북에서 데뷔한 이범수는 권순태에 밀려 좀처럼 기회를 잡지 못했다. 이후 이랜드, 대전, 경남, 강원 등을 거쳤다. 경력에 비해 출전 기회가 많지는 않지만, 그래도 나름 제 몫을 한 준수한 골키퍼다. 발밑이 좋은데다, 세이브 능력을 갖췄다는 평가. 지난 시즌 강원에서 주전급으로 활약했지만 유상훈이 영입되며 새로운 팀을 찾아 나섰고, 데뷔했던 전북의 손을 다시 잡았다. 넘버2가 유력하지만 많은 경험을 쌓은 만큼 데뷔 시즌 이상의 모습을 보여줄 것으로 보인다. 공교롭게도 수원FC로 떠난 '형' 이범영의 빈자리를 메우게 됐다.

2021시즌 기록					강점	약점
1	0	**2,769(29)** MINUTES 출전시간(경기수)	**81** SAVE 선방	**35** LOSS 실점	빠른 민첩성	떨어지는 집중력

DF

No.2

이용

1986년 12월 24일 | 31세 | 대한민국 | 180cm | 76kg
경력 | 울산(10~15) ▷ 상무(15~16) ▷ 울산(16) ▷ 전북(17~)
대표팀 경력 | 55경기, 2014, 2018 월드컵

K리그 최고의 오른쪽 풀백이다. 2014년과 2018년 두번의 월드컵을 모두 풀타임으로 소화했고, 벤투 감독의 신임 속 2022년 월드컵 출전을 바라볼 정도로 여전히 경쟁력을 갖추고 있다. 전성기에 비해 스피드가 다소 떨어졌지만, 전매특허인 탄탄한 수비력과 정교한 크로스는 여전히 위력적이다. 2021년에도 부주장으로 활약한 이용은 25경기에 나서서 팀 우승에 일조했다. 36세로 적지 않은 나이지만, 아직까지 특별한 노쇠화 기미는 보이지 않는다. 그만큼 자기관리에 능하고, 기본기가 탄탄한 선수다. 특히 올 겨울에는 단란한 가정을 꾸린 만큼, 새 시즌에 대한 기대를 높이고 있다.

2021시즌 기록					강점	약점
2	0	**2,365(25)** MINUTES 출전시간(경기수)	**0** GOALS 득점	**2** ASSISTS 도움	정교한 크로스	떨어진 스피드

DF

No.25

최철순

1987년 2월 8일 | 35세 | 대한민국 | 175cm | 68kg
경력 | 전북(06~12) ▷ 상무(12~14) ▷ 전북(14~)
대표팀 경력 | 11경기

전북의 혼이다. 2006년 입단 이래 전북에서만 뛴 원클럽맨이다. 유일하게 남아 있는 2006년 아시아챔피언스리그 우승 멤버로, 약팀이던 시절부터 명문 반열에 오른 지금까지 모든 과정을 함께 했다. 2009년 전북의 첫 우승부터 2021년 우승까지, 총 9회의 리그 우승을 경험하며, K리그 역사상 가장 많은 리그 우승 트로피를 들어올린 선수가 됐다. 2021년 부상으로 고생하기도 했지만, 팀이 필요한 순간 왼쪽 풀백, 센터백 등 다양한 포지션에서 인상적인 활약을 펼쳤다. 노쇠화로 예전 보다 활동량도, 체력도 떨어졌지만, 상대 에이스를 무력화 시키는 투지는 여전하다. '최투지'는 올 시즌도 전북을 지킨다.

2021시즌 기록					강점	약점
3	0	**1,539(18)** MINUTES 출전시간	**0** GOALS 득점	**1** ASSISTS 도움	엄청난 체력	투박한 터치

DF

No.23

김진수

1992년 6월 13일 | 30세 | 대한민국 | 177cm | 69kg
경력 | 알비렉스 니가타(12~14) ▷ 호펜하임(12~16) ▷ 전북(17~20)
알 나스르(20~21) ▷ 전북(21~)
대표팀 경력 | 53경기 2득점

알 나스르에서 아킬레스건 부상으로 힘든 시기를 보내던 김진수는 2021년 여름 친정팀인 전북으로 돌아왔다. 왼쪽 풀백 부재로 고심하던 전북 입장에서는 천군만마나 다름없었다. 8월 수원FC전에서 돌아온 김진수는 오랜만의 복귀가 믿겨지지 않을 정도의 활약을 펼쳤다. 시즌 막판 어이없는 실수를 범하기도 했지만, 전체적으로 K리그 최고의 왼쪽 풀백다운 활약을 펼쳤다. 각급 대표팀을 거친 김진수는 폭발적인 오버래핑과 정확한 킥, 탄탄한 수비력을 갖췄다는 평가다. 1년 간 임대로 영입된만큼, 올 해 여름까지 전북에서 뛰게 된다. 생애 첫 월드컵 출전을 위해서 대단히 중요한 시즌이다.

2021시즌 기록					강점	약점
5	0	**1,150(12)** MINUTES 출전시간(경기수)	**0** GOALS 득점	**0** ASSISTS 도움	정확한 킥과 오버래핑	상황에 따라 편차가 큰 기복

DF

No.15

구자룡

1992년 4월 6일 | 30세 | 대한민국 | 182cm | 77kg
경력 | 수원(11) ▷ 경찰(12~13) ▷ 수원(13~19) ▷ 전북(20~)
대표팀 경력 | U-23 대표팀 1경기

매탄고 출신으로 수원의 원클럽맨이었지만, 전북의 새로운 벽으로 자리매김했다. 수원과 재계약에 실패하며 2020년 전북에 새로운 둥지를 튼 구자룡은 두터운 스쿼드에 막혀, 기회를 거의 잡지 못했다. 하지만 능력만큼은 인정을 받아 많은 팀들의 임대 러브콜을 받았다. 2021시즌에는 입지를 넓혔고, 파이널 라운드에는 모두 선발 출전해 홍정호와 환상의 호흡을 보였다. 대인방어에 관해서는 K리그 최고 수준으로 평가받으며, 제공권과 태클 모두 수준급이다. 빌드업이 약한 것이 흠이다. 전북의 센터백 뎁스가 지난 시즌에 비해 약해진만큼, 올 시즌에는 더 많은 기회를 받을 것으로 보인다.

2021시즌 기록					강점	약점
1	0	**1,225(17)** MINUTES 출전시간(경기수)	**0** GOALS 득점	**0** ASSISTS 도움	터프한 대인마크	불안정한 빌드업

류재문

No.29

1993년 11월 8일 | 29세 | 대한민국 | 184cm | 72kg
경력 | 대구(15~20) ▶ 전북(21~)
대표팀 경력 | U-20 대표팀 13경기

지난 시즌 대구를 떠나 전북 유니폼을 입었다. 전북 수준에 맞지 않은 선수가 아니냐는 평가가 지배적이었다. 하지만 류재문은 실력으로 팬들의 시선을 바꿨다. 초반 기회를 잡지 못했지만, 시간이 갈수록 알토란 같은 활약을 펼쳤다. 후반기 막판에는 백승호-쿠니모토의 보디가드 역할을 톡톡히 해냈다. 수비형 미드필더지만 공격적 재능이 뛰어난 선수로 평가받았던 류재문은 스피드, 높이 모두 수준급이다. 2018년 대구에서는 조현우 퇴장 후 골키퍼로 변신해, 환상 세이브를 보여줄 정도로 운동능력이 좋다. 올 시즌 전북이 박진섭, 맹성웅 등 수비형 미드필더를 대거 영입한만큼, 치열한 주전 경쟁이 예상된다.

2021시즌 기록					강점	약점
5	0	1,557(20) MINUTES 출전시간(경기수)	1 GOALS 득점	1 ASSISTS 도움	공격적인 움직임	떨어지는 집중력

박진섭

No.4

1995년 10월 23일 | 27세 | 대한민국 | 186cm | 79kg
경력 | 대전코레일(17) ▶ 안산(18~19) ▶ 대전(20~21) ▶ 전북(22~)
대표팀 경력 | -

입지전적인 선수다. 입단 테스트를 받고 코레일 유니폼을 입을 정도로 철저한 무명이었던 박진섭은 온전히 자신의 능력으로 이 자리까지 섰다. 내셔널리그 출신으로 안산을 거쳐 대전 유니폼을 입었다. 대전 이적 당시에도 많은 러브콜이 있었다. 강력한 수비력과 중거리슛, 특히 세트피스에서의 한방을 갖췄다는 평가를 받았다. K리그2 MVP 후보에 오를 정도로 정상급 선수로 성장한 박진섭은 평소 K리그1에서 뛰고 싶다는 욕심을 숨기지 않았는데, 그 꿈을, 그것도 '챔피언' 전북 유니폼을 입고 이뤘다. 전북은 그의 고향이기도 하다. 박진섭은 센터백도 가능한만큼 다양하게 활용될 전망이다.

2021시즌 기록					강점	약점
10	0	3,096(33) MINUTES 출전시간(경기수)	5 GOALS 득점	2 ASSISTS 도움	세트피스 한방	부정확한 빌드업

■ K리그2 기록

이승기

No.14

1988년 6월 2일 | 34세 | 대한민국 | 177cm | 67kg
경력 | 광주(11~12) ▶ 전북(13~14) ▶ 상무(15~16) ▶ 전북(16~)
대표팀 경력 | 15경기

어느덧 전북 10년차 선수가 됐다. 테크닉에 있어서는 K리그 최고 레벨 선수다. 기술이 빼어나, 공을 멈춘 상태에서 돌파가 가능하다. 미드필드 전지역에서 뛸 수 있으며, 양발 사용에 능하다. 어린 시절부터 높은 평가를 받았던 이승기는 광주에서 자신의 재능을 알렸고, 최강희 감독의 공개적인 구애 속 전북 유니폼을 입었다. 전북에 수많은 슈퍼스타들이 오가는 와중에도, 꾸준히 자기의 영역을 지켰다. 최근에는 노쇠화 기미가 보이며 약점이었던 잦은 부상과 스피드 저하가 더욱 두드러지고 있지만, 그래도 출전한 경기에서는 1인분은 하는 선수다. 올 시즌에도 필요할 때마다 김상식 감독의 만능 카드로 활용될 전망이다.

2021시즌 기록					강점	약점
0	0	1,450(27) MINUTES 출전시간(경기수)	4 GOALS 득점	4 ASSISTS 도움	리그 정상급 테크닉	잦은 부상

MF

No.13

김보경

1989년 10월 6일 | 33세 | 대한민국 | 176cm | 72kg

경력 | 세레소 오사카(10) ▷ 오이타 트리니타(10) ▷ 세레소 오사카(11~12)
▷ 카디프시티(12~15) ▷ 위건(15) ▷ 마쓰모토 야마가(15) ▷ 전북(16~17) ▷ 가시와 레이솔(17~19)
▷ 울산(19) ▷ 전북(20~)

대표팀 경력 | 38경기 4득점. 2010, 2014 월드컵

제2의 박지성으로 불렸으며, 프리미어리그까지 경험한 K리그 최고 스타 중 하나다. K리그 최고 연봉을 자랑한다. 중앙과 측면을 오가는 김보경은 기술이 좋아 간결한 플레이에 능하며, 최근에는 출전하는 경기마다 골과 도움을 올리는 포인트 양산 능력을 과시하고 있다. J리그에서 데뷔해 잉글랜드 카디프시티, 위건 등에서 뛰었던 김보경은 2016년 전북에 입성해, 당시 이재성과 환상의 호흡을 보이며 발군의 기량을 과시했다. 이후 울산에서도 맹활약을 펼치며 MVP를 수상한 김보경은 2020년 당시 조제 모라이스 감독의 열렬한 구애 끝 다시 전북 유니폼을 입었다. 지난 시즌 도움왕에 오르며 연봉에 걸맞는 활약을 펼쳤다.

2021시즌 기록					강점	약점
2	0	2,003(32) MINUTES 출전시간(경기수)	3 GOALS 득점	10 ASSISTS 도움	해결사 본능	기복

MF

No.11

바로우

1992년 10월 13일 | 30세 | 스웨덴 | 177cm | 60kg

경력 | 미올비A(10) ▷ 미올비 쇠드라(11) ▷ 노르셰핑(12) ▷ 발베이스 보이스(13) ▷ 외스테르순드(14)
▷ 스완지시티(14~15) ▷ 노팅엄 포레스트(15) ▷ 블랙번 로버스(15) ▷ 스완지시티(15~16)
▷ 리즈 유나이티드(16~17) ▷ 레딩(17~19) ▷ 데니즐리스포르(19~20) ▷ 전북(20~)

대표팀 경력 | 감비아 대표팀 12경기 2득점

기성용이 뛰던 스완지시티에서 활약했던 선수다. 2015–2016시즌 37라운드 웨스트햄전에서는 기성용의 골을 돕기도 했다. 기성용은 당시 바로우가 대성할 선수라고 생각했다고. 스완지시티에서 나름 좋은 플레이를 펼쳤지만, 이후 계속해서 내리막을 탔다. 터키에서 뛰던 바로우에게 전북이 손을 내밀었다. 데뷔전부터 환상 돌파에 이은 크로스로 프리미어리거다운 클래스를 과시했다. 지난 시즌에는 향수병 등으로 시즌 중반 팀을 떠날 수 있다는 이야기도 나왔지만, 후반기 마음을 다잡으며 우승에 힘을 보탰다. 재계약을 통해 올 시즌에도 전북 소속으로 뛰는 바로우는 스피드와 크로스만큼은 K리그 넘버1이다.

2021시즌 기록					강점	약점
3	0	1,252(20) MINUTES 출전시간(경기수)	3 GOALS 득점	2 ASSISTS 도움	발군의 스피드	잦은 부상

MF

No.7

한교원

1990년 6월 15일 | 32세 | 대한민국 | 182cm | 73kg

경력 | 인천(11~13) ▷ 전북(14~16) ▷ 화성(17) ▷ 전북(17~)

대표팀 경력 | 9경기 1득점

철저한 무명이었지만 성실한 태도로 운명을 바꿨다. 인천에서 데뷔시즌 측면 공격수, 라이트백, 심지어 센터백까지 소화하며 가능성을 보인 한교원은 리그에서 주목하는 오른쪽 윙어로 성장했다. 2014년 전북이 손을 내밀었다. 김남일과 함께 전북 유니폼을 입은 한교원은 스타들의 틈바구니 속에서도 자신만의 경쟁력을 과시했다. 다소 투박하기는 하지만, 투지넘치고 저돌적인 스타일은 한교원만의 색깔이었다. 지난 시즌에는 측면 공격수 숫자가 부족한 상황에서 매경기 그라운드를 밟으며, 해결사 역할까지 했다. 우승을 결정짓는 제주와의 최종전, 선제 득점 역시 한교원의 몫이었다. 특유의 전화 세리머니는 올해도 계속될 전망이다.

2021시즌 기록					강점	약점
0	0	1,768(29) MINUTES 출전시간(경기수)	9 GOALS 득점	2 ASSISTS 도움	저돌적인 돌파	부정확한 크로스

FW

No.27

문선민

1992년 6월 9일 | 30세 | 대한민국 | 172cm | 68kg

경력 | 외스테르순드(12~15) ▷ 유르고덴스(15~16) ▷ 인천(17~18) ▷ 전북(19)
▷ 상무(19~21) ▷ 전북(21~)

대표팀 경력 | 14경기 2득점

나이키에서 실시한 더 찬스 오디션의 최종 11인에 들어, 스웨덴 3부리그에서 프로 경력을 시작한 독특한 이력의 소유자다. 향수병으로 K리그행을 추진한 문선민은 2017년 인천에서 K리그 이력을 시작했다. 엄청난 스피드를 앞세워 빠르게 인천 에이스로 자리잡은 문선민은 러시아월드컵에도 출전할 정도로, 리그의 에이스로 떠올랐다. 이런 문선민을 향해 빅클럽의 러브콜이 이어졌고, 결국 전북 유니폼을 입었다. 전북에서도 맹활약을 펼친 문선민은 2019년 김보경에 밀리기는 했지만 MVP 후보에도 올랐다. 군복무 후 복귀한 문선민은 여전히 압도적인 스피드를 바탕으로 전북 공격에 힘을 실었다.

2021시즌 기록					강점	약점
0	0	1,052(19) MINUTES 출전시간(경기수)	3 GOALS 득점	1 ASSISTS 도움	폭발적인 순간 스피드	아쉬운 판단력

FW

No.10

일류첸코

1990년 8월 13일 | 32세 | 독일 | 187cm | 82kg

경력 | 라이네른(11~13) ▷ 오스나브뤼크(13~15) ▷ 뒤스부르크(15~19)
▷ 포항(19~20) ▷ 전북(21~)

대표팀 경력 | ―

포항에서 맹활약을 펼친 일류첸코는 울산, 제주, 중국 클럽들의 러브콜을 뒤로 하고 전북의 유니폼을 입었다. 일류첸코는 활발한 움직임과 연계력, 제공권에 득점력까지 갖춘 리그 최고의 스트라이커였다. 전북은 기존의 구스타보에 이어 일류첸코까지 최강의 공격진을 구성했다. 초반 일류첸코는 적응기 없이 매경기 득점포를 쏘아올렸다. 하지만 이내 이유 없는 부진에 빠졌다. 부상까지 겹쳤다. 그 사이 구스타보에 주전자리를 내줬다. 하지만 일류첸코는 중요한 순간, 다시 한번 득점포를 가동했다. 11월 울산과의 현대가 더비 결승 버저비터 다이빙 헤더골은 2021시즌 최고의 명장면이었다.

2021시즌 기록					강점	약점
4	0	2,148(34) MINUTES 출전시간(경기수)	15 GOALS 득점	4 ASSISTS 도움	문전 앞에서의 침착함	아쉬운 스피드

FW

No.24

김승대

1991년 4월 1일 | 31세 | 대한민국 | 175cm | 64kg

경력 | 포항(13~15) ▷ 옌벤 푸더(16~17) ▷ 포항(17~19) ▷ 전북(19) ▷ 강원(20)
▷ 전북(21~)

대표팀 경력 | 6경기 1득점, 2014 아시안게임

K리그 최고의 라인브레이커. 탁월한 오프더볼 움직임을 바탕으로 수비 뒷공간을 허무는 능력은 단연 최고다. 포항에서 발군의 기량을 과시하며 중국 슈퍼리그까지 진출했던 김승대는 2019년 여름 거액을 받고 전북 유니폼을 입었다. 포항 출신으로 '제2의 이동국'이 될 것으로 보였던 김승대는 스케일이 큰 전북식 공격에 적응하지 못하고, 이후 내리막을 걷고 있다. 강원에서도 이렇다할 모습을 보이지 못한 김승대는 올 겨울 부활을 목표로 구슬땀을 흘렸다. 움직임에 맞는 패스만 공급 된다면 다시 두자릿수 득점을 올릴 수 있는 선수로, 살아날 경우 전북 공격에 다른 옵션을 줄 수 있는 선수다.

2021시즌 기록					강점	약점
2	0	938(20) MINUTES 출전시간(경기수)	0 GOALS 득점	1 ASSISTS 도움	탁월한 오프더볼 움직임	지원 부족 시 급격히 떨어지는 결정력

바코
이호
조현우
김영권
박주영
김태환
김기희
설영우
이청용
원두재
박용우
윤일록
김민준
김성준
신형민
이규성
오인표
이명재
임종은
김재성
조수혁
서주환
아마노
레오나르도

울산현대축구단

만년 2위의 설움, '호랑이의 해' 기필코 '우승의 강' 건넌다

울산 현대

올 시즌은 다를 것이다. 울산의 다부진 각오다. 울산은 세 시즌 연속 준우승에 울었다. 또 전북현대에 덜미를 잡혔다. 지난해 5월 19일 선두를 꿰차며 승승장구했지만 10월 24일 늦가을 바람이 불자 운명의 장난처럼 다시 무너졌다. '159일 천하'였다. 마지막 반전도 없었다. 울산이 K리그 정상에 선 지도 어느덧 17년이라는 세월이 흘렀다. 홍명보 감독으로선 잔인했던 K리그 신고식이었다. 아시아챔피언스리그와 FA컵에서도 결승 문턱에서 좌절하며 무관의 해를 보냈다. 임인년, 범의 해다. 호랑이가 트레이드마크인 울산은 맹호의 기운을 앞세워 '준우승의 설움'에서 탈출을 꿈꾼다. 변화의 바람도 거셌다. 올해가 '홍명보 울산 축구의 진정한 원년'이다. 코치진과 선수들도 홍 감독의 색깔에 맞는 인물들로 물갈이 했다. 홍명보 사단이 다시 뭉쳤다. 2012년 런던올림픽에서 사상 첫 동메달 신화를 함께 일군 이케다 세이고 피지컬코치가 수석코치로 합류했다. 줄곧 일본과 중국에서 프로생활을 했던 국가대표 수비수 김영권이 K리그와 처음 만났고, 박주영은 홍 감독의 품에 안겨 현역 생활의 마지막 불꽃을 태운다. 새로운 아시아 쿼터 아마노 준도 홍 감독의 열렬한 팬이다. 3전4기, 오로지 우승만을 머릿속에 그리고 있는 울산이 '챔피언' 노래를 부를 채비를 마쳤다.

구단 소개

정식 명칭	울산 현대 축구단
구단 창립	1983년 12월 6일
모기업	현대중공업
상징하는 색	파랑색
마스코트	미타
레전드	故유상철, 김현석, 김병지, 이천수
서포터즈	처용전사
온라인 독립 커뮤니티	울티메이트

우승

K리그	2회(96, 05)
FA컵	1회(17)
AFC 챔피언스리그	2회(12, 20)
아시안 클럽 챔피언십	0회

최근 5시즌 성적

시즌	K리그	FA컵	AFC 챔스
2021시즌	2위	4강	4강
2020시즌	2위	준우승	우승
2019시즌	2위	32강	16강
2018시즌	3위	준우승	16강
2017시즌	4위	우승	조별리그

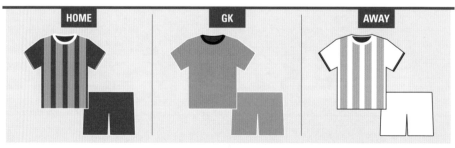

HOME　　　GK　　　AWAY

실험은 끝났다
시련은 있어도 실패는 없다

홍명보 | 1969년 2월 12일 | 53세 | 대한민국

K리그 전적
38전 21승 11무 6패

첫 술에 배부를 순 없었다. 포항과의 챔피언스리그 승부차기, 단 한순간이 아쉬웠다. "우리 선수들이 다른 것들은 못한 게 없는데 그 승부차기가 딱 하나 걸린다. 그 승부차기만 이겼으면 다 잡았을 수도 있었다." 지나간 과거는 되돌릴 수 없다. K리그 2년차 홍명보 감독은 올해가 '찐'이다. 지난해는 기존에 있던 전력으로 시즌을 그렸다면, 올해는 자신의 생각을 모두 녹여내 팀을 꾸렸다. '홍명보 사단'이 재회한 것도 기대감을 수직상승케 하고 있다. 그러나 출발도 하기 전에 돌발 변수와 맞닥뜨렸다. 바이아웃으로 3명의 주축 선수들을 한꺼번에 잃었다. 분명 시련이었다. 그러나 이 또한 시즌의 일부로 받아들일 수밖에 없다. '실패는 없다'는 각오는 흔들리지 않는다. 본인은 손사래를 치지만 '10년 대운'이 올해 재연될지도 관심사다. 홍 감독은 1992년 신인 선수 최초로 K리그 MVP를 거머쥐었다. 2002년에는 월드컵 4강 기적을 쏘아올렸고, 2012년 런던올림픽에선 한국 축구 사상 첫 동메달 신화를 연출했다. 또 10년이 흘렀다. 홍 감독은 2022년, 울산과 함께하고 있다. 준우승은 더 이상 자존심이 허락하지 않는다. '배수의 진'외에는 선택지가 없다. "올해가 울산에서의 첫 시즌이 될 것이다. 우승 말고는 목표가 없다."

선수 경력

상무	포항	쇼난 벨마레	가시와 레이솔	포항	LA갤럭시

지도자 경력

A대표팀 코치	U-23 대표팀 코치	U-20 대표팀 감독	U-23 대표팀 감독	안지 코치	A대표팀 감독	항저우 뤼청 감독	울산 감독(21~)

주요 경력

2002 월드컵 브론즈볼	FIFA 창립 100주년 '세계 100인의 축구 스타'

선호 포메이션	4-2-3-1	**3가지 특징**	강력한 카리스마	선수들과의 끈끈한 유대관계	압박을 중시하는 빌드업 축구

STAFF

수석코치	코치	GK코치	플레잉코치	피지컬코치	선수 트레이너	분석관	통역
이케다 세이고	김상록 조광수	양지원	이호	이세준	이인철 정성덕 박영훈	이순석	문건호

2 0 2 1 R E V I E W

다이나믹 포인트로 보는 울산의 2021시즌 활약도

이동준은 꿀영입이었다. 팀 내 최다 공격포인트인 11골-4도움을 기록하며 더할 나위 없는 시즌을 보냈다. 외국인 최전방 공격수의 부재는 어두운 민낯이었다. 두고두고 아쉬움이 남지만 전역 후 복귀한 오세훈은 고비마다 골폭죽을 가동하며 해결사로 떠올랐다. 바코는 '탈압박의 귀재'다웠다. 현란한 드리블로 상대의 그물망 수비를 뚫으며 공격의 윤활유 역할을 했다. 공수 연결고리인 미드필더에서는 이동경과 윤빛가람, 원두재의 존재감이 컸다. 이동경과 윤빛가람은 공격, 원두재는 수비에 초점을 맞춰 헌신했지만 옥에 티는 기복이었다. 후방은 단연 K리그에서 최고였다. 골키퍼 조현우는 타의 추종을 불허했고, 불투이스와 김기희, 설영우와 김태환이 버틴 수비라인도 견고했다.

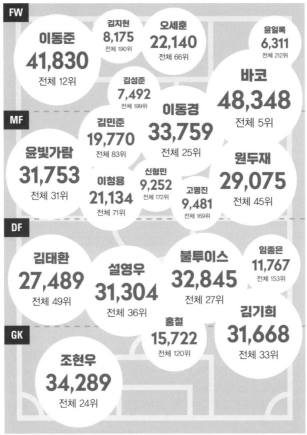

FW
이동준 41,830 전체 12위
김지현 8,175 전체 190위
오세훈 22,140 전체 66위
윤일록 6,311 전체 212위
바코 48,348 전체 5위

MF
김성준 7,492 전체 199위
이동경 33,759 전체 25위
김민준 19,770 전체 83위
윤빛가람 31,753 전체 31위
이청용 21,134 전체 71위
신형민 9,252 전체 172위
고명진 9,481 전체 169위
원두재 29,075 전체 45위

DF
김태환 27,489 전체 49위
설영우 31,304 전체 36위
불투이스 32,845 전체 27위
임종은 11,767 전체 153위
홍철 15,722 전체 120위
김기희 31,668 전체 33위

GK
조현우 34,289 전체 24위

2021시즌 다이나믹 포인트 상위 20명　■ 포인트 점수

포지션 평점

FW	🔥🔥🔥
MF	🔥🔥🔥🔥
DF	🔥🔥🔥🔥
GK	🔥🔥🔥🔥🔥

출전시간 TOP 3

1위	김기희	3,405분
2위	김태환	3,130분
3위	불투이스	2,749분

■ 골키퍼 제외

득점 TOP 3

1위	이동준	11골
2위	바코	9골
3위	오세훈	7골

도움 TOP 3

1위	김태환	6도움
2위	윤빛가람	5도움
3위	이동준	4도움

주목할 기록

520	슈팅 전체 1위
115	조현우 GK 선방 1위

성적 그래프

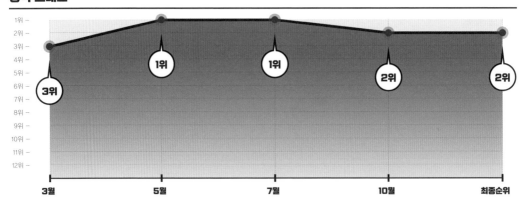

3월 3위 / 5월 1위 / 7월 1위 / 10월 2위 / 최종순위 2위

2022 시즌 스쿼드 운용 & 이적 시장 인앤아웃

IN

오인표_LASK 린츠
아마노_요코하마 임대
김현우
_자그레브 임대
최기윤 설현빈
_신인
이규성 민동환
김재성
_임대 복귀
김영권_감바오사카
박주영_서울
엄원상_광주
레오나르도_산둥

FW

윤일록 박주영
엄원상 이청용 ⓒ 레오나르도

MF

박용우 바코 김민준 원두재
김성준 신형민 고명진 이호
이규성 오인표 아마노 최기윤

DF

김태환 이명재 임종은 김기희
설영우 김영권 김현우 김재성

GK

조수혁 조현우
서주환 민동환 설현빈

OUT

윤빛가람_제주
홍철_대구
김지현_상무
이동희_부천
이동준_헤르타 베를린
이동경_샬케 04
이형경_울산시민
강동혁_계약 만료
불투이스_수원
이근호_대구
배재우_이랜드
강윤구_부산 임대
김태현_베갈타 임대
오세훈_시미즈

ⓒ 주장 ■ U-22 자원

'원팀'의 색채가 강해졌다. 불투이스를 과감하게 정리하고, 국가대표 수비수 김영권이 그 자리를 대신한다. 중앙수비에서 김기희와 호흡하며 소통 강화에 방점을 찍었다. 좌우측 풀백은 설영우와 김태환으로 틀을 유지한다. 홍철의 이적은 상수가 아니다. 어느 팀과 비교해도 수비라인은 결코 빠지지 않는다. 골키퍼도 걱정이 없다. 리그 최고의 수문장 조현우가 여전히 건재를 과시하고 있고, 백업인 조수혁도 든든하다. 중원은 안정에 초점을 맞췄다. 윤빛가람의 자리는 임대에서 복귀한 이규성의 깜짝 활약에 기대를 걸고 있다. 원두재도 노련미가 더할 것으로 기대된다. 아마노 준의 수혈도 눈여겨볼 포인트다. 이동경의 이적에 대비한 카드로 손색이 없다. 지능적인 플레이가 K리그에서도 빛을 발할지 지켜볼 부분이다. 이동준이 유럽 진출로 떠난 측면 공격은 바코와 이청용, 윤일록, 그리고 광주에서 데려온 엄원상 등이 책임진다. 지난 시즌에 이어 원톱이 다소 아쉽다. 외국인 공격수와 박주영이 얼마나 유기적인 활약을 보일지 지켜봐야 한다.

주장의 각오

이청용

"지난 시즌 좋았던 패스 성공률, 점유율 등을 이번 시즌 잘 보완해 나간다면 좋은 결과 있을 것이다. 박주영, 김영권과 함께하는 시즌이 기대된다."

2022 예상 베스트 11

예상 순위

2

구단별 이적시장 성적

C

울산은 '만년 2위의 저주'에서 탈출을 노린다. 지난 시즌 K리그, FA컵, ACL 등 세마리의 토끼 사냥에 나섰지만 무관의 설움에 다시 울었다. 올 시즌 목표는 우승밖에 없지만 출발도 하기 전에 암초를 만났다. 누수가 컸다. 구단의 미래를 책임질 이동준, 이동경, 오세훈이 한꺼번에 바이아웃을 행사하며 해외로 빠져나갔다. 이동경의 이적은 예상됐지만 이동준과 오세훈은 준비되지 않은 공백이었다. 결국 새롭게 수혈된 선수들이 빠르게 적응해야 17년 만의 K리그 우승을 노릴 수 있다. 아니면 우승은 또 다시 '굿바이'다.

수비라인은 일찌감치 정리됐지만, 공격과 미드필더는 혼란의 연속이었다. 예측가능한 미래를 위해 바이아웃 계약은 최소화하는 것이 상식이다. 이동경은 예상했다고 하더라도 이동준과 오세훈을 바이아웃을 통해 잃은 것은 도저히 납득이 가지 않는 부분이다. 그나마 이동준의 공백을 신속하게 대처해 메운 것은 다행이다. 하지만 축구는 골로 말한다. 골과 가장 가까운 포지션인 최전방 원톱의 부재는 화근이 될 수밖에 없다. 지난해의 아픔을 거울삼아 충분히 발빠르게 움직일 수 있었지만 끝내 실패했다. 소는 과연 누가 키울까.

김영권

1990년 2월 27일 | 32세 | 대한민국 | 186cm | 83kg

DF

No.19

경력

FC도쿄(10~11)
▷오미야 아르디자(11~12)
▷광저우 헝다(12~18)
▷감바 오사카(19~21)
▷울산(22~)

K리그 통산기록

－

대표팀 경력

89경기 4득점
2014 · 2018 월드컵

긴 세월이 흘렀다. 김영권이 32살의 나이에 비로소 K리그와 만났다. 김영권은 현역 시절 한국 최고의 수비수로 이름을 날린 홍명보 감독이 빚은 작품이라고 해도 과언이 아니다. 2009년 20세 이하 대표 시절은 그는 그야말로 무명이었다. 전주대 시절 2% 부족한 기술에 풋살팀에서 뛰었고, 홍 감독이 발탁해 세상에 내놓았다. 하지만 그의 프로무대는 K리그가 아니었다. 2010년 FC도쿄에서 데뷔한 그는 오미야를 거쳐 중국의 광저우 헝다에서 꽃을 피웠다. 광저우와의 계약 종료 후에는 다시 일본으로 돌아가 감바 오사카 유니폼을 입었다. 그는 감바 오사카에서 세 시즌 동안 76경기를 소화했다. 그리고 '영원한 스승' 홍 감독의 러브콜에 주저하지 않고 K리그행을 선택했다. 국가대표팀에서도 모든 감독이 선호할 정도로 가치를 인정받고 있다. 2010년 8월 A매치에 대뷔한 그는 2014년 브라질, 2018년 러시아월드컵을 누볐다. 빠르면 올해, 늦어도 내년에는 센추리 클럽(100경기 이상 출전)에 가입할 것으로 보인다. 기록이 증명하듯, 기량에 대해선 설명이 필요없을 정도다. 한국 최고의 수비수라는 데 이견이 없다. 왼발 센터백인 김영권은 두뇌 회전이 빠르다. 영리한 플레이로 수비 조율 및 상대 공격 대처 능력이 뛰어나다. 또 볼터치가 부드럽고 정확한 킥으로 빌드업 능력도 수준급이다. 경험치도 쌓여 동료들과의 관계도 매끄럽다. 그는 김영권 전의 울산과 후의 울산은 다를 것이라고 한다. 홍 감독이 추구하는 스타일도 누구보다 잘 알고 있어 팀 전술에 융화되는 것도 문제 없다. 다만 K리그 적응에는 시간이 필요할 수도 있다.

■J리그 기록

	2021시즌 기록		
3	**1,425(16)** MINUTES 출전시간(경기수)	**0** GOALS 득점	**0** ASSISTS 도움	0

강점	탁월한 공수 조율 능력 빠른 두뇌회전	특징	세 아이의 아빠 예능감도 뛰어난 '국대 가장'
약점	피지컬 대응능력에선 지극히 평범	별명	권나바로

조현우

1991년 9월 25일 | 31세 | 대한민국 | 189cm | 75kg

GK

No.21

경력

대구(13~19)
▶울산(20~)

K리그 통산기록

275경기 315실점

대표팀 경력

19경기 17실점
2018 월드컵

국가대표팀에서는 김승규와의 주전경쟁에서 밀리고 있지만 이는 감독의 성향이다. 누가 더 뛰어난지는 지도자에 따라 달라질 수 있다. 적어도 K리그에서는 지존이다. 모든 면에서 조현우를 넘을 수문장이 없다. 조현우는 지난 시즌 K리그 전 경기 출전은 물론 전 경기 풀타임을 소화했다. 38경기에서 41실점을 기록한 그에게 15경기 무실점은 명예로운 훈장이다. 최다 '클린시트'는 조현우의 오늘을 이야기한다. 특히 캐칭(55회)과 펀칭(58회) 등 순발력을 극대화한 활약이 돋보인다. 타고난 동물적 감각은 조현우에게만 딱 어울리는 수식어다. 이렇다보니 경기 흐름을 바꿀 수 있는 능력을 소유하고 있다는 평가도 받고 있다. 한 골을 막는 것은 한 골을 넣는 것과 같은 의미다. 조현우가 버티고 있는 골문은 상대 공격수들에게도 부담이다. 반면 동료 필드플레이어에게는 강력한 무기다. 믿고 맡긴다는 이야기가 허투루 나온 말이 아니다. 다만 발밑 기술은 여전히 기복이 있다. 현대 축구에서 골키퍼는 스위퍼를 겸할 정도로 활동 반경이 넓다. 울산에 둥지를 튼 후 약점이었던 패싱과 킥력이 향상되는 듯 했지만 경기에 따라 편차가 있다. 그래도 조현우의 선방력이라면 이쯤은 양보해야 한다. 조현우는 올해가 울산에서의 세 번째 시즌이다. 뭐든지 삼세번이라고 했다. 개인 능력이 아무리 뛰어나더라도 우승이 없다면 '속 빈 강정'이다. 울산의 첫 번째 우승 열쇠는 조현우가 거머쥐고 있다. 더도 말고, 덜도 말고 현재의 기량만 유지된다면 적어도 골문은 큰 걱정이 없어 보인다.

2021시즌 기록

2	3,657(38) MINUTES 출전시간(경기수)	115 SAVE 선방	41 LOSS 실점	0
강점	타고난 동물적 감각	**특징**	헤어스타일에 눈이 먼저가는 제2의 김병지	
약점	다소 부족한 빌드업	**별명**	빛현우	

아마노

1991년 7월 19일 | 31세 | 일본 | 175cm | 67kg

MF

No.8

경력

요코하마 마리노스(14~19)
▶KSC 로케런(19~20)
▶요코하마 마리노스(20~21)
▶울산(22~)

K리그 통산기록

–

대표팀 경력

일본 대표팀 1경기

능력이 뛰어난 젊은 선수가 많다는 것은 구단의 미래가 밝다는 의미지만, 다른 한편으로는 이적에 늘 골머리를 앓아야 한다. 울산은 지난해 여름 도쿄올림픽 직후 이동경을 지켰다. 그러나 이제는 얘기가 다르다. 이적에 충족할 수 있는 제안이 들어오고, 선수가 원한다면 언제든지 내보내기로 했고, 이동경은 샬케로 떠났다. 이동경의 이적에 대비해 야심차게 준비한 카드가 아마노 준이다. 2018년 토요다 이후 4년 만의 일본 선수다. 아마노는 2014년 요코하마 마리노스를 통해 프로에 데뷔했다. 2019-2020시즌에는 벨기에 2부 KSC 로케런으로 임대 이적해 유럽 무대를 경험했으나 로케런의 파산으로 지난해 다시 요코하마에 복귀했다. 이동경과 플레이 스타일이 빼닮았다. 왼발 킥을 주무기로 하는 그는 '제2의 나카무라 슌스케'로 불릴 정도로 정교한 패스와 경기 운영 능력을 자랑한다. 다만 수비력에선 흠이 있다는 평가도 있다. 지난해에는 34경기에 출전했고, 주로 후반 조커로 활약하며 3골-5도움을 기록했다. 공격과 미드필더를 오가는 그는 울산선 중앙 미드필더로 2선에서 공격을 조율할 것으로 보인다. 아마노가 울산행을 선택한 것은 홍명보 감독이 도화선이었다. 홍 감독의 열렬한 팬이기도 한 그는 수석코치로 합류한 이케다 세이고 코치가 산파역할을 했다. 한국 축구를 누구보다 잘 아는 그는 아마노가 K리그 스타일에 잘 적응할 것이라고 홍 감독에게 조언했다. 새로운 성장 동력에는 의심의 여지가 없다. 물론 이상과 현실은 다를 수 있다. K리그는 J리그보다 훨씬 더 거칠고 밀도가 높다. 연착륙을 위해선 또 다른 파고를 넘어야 한다.

■J리그 기록

2021시즌 기록

1	1,123(34) MINUTES 출전시간(경기수)	3 GOALS 득점	5 ASSISTS 도움	0
강점	창의적인 공격 전개, 정확한 킥	특징	세이고 코치의 추천 '신의 한 수' 노린다	
약점	수비력	별명	아마쥰	

엄원상

1999년 1월 6일 | 23세 | 대한민국 | 171cm | 63kg

FW

경력

광주(19~21)
▶울산(22~)

K리그 통산기록

65경기 15득점 3도움

대표팀 경력

2경기
2019 U-20 월드컵
2020 올림픽

이동준을 대체할 수 있는 유일한 카드다. K리그2에서 뛰기는 아쉬운 존재였는데 개막 직전 울산의 품에 안겼다. FC 서울이 오랫동안 공을 들였지만 마지막 선택은 울산이었다. 우스갯소리로 '볼보다 빠르다'는 평가가 말해주듯 스피드는 타의추종을 불허한다. 100m를 11초대에 주파하는 준족이다. 여기에 방향 전환까지 개선되면서 상대 수비는 엄원상이 달리기를 시작하면 식겁한다. 드리블 능력도 향상돼 거침없는 기세로 상대 뒷공간을 파고든다. 파울로 끊는 것이 오히려 속편하다는 말도 있다. 멘탈적으로도 도전을 무서워하지 않을 뿐만 아니라 웬만해선 흔들리지 않는다. 그렇다고 10점 만점에 10점은 아니다. 보완해야 할 과제도 있다. 전문 스트라이커는 아니지만 골 찬스가 많은 것에 비해 득점력은 떨어진다. 2020년에는 7골, 지난해에는 6골을 터트렸다. 지난 시즌 40개의 슈팅을 기록한 것을 감안하면 결정력에선 분명 아쉬움이 있다. 세계적인 공격수의 기준은 4대1이다. 즉, 4개 슈팅에 한 골을 넣어야 더 큰 그림을 그릴 수 있다. 허를 내두르는 공격 전개 후 마지막 크로스에도 정확도가 떨어진다는 평가도 있다. 도움 1개 역시 기대치를 밑돈다. 65.2%의 패스성공률도 더 끌어올려야 한다. 그래도 희망이 있는 것은 아직 젊다. 습득 능력도 뛰어나 매해 플레이가 업그레이드 되고 있다. 울산에선 동료들의 도움도 받을 수 있다. 개개인의 역량이 뛰어나 집중 견제도 피할 수 있게 됐다. 제2의 도화선이 될 수 있다. 또래 가운데서는 으뜸 윙어라는 평가에는 누구도 부인하지 않는다. 그의 질주 본능에 울산이 또 달라질 수 있다.

2021시즌 기록

0	2,186(26) MINUTES 출전시간(경기수)	6 GOALS 득점	1 ASSISTS 도움	0

강점	폭풍 질주에 이은 상대 수비라인 파괴	특징	공보다 빠른 움직임은 타의 추종을 불허
약점	2% 부족한 결정력과 크로스	별명	엄살라

박주영

1985년 7월 10일 | 37세 | 대한민국 | 183cm | 72kg

FW

No.91

경력

서울(05~08)
▶AS모나코(08~11)
▶아스널(11~12)
▶셀타비고(12~13)
▶왓포드(14)
▶알샤밥(14~15)
▶서울(15~21)
▶울산(22~)

K리그 통산기록

279경기 76득점 23도움

대표팀 경력

68경기 24득점
2006 · 2010 · 2014 월드컵

불혹을 바라보지만 명불허전이다. 올 시즌 이적시장의 '최대어'는 박주영이었다. 그의 이적 소식은 단연 최고의 화제였다. 한때 FC서울의 상징이었고, 원클럽맨이었지만 세월을 거스를 순 없었다. 지도자 제의를 거절하고 현역 생활의 마지막 불꽃을 태우기 위해 둥지를 옮겨 홍명보 감독의 품에 안겼다. 인연이란 것이 참 오묘하다. 2012년 런던 올림픽을 앞두고 박주영의 병역 논란이 불거졌다. 홍 감독은 박주영의 기자회견에 동석해 "주영이가 군대를 안 간다고 하면 내가 대신 간다고 말하려고 나왔다"는 말로 분위기를 바꿨다. 사상 첫 '축구 올림픽 동메달 신화'의 서막이었다. 그러나 2년 뒤 브라질월드컵은 상처였다. 홍 감독은 소속팀에서 출전 기회가 적었던 박주영을 다시 중용했고, 그 카드는 실패하고 말았다. '의리 축구' 논란은 둘에게는 족쇄였다. 끝날 것 같았던 사제지간의 연은 다시 이어졌다. "마지막으로 열심히 신나게 뛰고 은퇴하겠다는데 그 정도는 같이 해줄 수 있다고 생각했다." '통 큰' 영입 배경이었다. 5~6골만 터트려준다면 더 바랄게 없다는 것이 홍 감독의 생각이다. 박주영도 모든 것을 내려놓고 심기일전하고 있다. 하지만, 생각대로 되지 않는 것이 현실이다. 자칫 이대로 조용히 사라질 수 있다. 그래도 극적 반전을 응원한 팬들이 더 많은 것이 사실이다. 도박같은 영입이지만 그 끝은 누구도 알 수 없다. 전성기 때의 골 감각이 아니더라도 비슷하게만 갈 수 있다면 울산에는 엄청난 무기가 될 수 있다. 박주영이 울산의 최대 변수다.

2021시즌 기록

1	895(17) MINUTES 출전시간(경기수)	0 GOALS 득점	0 ASSISTS 도움	0

강점	베테랑의 절박한 배수진	특징	관록에서 뿜어 나오는 지혜는 톱 중의 톱
약점	세월을 거스를 수 없는 나이	별명	주멘

FW

No.72

이청용

1988년 7월 2일 | 34세 | 대한민국 | 180cm | 69kg
경력 | 서울(04~09) ▶ 볼턴(09~15) ▶ 크리스탈 팰리스(15~18)
▶ 보훔(18~20) ▶ 울산(20~)
대표팀 경력 | 89경기 9득점

클래스는 영원하다. 번뜩이는 움직임과 드리블, 순간적인 재치는 여전하다. 경기 운영도 돋보인다. 팀의 정신적인 지주로 차분하게 동료들을 이끈다. 존재만으로도 어린 선수들에게는 귀감이다. 하지만 어느덧 30대 중반이다. 풀타임 출전은 쉽지 않다. 부상 위험에도 늘 노출돼 있다. 그래도 이청용은 이청용이다. 박주영이 둥지를 틀면서 선수들간의 가교 역할이 더 충실히 요구된다. 고집은 꽤 세지만 천성이 착하다. 팀이 젊은 편이라, 쉽게 흔들릴 수 있다. 그라운드에선 이젠 경험으로 얘기해야 한다. 경기장 안팎에서 중심을 제대로 잡아야 울산의 우승이 현실이 될 수 있다.

		2021시즌 기록			강점	약점
2	0	1,437(25) MINUTES 출전시간(경기수)	3 GOALS 득점	1 ASSISTS 도움	지능적인 경기 운영	부상 빈도

FW

No.9

레오나르도

1997년 5월 28일 | 25세 | 브라질 | 180cm | 70kg
경력 | 이투아누FC(15~16) ▶ 산투스FC(17) ▶ 가이나레 돗토리(18) ▶ 알비렉스 니가타(19)
▶ 우라와 레즈(20) ▶ 산둥 타이산(21) ▶ 허베이FC(21) ▶ 울산(22~)
대표팀 경력 | −

일본과 중국 무대를 두루 경험해 아시아 무대가 낯설지 않다. J3, J2리그에서 연달아 득점왕을 거머쥔 증명된 공격수다. 골감각이 탁월하고, 위치 선정이 뛰어나다. 브라질 선수 특유의 기술은 물론 '스몰 포워드'답게 활동 반경도 넓다. 동료들과의 연계 플레이에도 능하다. 하지만 다혈질 성격은 흠이다. K리그 적응에도 문제가 될 수 있지만 같은 길을 걸었던 김영권이 '멘토' 역할을 하면서 빠르게 안정을 찾았다. 일본어 실력도 꽤 있어 코칭스태프와 소통에도 큰 문제가 없다. 파트너로 '빅 포워드'가 수혈될 경우 더 큰 시너지 효과를 낼 수 있을 것으로 보인다.

		2021시즌 기록			강점	약점
3	0	1,338(20) MINUTES 출전시간(경기수)	2 GOALS 득점	0 ASSISTS 도움	탁월한 골 결정력	다혈질 성격

■중국 1부리그 기록

FW

No.7

윤일록

1992년 3월 7일 | 30세 | 대한민국 | 178cm | 65kg
경력 | 경남(11~12) ▶ 서울(13~17) ▶ 요코하마 마리노스(18~19) ▶ 제주(19)
▶ 몽펠리에(20~21) ▶ 울산(21~)
대표팀 경력 | 10경기 1득점

지난해가 적응 시기였다면, 올해는 울산의 신형엔진으로 발돋움 할 기회다. 작은 체구에도 불구하고 파이팅이 넘친다. 상대 수비라인의 타이밍을 허무는 순간적인 돌파와 전술 이해도, 지칠 줄 모르는 활동량은 여전히 유효하다. 볼터치나 슈팅 능력도 뒤처지지 않는다. 다만 수비 가담에는 한계가 있다. 수비에서 자유로우면 날개를 단 듯 종횡무진 공격을 전개하지만, 수비 임무까지 주어지면 부담을 느끼는 편이다. 플레이에 기복이 있다. 아직 울산에 둥지를 튼 후 K리그에서 골이 없는 것은 가장 시급히 해결해야 할 숙제다. 윙어는 물론 섀도 스트라이커로도 가능하다.

		2021시즌 기록			강점	약점
0	0	530(12) MINUTES 출전시간(경기수)	0 GOALS 득점	2 ASSISTS 도움	허를 찌르는 돌파와 전술이해도	수비 가담에는 한계

GK　No.1

조수혁

1987년 3월 18일 | 35세 | 대한민국 | 188cm | 83kg
경력 | 서울(08~12) ▷ 인천(13~16) ▷ 울산(17~)
대표팀 경력 | –

골키퍼라는 포지션 특성상 주전 경쟁에서 밀리면 출전 기회가 적다. 지난 시즌 K리그에서 단 1경기에도 출전하지 못했다. 하지만 2년 전 ACL 우승 활약을 떠올리면 쉽게 이해할 수 있다. 준비돼 있지 않고는 그런 활약을 펼칠 수 없다. 절대적으로 팀에서 필요한 선수다. 분위기 메이커로 유명하다. '베리나이쑤(very nice)' 포즈는 전매특허다. 선후배간의 스스럼이 없을 정도로 그의 주변에는 웃음이 끊이지 않는다. 골키퍼로는 안정감을 자랑한다. 수비수들과의 소통 능력도 뛰어나고, 골킥도 비교적 정확하다. 한 시즌은 변수와의 싸움이다. 조수혁이 있는 울산은 백업 골키퍼 걱정이 없다.

		2021시즌 기록			강점	약점
0	0	0(0) MINUTES 출전시간	0 SAVE 선방	0 LOSS 실점	분위기 메이커	쉽지 않은 경기력 유지

MF　No.10

바코

1993년 1월 29일 | 29세 | 조지아 | 174cm | 74kg
경력 | 트빌리시(10~11) ▷ 루스타비(10~11) ▷ 피테서(11~17) ▷ 레기야 바르샤뱌(16~17) ▷ 산호세(17~20) ▷ 울산(21~)
대표팀 경력 | 조지아 대표 57경기 11득점

K리그와의 첫 만남은 성공적이었다. 미드필더 부문 베스트11에 뽑혔을 정도로 활약을 인정받았다. 드리블을 이용한 탈압박과 침투 플레이 모두 시선을 끌어당겼다. 드리블 성공은 30회로 리그 최고였다. 공격 지원 능력도 뛰어나 신임을 듬뿍 받았다. 경험이 풍부한 만큼 2년차 징크스는 없을 것으로 보인다. 새로운 공격 조합과 발만 맞아 떨어진다면 어떤 상황에서도 제몫을 할 수 있다. 물론 살인적인 일정에 체력 관리는 그의 몫이다. 지난해는 막판에 몸이 떨어져 승부처에서 역량을 발휘하지 못하는 모습을 보였다. 1년이라는 귀중한 시간이 올 시즌 보약이 될 전망이다.

		2021시즌 기록			강점	약점
0	0	2,529(34) MINUTES 출전시간(경기수)	9 GOALS 득점	3 ASSISTS 도움	드리블 이용한 탈압박	떨어지는 체력

MF　No.16

원두재

1997년 11월 18일 | 25세 | 대한민국 | 187cm | 80kg
경력 | 아비스파 후쿠오카(17~19) ▷ 울산(20~)
대표팀 경력 | 6경기

탁월한 신체조건을 앞세워 안정적인 플레이로 수비형 미드필더를 훌륭히 소화하고 있는 한국 축구의 미래. 수비력은 센터백을 볼 수 있는 수준이고, 빌드업 능력에서도 강점이 있다. 지난 시즌 1,925차례나 패스를 시도해 무려 88.7%의 성공률을 자랑했다. 시야가 넓어 롱패스의 정확도도 꽤 뛰어나다. A대표팀에서도 눈여겨보고 있는 카드다. 다만 의욕이 넘치다보니 불필요한 파울로 경기의 변수가 되는 경우도 있다. 가끔 나오는 투박한 볼터치도 보완해야 할 부분이다. 하지만 원두재가 없는 중앙은 상상하기 쉽지 않을 정도로 강한 인상을 남기고 있다.

		2021시즌 기록			강점	약점
3	1	2,612(30) MINUTES 출전시간(경기수)	1 GOALS 득점	1 ASSISTS 도움	빌드업 및 수비력	불필요한 파울

MF

No.24

이규성

1994년 5월 10일 | 28세 | 대한민국 | 174cm | 68kg

경력 | 부산(14~18) ▷ 상무(18~19) ▷ 부산(20) ▷ 성남(21) ▷ 울산(22~)

대표팀 경력 | -

드디어 돌아왔다. 지난해 울산 이적 후 곧바로 성남에 임대된 그는 이번 시즌 복귀했다. 기대가 높은 미드필더다. 윤빛가람의 공백을 메울 카드로 급성장했다. 도전적인 플레이도 돋보인다. 후진 대신 전진을 선택하는 공격적인 성향으로 미드필더에 활력을 불어넣을 것으로 기대된다. 강인한 체력과 패스력, 볼을 다루는 기술, 고립시 헤집고 나올 수 있는 드리블 능력도 갖추고 있다. 최용수 강원 감독은 울산에서 가장 영입하고 싶은 선수를 꼽아달라는 질문에 고민도 않고 이규성을 '원픽'했다. 홍명보 감독과는 첫 만남이다. 울산에선 어떤 활약을 펼치지 관심이다.

2021시즌 기록					강점	약점
4	0	2,593(32) MINUTES 출전시간(경기수)	0 GOALS 득점	2 ASSISTS 도움	공격적인 전개	골이 없는 것은 옥에 티

DF

No.23

김태환

1989년 7월 24일 | 33세 | 대한민국 | 177cm | 72kg

경력 | 서울(10~12) ▷ 성남(13~14) ▷ 울산(15~16) ▷ 상무(17~18) ▷ 울산(18~)

대표팀 경력 | 15경기

타고난 승부사다. 승리를 위해서는 물불 가리지 않는다. 상대에는 기분 나쁜 독종같은 존재지만, 아군에게는 든든한 버팀목이다. 서른 살이 넘었지만 국가대표 오른쪽 풀백으로 성장이 멈추지 않는다. 투지는 K리그에서 단연 최고다. 뛰어난 스피드를 앞세워 오버래핑도 발군이다. 공격수 출신답게 드리블 돌파 능력도 출중하다. 크로스 또한 정확도가 높아졌다. 6개의 도움은 우연이 아니다. 다만 오해를 살만한 거친 파울이 많다. 카드 관리는 선택이 아닌 필수다. 베테랑으로 그라운드에서 더 지혜로운 플레이를 펼친다면 아무런 문제가 없다. 때로는 방향 전환도 필요하다.

2021시즌 기록					강점	약점
9	0	3,130(34) MINUTES 출전시간(경기수)	0 GOALS 득점	6 ASSISTS 도움	빠른 스피드의 독종 승부사	불필요한 거친 플레이

DF

No.66

설영우

1998년 12월 5일 | 23세 | 대한민국 | 180cm | 72kg

경력 | 울산(20~)

대표팀 경력 | U-23 대표팀 8경기, 2020 올림픽

보배 같은 존재다. 양쪽 풀백을 모두 소화할 수 있는 몇 안되는 자원이다. 도쿄올림픽을 통해 또 성장했다. 공격수 출신인 것을 모를 정도로 수비력이 뛰어나다. 1대1 대인 방어 능력은 누구에게도 뒤지지 않는다. 오버래핑도 수준급이며, 잘생긴 외모로 스타성도 갖추고 있다. 축구 지능도 뛰어난 데다 노력형이다. 왼발 크로스에 한계가 있었지만 이 또한 훈련으로 커버해 많이 보완했다. 가끔씩 나오는 미숙한 실수는 경험이 쌓이며 충분히 해결할 수 있다. 올해는 A대표팀 승선도 노리고 있다. 지금처럼 한 우물을 계속해서 판다면 그 날도 멀지 않았다.

2021시즌 기록					강점	약점
4	0	2,287(31) MINUTES 출전시간(경기수)	2 GOALS 득점	3 ASSISTS 도움	좌우 풀백 모두 가능한 멀티형	경험 부족에서 나오는 실수

MF

No.6

박용우

1993년 9월 10일 | 29세 | 대한민국 | 186cm | 80kg

경력 | 서울(15~16) ▷ 울산(17~19) ▷ 상무(20~21) ▷ 울산(21~)

대표팀 경력 | U-23 대표팀 18경기 22득점, 2016년 올림픽

화려함을 추구하진 않는다. 성격상 쉽게 드러나지도 않지만 팀에서 없어서는 안 될 살림꾼이다. 지난해 상무에서 제대할 당시 김태완 감독이 가장 아쉬워할 정도였다. 수비형 미드필더로 계속 성장하는 모습에서 지도자들이 매력을 느낀다. 울산은 'FC서울 동문회'나 다름없다. 그 또한 서울 출신으로 위치 선정과 롱패스가 뛰어나다. 제공권 장악서도 안정적이다. 공격보단 수비선 허점을 노출하기도 하지만 근성있는 플레이로 부족한 점을 메우고 있다. 주전과 비주전의 경계에 있지만 올 시즌 살인적인 일정이 기다리고 있는 만큼 스쿼드의 안정화에 도움이 될 것으로 보인다.

2021시즌 기록					강점	약점
2	0	626(9) MINUTES 출전시간(경기수)	0 GOALS 득점	0 ASSISTS 도움	근면성실한 플레이	부족한 대인마크

MF

No.17

김민준

2000년 2월 12일 | 22세 | 대한민국 | 183cm | 74kg

경력 | 울산(21~)

대표팀 경력 | 남자 유니버시아드 대표팀 5경기 1득점

22세 이하 카드 가운데는 단연 '넘버원'이다. 지난 시즌 이미 예열을 마쳤고, 검증도 됐다. 공격포인트도 6개나 기록했다. 결정적인 한 방을 갖춘 울산의 미래다. 어린 나이에도 대담한 플레이로 눈길을 끈다. 그만큼 자신의 기량을 믿고 거침없이 상대 진영을 휘젓는다. 또 많이 뛴다. 빈공간을 선점하는 센스도 갖추고 있고, 연계플레이에도 능해 즉시 전력감으로 손색이 없다. 물론 아직 가야할 길은 남았다. 주축 선수로 성장하기 위해서는 꾸준한 활약이 필요하다. 왼발잡이 윙어로 장점이 많아 경험이 쌓이면 또 달라질 것이다. 출전시간은 지난해보다 더 늘어날 것으로 보인다.

2021시즌 기록					강점	약점
2	0	954(28) MINUTES 출전시간(경기수)	5 GOALS 득점	1 ASSISTS 도움	믿고 쓰는 22세 이하 카드	기복있는 플레이

MF

No.20

신형민

1986년 7월 18일 | 36세 | 대한민국 | 182cm | 76kg

경력 | 포항(08~12) ▷ 알자지라(12~14) ▷ 전북(14) ▷ 경찰(15~16)
▷ 전북(16~20) ▷ 울산(21~)

대표팀 경력 | 9경기

전성기 때는 모두가 피하고 싶은 거친 수비형 미드필더였다. 세월의 흔적을 지울 순 없다. 그 또한 많은 것을 내려놓았다. 출전 시간이 많지 않았던 것은 부인할 수 없다. 그래도 위치 선정에 능한 베테랑이다. 포백의 바로 앞에 포진해 상대의 역습 고리를 끊고, 전방으로 볼을 연결하는 임무는 여전하다. 하지만 스피드가 예전만 못하다. 대형 실수가 나오면 좀처럼 커버가 안된다. 아무래도 실전 감각이 떨어지다보니 아무리 경험이 풍부해도 한계는 있다. 조용한 성격으로 말수도 적지만, 늘 팀에 헌신하는 모습은 예나 지금이나 한결같다. 분명 마지막 반전은 있을 것이다.

2021시즌 기록					강점	약점
3	0	950(18) MINUTES 출전시간(경기수)	0 GOALS 득점	0 ASSISTS 도움	풍부한 경험 위치 선정	실전 감각

MF

No.18

김성준

1988년 4월 8일 | 34세 | 대한민국 | 174cm | 68kg

경력 | 대전(09~11) ▶ 성남(12~15) ▶ 세레소 오사카(14) ▶ 상무(16~17)
▶ 서울(18) ▶ 울산(19~)

대표팀 경력 | 3경기

최고의 테크니션이었다. 공격형 미드필더의 전형으로 발기술은 물론 개인기, 패싱력이 뛰어나다. 축구 센스만 놓고 보면 누구에게도 뒤지지 않는다. 하지만 십자인대 파열 이후 좀처럼 예전의 기량을 회복하지 못하고 있다. 출전 시간까지 적다보니 경기 감각에도 문제가 있다. 그래도 훈련장에서는 누구보다 열심히다. 동료들도 번쩍이는 활약에 혀를 내두를 정도로 기량만큼은 인정하고 있다. 예쁘게 볼을 차는 스타일이라 상대와 거칠게 맞서지 않는 유형이다. 수비보다는 공격에 더 무게감이 있다. 하지만 결정력은 아쉬움이 남는 지점이다. 울산에선 단 한 골도 넣지 못했다.

		2021시즌 기록			강점	약점
1	0	**654(14)** MINUTES 출전시간(경기수)	0 GOALS 득점	2 ASSISTS 도움	최고의 테크니션	결정력

DF

No.44

김기희

1989년 7월 13일 | 33세 | 대한민국 | 188cm | 80kg

경력 | 대구(11~13) ▶ 알 사일리야(12~13) ▶ 전북(13~15) ▶ 상하이 선화(16~17)
▶ 시애틀 사운더스(18~19) ▶ 울산(20~)

대표팀 경력 | 23경기, 2012년 올림픽

체격 조건이 뛰어난 안정적인 센터백이다. 지난 시즌 필드 플레이어 중에는 가장 많은 출전시간을 기록했을 정도로 시즌내내 기복없는 플레이를 펼쳤다. 김영권과 호흡을 맞출 올해는 더 기대된다. 한때는 풀백을 소화할 정도로 빠른 스피드를 자랑한다. 간혹 큰 실수가 있긴 하지만 이는 수비수의 숙명이다. 철저한 마인드 컨트롤과 우직한 플레이로 뒷문을 걸어 잠근다. 공중볼 장악 능력도 준수하며. 긴다리를 이용한 태클도 수준급이다. 공격적으로도 재능이 있어 빌드업시 패싱력도 나쁘지 않다. 수원으로 떠난 불투이스를 향해 선전포고를 했다. 김기희가 있어, 불투이스의 빈자리는 크지 않을 것으로 전망된다.

		2021시즌 기록			강점	약점
5	0	**3,405(36)** MINUTES 출전시간(경기수)	1 GOALS 득점	1 ASSISTS 도움	기복없는 플레이	몸싸움

DF

No.5

임종은

1990년 6월 18일 | 32세 | 대한민국 | 192cm | 88kg

경력 | 울산(09~11) ▶ 성남(12) ▶ 전남(13~15) ▶ 전북(16~17) ▶ 포천(19~21)
▶ 울산(21~)

대표팀 경력 | U-20 대표팀 2경기

공익 근무를 하면서 K4리그의 포천시민축구단에서 선수생활을 병행하다 지난해 4월 소집 해제됐다. 울산 유스 출신임에도 전북에서 활약한 경력으로 팬들 사이에선 애증이 교차한다. 공백기간이 2년이었지만 그래도 연착륙에 성공했다. 11경기에 출전하며 필요할 때 제몫을 했다. 큰 키에 방점이 찍혀 있다. 제공권 장악에 탁월한 능력이 있다. 수비수치고는 파울과 카드도 적다. 낙천적인 성격이라 입가에 미소가 떠나지 않는다. 산전수전을 다 겪은 터라 동료들과의 신뢰도 두텁다. 올 시즌도 김영권과 김기희의 백업 중앙수비수로 빈자리를 채울 것으로 보인다.

		2021시즌 기록			강점	약점
1	0	**993(11)** MINUTES 출전시간(경기수)	1 GOALS 득점	0 ASSISTS 도움	공중볼 장악 능력	역습에 허점

홍철
세징야
에드가
정태욱
김진혁
이근호
홍정운
오승훈
이용래
이태희
조진우
라마스
김우석
이진용
정치인
박병현
최영은
안용우
장성원
케이타
오후성
고재현
김희승
김태양
황재원

대구FC

우리는 아직 배고프다, 2022 시즌 더 높은 곳을 바라본다.

대구 FC

떠오르는 신흥 강호이자 전국구 인기팀 대구FC. 시작은 2016년 부터였다. 2부였던 K리그 챌린지에서 승격에 성공, 3년의 설움을 날리며 다시 1부로 복귀했다. 재정 상황이 넉넉지 않은 대구는 사실 K리그 1부의 만년 하위팀이었다. 하지만 2017년 승격 첫 시즌 잔류에 성공했고, 2018년 FA컵 우승이라는 기적과 같은 결과물을 만들어냈다. 창단 후 첫 아시아챔피언스리그(ACL) 진출이라는 선물을 받아들이며 선수단에는 자신감이 차오르기 시작했다. 2019년 새 홈구장 DGB대구은행파크가 개장한 이후, 리그 최고의 팬 친화 구단으로 탈바꿈했다. 이후 2019시즌부터 3시즌 연속 K리그1 상위 스플릿에 이름을 올렸다. 특히, 지난 시즌은 역대 최고 순위인 3위로 마무리했다. 2번째로 출전한 ACL에서도 16강에 오르는 기염을 토했다. FA컵에서도 준우승을 차지했다. 이제 대구는 2022시즌 새출발을 한다. 이병근 감독과 이별을 선택했고, 알렉산드레 가마 감독이 새롭게 지휘봉을 잡는다. 가마 감독은 조광래 사장이 추구하는 축구를 그 누구보다 잘 선수단에 입힐 수 있다는 평가를 받는다. 선수단 변화가 큰 폭으로 있었지만, 팀의 중심인 세징야와 에드가가 건재하다. K리그1 3위, ACL 16강, FA컵 준우승보다 더 높은 곳을 향한 도전에 나선다.

구단 소개

정식 명칭	대구시민 프로 축구단
구단 창립	2002년 10월 9일
모기업	시민구단
상징하는 색	하늘색
마스코트	빅토, 리카
레전드	박종진, 세징야
서포터즈	그라지예
온라인 독립 커뮤니티	대구스토

우승

K리그	0회
FA컵	1회(18)
AFC 챔피언스리그	0회
아시안 클럽 챔피언십	0회

최근 5시즌 성적

시즌	K리그	FA컵	AFC 챔스
2021시즌	3위	준우승	16강
2020시즌	5위	16강	−
2019시즌	5위	16강	본선진출
2018시즌	7위	우승	−
2017시즌	8위	32강	−

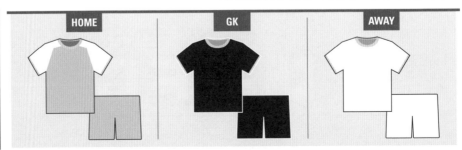

HOME GK AWAY

조광래 사장과 찐인연...

대구에 우승 DNA 심기 위해 왔다

알렉산드레 가마

1968년 1월 4일 | 54세 | 브라질

K리그 전적
-

뚜껑을 열어봐야 알겠지만, 대구를 이끄는 조광래 사장이 가장 마음에 들어할 감독 인선일 가능성이 크다. 가마 감독은 2009년 조 사장이 경남 감독으로 일하던 시절 수석코치로 합류하며 인연을 맺었고, 2011년 조 사장이 한국 대표팀의 감독이 됐을 때 코치로 같이 적을 옮겼다. 처음 만났을 때부터 조 사장이 가마 감독을 얼마나 신뢰했는지 알 수 있는 대목이다. 사실 가마 감독이 대구 지휘봉을 잡을 뻔한 기회가 이미 2차례 있었다. 2018년 팀이 부진할 때 안드레 감독 대신 가마 감독이 부임할 거란 소문이 돌았었다. 2020시즌을 앞두고 안드레 감독이 갑작스러운 야반도주를 했을 때도, 가장 유력한 후보로 거론됐다. 하지만 태국 팀과의 계약 문제 때문에 인연을 맺지 못했는데, 대구 입장에서는 삼고초려 끝에 자신들이 원하던 감독에게 지휘봉을 맡기게 됐다. K리그 경험이 있지만, 워낙 오래 전이라 최근 바뀐 K리그의 트렌드를 따라올 수 있을지가 이번 시즌 성공 여부의 관건이 될 것으로 보인다.

선수 경력

플루미넨시	아메리카TR	EC상조제

지도자 경력

알와흐다 감독	경남 코치	한국 대표팀 코치	태국 U−21 대표팀 감독	태국 U−23 대표팀 감독	부리람 감독	치앙라이 감독	무앙통 감독	대구 감독(22~)

주요 경력

태국 리그1 우승 2회	태국 FA컵 우승 3회	태국 리그컵 우승 2회	태국 챔피언스컵 우승 3회

선호 포메이션	3-4-3	3가지 특징	조광래 사장의 분신	태국 우승 제조기	남미-중동-동남아 등을 모두 거친 경험

STAFF

수석코치	코치	GK코치	피지컬코치	2군코치	선수 트레이너
최원권	이종현	이용발	베네디토	정철영	노현욱 박해승 이대균

2 0 2 1 R E V I E W

다이나믹 포인트로 보는 대구의 2021시즌 활약도

모든 게 완벽하게 가고 있었다. 하지만 마지막 한 곳이 아쉬웠다.

대구는 K리그1 최종 순위 3위로 시즌을 마무리했다. 구단 창단 후 역대 최고 순위. 아시아챔피언스리그 진출권을 확보했다. 2번째로 참가한 아시아챔피언스리그에서도 2019년 조별리그 탈락의 아픔을 떨쳐내고, 16강에 진출했다.

마지막 FA컵이었다. 결승에 올랐다. 2번째 우승 도전. 1차전 적지 광양에서 전남 드래곤즈를 1대0으로 꺾었다. 분위기. 객관적 전력상 대구가 우승의 팔부능선을 넘었다고 보는 전망이 많았다. 하지만 홈 2차전에서 충격의 역전패를 당했다. 모든 게 완벽했던 시즌의 옥에 티였다.

FW
에드가 **37,637** 전체 19위
안용우 **8,148** 전체 191위
세징야 **57,689** 전체 1위
정치인 **9,350** 전체 170위
이근호 **11,379** 전체 155위

MF
오후성 **8,859** 전체 179위
황순민 **15,424** 전체 121위
이용래 **8,411** 전체 187위
이진용 **12,192** 전체 151위
정승원 **21,076** 전체 72위
츠바사 **20,645** 전체 77위
박한빈 **8,492** 전체 186위
라마스 **15,334** 전체 124위

DF
정태욱 **31,928** 전체 29위
김재우 **9,973** 전체 166위
홍정운 **22,544** 전체 64위
김우석 **8,541** 전체 185위
김진혁 **31,117** 전체 38위
장성원 **6,658** 전체 208위

GK
최영은 **19,898** 전체 82위

2021시즌 다이나믹 포인트 상위 20명   ■ 포인트 점수

포지션 평점

FW

MF

DF

GK

출전시간 TOP 3

1위	김진혁	3,151분
2위	정태욱	3,031분
3위	세징야	2,844분

■ 골키퍼 제외

득점 TOP 3

1위	에드가	10골
2위	세징야	9골
3위	김진혁	6골

도움 TOP 3

1위	세징야	7도움
2위	에드가	5도움
3위	황순민	3도움

주목할 기록

| **291** | '역습의 대구' 팀 키패스 전체 공동 2위 |
| **99** | '크랙' 세징야의 슈팅 전체 3위 |

성적 그래프

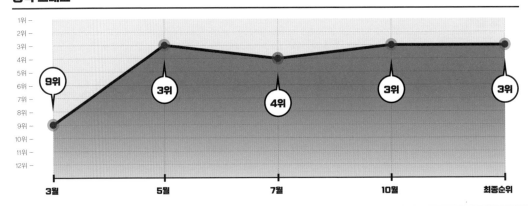

2022 시즌 스쿼드 운용 & 이적 시장 인앤아웃

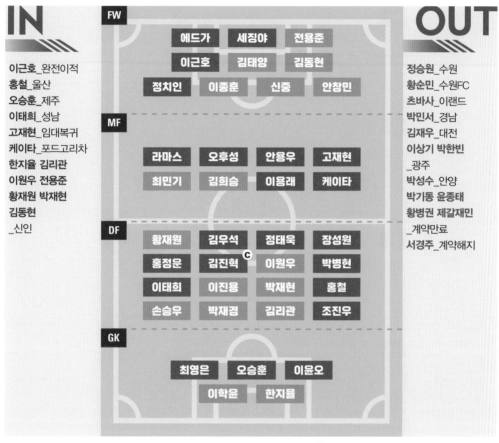

IN

이근호_완전이적
홍철_울산
오승훈_제주
이태희_성남
고재현_임대복귀
케이타_포드고리차
한지율 김리관
이원우 전용준
황재원 박재현
김동현
_신인

OUT

정승원_수원
황순민_수원FC
츠바사_이랜드
박민서_경남
김재우_대전
이상기 박한빈
_광주
박성수_안양
박기동 윤종태
황병권 제갈재민
_계약만료
서경주_계약해지

FW

에드가	세징야	전용준
이근호	김태양	김동현
정치인	이종훈	신중	안창민

MF

| 라마스 | 오후성 | 안용우 | 고재현 |
| 최민기 | 김희승 | 이용래 | 케이타 |

DF

황재원	김우석	정태욱	장성원
홍정운	김진혁 ⓒ	이원우	박병현
이태희	이진용	박재현	홍철
손승우	박재경	김리관	조진우

GK

| 최영은 | 오승훈 | 이윤오 |
| 이학윤 | 한지율 |

ⓒ 주장 ■ U-22 자원

가장 중요한 변화, 감독이 바뀌었다. 태국에서 '우승 제조기'로 인정받으며, 명성을 쌓은 알렉산드르 가마 감독이 대구 지휘봉을 잡았다. 조광래 사장과 워낙 합이 잘 맞는 인물이라 K리그 데뷔 시행착오에 대한 걱정은 조금 덜어놓아도 될 듯하다. 선수단도 알차게 꾸렸다. 많은 선수를 영입하지는 않았지만, 꼭 필요한 자리에 꼭 필요한 선수들을 채워 넣은 게 눈에 띈다. 먼저 측면 주전 자원을 모두 교체했다. 왼쪽은 홍철, 오른쪽은 이태희다. 국가대표 홍철의 경우 '대구가 홍철을 영입한 게 진짜인가'라는 말이 나올 정도의 깜짝 영입이었다. 가장 취약 포지션으로 지적받던 골키퍼 자리도 베테랑 오승훈으로 공백을 메웠다. 대구는 세징야, 에드가 등으로 대표되는 주전 라인업은 남부럽지 않지만, 백업층이 약하다는 평가를 받았다. 하지만 정치인, 장성원, 조진우 등 젊은 선수들이 아시아챔피언스리그와 리그 무대에서 경험을 쌓으며 업그레이드 됐다. 이근호, 이용래 등 베테랑들이 뒤를 받쳐주고 있다는 것도 든든하다.

주장의 각오

김진혁

"팀적으로 늘 성장했던 대구다. 올해는 (전북, 울산과의) 격차를 좁혀 우승도 노려볼 것이다. 팀 목표를 위해 공격과 수비, 어느 포지션을 맡든 상관없다."

2022 예상 베스트 11

FW　3-4-3

7 김진혁　11 세징야　9 에드가

MF

33 홍철　26 이진용　10 라마스　25 이태희

DF

4 정태욱　6 홍정운　66 조진우

GK

21 오승훈

예상 순위

4

구단별 이적시장 성적

B

대구는 세 시즌 연속 파이널A에 진출하며 신흥 강호로서의 이미지를 각인시켰다. 이번 시즌도 전망이 어둡지 않다. 일단 주축인 세징야-에드가의 공격 라인이 건재하다. 두 사람이 다치지 않고 한 시즌을 치러주기만 한다면 공격은 리그 톱 수준이다. 수비도 홍정운과 정태욱의 존재감이 크다. 측면은 이태희와 홍철의 가세로 업그레이드 됐다. 약점인 골키퍼도 오승훈으로 보강했다. 지난 시즌 창단 후 최고 성적인 3위를 넘어서기는 쉽지 않겠지만, 파이널A에 머물며 비슷한 성적을 낼 가능성은 충분하다.

주축 선수들의 이탈이 많았다. 정승원, 황순민, 츠바사, 김재우, 박한빈 등 알짜 자원들이 나갔다. 하지만 알토란같은 선수들을 보강해 손실을 최소화했다. 홍철, 오승훈, 이태희 영입으로 꼭 필요한 포지션 보강이 이뤄졌다. 서울 이랜드에서 임대를 마치고 돌아온 고재현의 합류는 영입과도 같다.

세징야

1989년 11월 29일 | 33세 | 브라질 | 177cm | 77kg

FW

No.11

경력

SC코린치안스(10)
▶우니앙 바르바렌시(11~12)
▶CA브라간치누(12~16)
▶대구(16~)

K리그 통산기록

180경기 68득점 47도움

대표팀 경력

–

더 이상 설명이 필요 없는 K리그 최고의 스타 플레이어. 외국인 선수라는 한계를 극복하고 팬들의 가장 많은 사랑을 받는 선수로 거듭났다. 그 덕에 세징야는 리그 최고 연봉자라는 멋진 타이틀을 얻을 수 있었다. 세징야가 사랑을 받는 데는 여러 이유가 있다. 가장 먼저, 제일 중요한 실력. 대구의 공격의 90% 이상은 세징야에서부터 시작된다고 해도 과언이 아니다. 중원까지 올라와 공을 받은 뒤 경기를 풀어주는 역할을 한다. 공격이 잘 풀리지 않을 때는 돌파, 슈팅을 지체 없이 시도한다. 화려한 드리블 능력에, 정통 스트라이커가 아님에도 불구하고 골 결정력이 무시무시하다. 세징야의 가장 큰 매력은 바로 프리킥 능력. 공격 진영에서 세징야가 프리킥 찬스를 맞이하면 상대 간담이 서늘해질 수밖에 없다. 코너킥의 정확도도 뛰어나 전담을 맡고있다. 대구, 그리고 한국 사랑도 세징야를 상징하는 단어다. 대구팬들은 이미 세징야를 '리빙 레전드'로 대우한다. DGB대구은행파크 앞에 동상이 세워질 분위기다. 세징야는 한국 귀화를 원하고 있다. 그의 진심에 많은 사람들이 지지를 보내고 있다. 감독이 바뀌었지만, 이번 시즌에도 세징야의 역할은 크게 변하지 않을 것이다. 팀 전력의 50% 이상인 기둥이다. 다만, 세징야의 나이도 이제 33세. 해가 바뀔수록 체력적 한계를 노출할 가능성이 크다. 그리고 원래 부상 이슈가 많았던 선수이기도 하다. 그의 햄스트링은 시한폭탄과 같다. 세징야가 부상 없이 건강히 한 시즌을 치를 수 있기를, 대구는 기도하는 수밖에 없다.

	2021시즌 기록			
2	**2,844(32)** MINUTES 출전시간(경기수)	**9** GOALS 득점	**7** ASSISTS 도움	0
강점	화려한 드리블 강력한 슈팅	특징	K리그 연봉킹	
약점	늘 부상 위험이 있는 몸상태	별명	대구에로	

에드가

1987년 1월 3일 | 35세 | 브라질 | 191cm | 87kg

FW

No.9

경력

조인빌리EC(05~06)
▶FC포르투(07~08)
▶바스쿠 다 가마(09~10)
▶비토리아SC(10~12)
▶알 샤바브(12~15)
▶알 와슬(15~16)
▶아다나스포르(16~17)
▶대구(18~)

K리그 통산기록

90경기 34득점 15도움

대표팀 경력

브라질 U-20 대표팀 6경기 1득점

대구에 에드가가 있고, 없고는 하늘과 땅 차이라고 보면 된다. 그만큼 존재감이 어마어마한 선수라는 의미다. 191cm의 거구인 에드가는 대구처럼 강력한 선수비 후 빠른 역습을 하는 팀에는 어울리지 않는 선수처럼 보인다. 대구같은 축구를 하는 팀의 공격수들의 공-수 전환 속도가 빨라야 하기 때문이다. 에드가는 얼핏 보면 뛰는 게 느릿느릿해 보인다. 하지만 반전의 사나이 에드가는 역습 상황에서는 엄청난 스피드를 자랑한다. 또한 큰 키에도 불구하고 볼 컨트롤 능력이 매우 뛰어나다. 슈팅을 때려야 할 때, 동료를 살려야 할 때를 구분할줄 안다. 세징야의 정확한 세트피스킥도 에드가가 문전에 있어야 빛이 난다. 에드가는 대구에서 유일한 타깃형 최전방 스트라이커다. 전술적으로 꼭 필요한 존재다. 그리고 그의 골 결정력은 타의 추종을 불허한다. 지난 시즌 출전 시간은 다른 주전 선수들에 비해 부족했지만, 10골이나 넣으며 득점에서 팀 내 1위를 차지했다. 에드가가 뛰느냐, 뛰지 못하느냐에 따라 대구 공격 전력은 엄청난 차이가 생긴다. 에드가 역시 피할 수 없는 약점이 있다. 부상과 체력이다. 35세에 접어들어 힘든 스케줄 속 매경기 풀타임을 소화하기에는 무리가 따른다. 지난 시즌을 앞두고도 아킬레스건 수술 여파로 인해 합류가 늦었다. 100%의 몸상태를 기대하기는 어려운 상황이다. 하지만 워낙 좋은 요령을 갖고 있는 선수라 큰 걱정은 안해도 될 듯. 이번 시즌도 발로, 머리로 많은 골을 넣을 선수다.

2021시즌 기록

5	2,608(32) MINUTES 출전시간(경기수)	10 GOALS 득점	5 ASSISTS 도움	0

강점	엄청난 골 결정력 반전의 순간 스피드	특징	부상에도 출전을 자청하는 강인한 팀 스피릿
약점	많은 나이로 인한 체력과 부상 문제	별명	에드가사우루스

홍철

1990년 9월 17일 | 32세 | 대한민국 | 177cm | 71kg

DF

No.33

경력

성남(10~12)
▷수원(13~20)
▷상무(17~18)
▷울산(20~21)
▷대구(22~)

K리그 통산기록

306경기 14득점 42도움

대표팀 경력

40경기
2018 월드컵

이번 시즌을 앞두고 대구의 새 식구가 된 선수 중 1명이다. 현 한국 대표팀 부동의 왼쪽 풀백으로 그의 능력치에 대해서는 긴 말이 필요 없을 듯하다. 사실 홍철 입장에서 이번 대구 이적이 썩 반가운 상황은 아니다. 2020시즌 도중 정들었던 수원삼성을 떠나 야심차게 울산현대행을 선택했다. 두 시즌 동안 울산의 우승 도전에 키플레이어가 될 것이라는 평가를 받았다. 하지만 울산은 2년 연속 전북현대 앞에 무릎을 꿇었다. 홍철도 이렇다 할 활약을 보여주지 못했다. 그 사이 울산은 설영우라는 젊은 스타가 탄생해 홍철을 위협했다. 결국 홍철은 자의 반, 타의 반으로 대구 유니폼을 입게 됐다. 하지만 나쁜 선택은 아니다. 대구 역시 울산만큼 전력이 강하고, 인기팀이라 많은 주목을 받을 수 있다. 특히 스리백과 파이브백 전술을 동시에 구사하는 등 사이드백 자원의 역할이 매우 중요한 대구 축구 스타일을 감안할 때, 홍철이 더욱 빛날 가능성이 높다. 대구 역습 축구에서는 사이드백의 공격 가담 능력이 매우 중요한데, 홍철은 엄청난 스피드를 바탕으로 한 정확한 크로스가 일품인 선수다. 수비도 수비지만, 공격쪽에 특화된 윙백으로 윙어 역할까지 소화가 가능해 대구와 궁합이 잘 맞을 것으로 보인다. 다만, 30대로 접어들며 잔부상으로 인해 결장수가 늘어나고 있다는 게 유일한 단점. 부상 이슈만 없다면 대구팬들은 시즌 내내 왼쪽 측면을 오가는 홍철의 모습을 보게 될 것이다.

2021시즌 기록

4	1,624(21) MINUTES 출전시간(경기수)	1 GOALS 득점	1 ASSISTS 도움	0

강점	자로 잰 듯한 크로스 투지와 체력	특징	개인 구설만 없다면 최고의 선수
약점	공격에서보다 떨어지는 수비 무게감	별명	노홍철

정태욱

1997년 5월 16일 | 25세 | 대한민국 | 194cm | 92kg

DF

No.4

경력

제주(18)
▷대구(19~)

K리그 통산기록

92경기 3득점 2도움

대표팀 경력

U-23 대표팀 23경기 2득점
2018 아시안게임
2020 올림픽

정태욱은 미래 한국 대표팀의 최후방을 지킬 대형 수비수 재목으로 평가받는다. 한국 축구 엘리트 코스를 모두 밟아왔다. 2018 자카르타-팔렘방 아시안게임 금메달 영광에 이어 2020 AFC U-23 챔피언십 우승의 주역이었다. 그 기세를 몰아 대표팀에도 첫 소집이 됐고, 지난해 열린 도쿄 올림픽에서도 주전 센터백으로 뛰었지만 메달 획득에는 실패했다. 194cm의 큰 키는 센터백으로 엄청난 메리트다. 만약 스피드가 느리다거나, 상황 판단 능력이 좋지 않다면 키만 크고 굼뜨다는 지적을 받겠지만, 이는 정태욱과는 거리가 먼 얘기다. 공중볼 장악력은 기본이요, 정태욱의 가장 큰 강점은 매우 뛰어난 상황 판단이다. 공이 가는 곳에, 늘 정태욱이 나타나 자리를 지킨다. 스피드와 볼 컨트롤 능력도 의외로 뛰어나다. 공격 가담 능력도 있다. 경기 후반 골이 필요한 상황에서는 최전방에 올라가 장신 공격수 역할도 한다. 2019시즌을 앞두고 트레이드로 제주를 떠나 대구에 입성했다. 대구에 합류한 후 차차 경험을 쌓았고, 지난 시즌을 기점으로 대구의 완벽한 주전 선수로 성장했다. 스리백의 중심 홍정운이 부상으로 빠져있을 때 센터 역할을 완벽히 해냈고, 스리백 왼쪽 측면에서도 문제 없이 자신의 역할을 100% 수행해낸다. 체력, 투지 모두 좋아 굳이 흠을 잡을 데가 없는 유형의 선수다. 김민재(페네르바체) 이후 피지컬, 개인 능력을 모두 갖춘 최고의 수비수가 대구에서 탄생할 가능성이 높다.

2021시즌 기록

2	3,031(33) MINUTES 출전시간(경기수)	1 GOALS 득점	2 ASSISTS 도움	0

강점	키를 활용한 공중볼 장악력 영리한 상황 판단 능력	특징	한국 축구 엘리트 코스를 모두 밟고 있는 대형 수비수 재목
약점	살짝 아쉬운 발밑 플레이	별명	정다이크

김진혁

1993년 6월 3일 | 29세 | 대한민국 | 187cm | 71kg

DF

No.7

경력

대구(15~16)
▷현대미포(16)
▷대구(17~19)
▷상무(19~20)
▷대구(20~)

K리그 통산기록

137경기 17득점 3도움

대표팀 경력

U-23 대표팀 3경기

대구의 캡틴이자 만능 플레이어. 지도자 입장에서 예뻐하지 않을 수 없는 선수가 바로 김진혁이다. 김진혁은 상무에서의 군복무를 마친 후, 지난 시즌을 앞두고 팀에 복귀했다. 대구에서 뛴 기간이 그렇게 길다고 할 수 없지만, 대구 코칭스태프는 과감히 새 주장으로 김진혁을 선택했다. 그리고 대구는 지난 시즌 창단 후 최고의 성적을 내는 등 승승장구했다. 김진혁이 고참-후배, 그리고 코칭스태프-선수 사이의 가교 역할을 잘한 것도 좋은 영향을 미쳤다. 하지만 무엇보다 중요한 건 그라운드에서 보여준 그의 엄청난 존재감이었다. 3,151분의 출전 시간은 지난 시즌 대구 선수 중 가장 많은 기록이다. 시간보다 엄청났던 건, 공격과 수비를 가리지 않고 종횡무진 그라운드를 누볐다는 것. 군입대 전에도 골 넣는 수비수로 명성을 쌓은 김진혁은 복귀 후 수비에 전력을 쏟으려 했다. 하지만 김대원(강원)의 이적 후 측면 공격수가 부족한 팀 사정과 경기 중 골이 필요한 후반 전술적 쓰임새에 의해 수비를 하다가도 공격진에 올라가는 일이 비일비재했다. 시즌 중반에는 수비 라인 부상자가 속출하자 다시 공격에서 수비로 내려왔다. 선수 입장에서는 포지션이 계속 바뀌는 것에 어려움을 겪을 수밖에 없는데, 김진혁은 어느 자리에서든 자신의 맡은 바 임무를 완벽히 수행해냈다. 개인 기록과 성장에 집착했다면, 이 역할을 받아들이기 힘들었겠지만 팀을 위한 희생 정신이 빛을 발했다. 김진혁은 이번 시즌에도 든든하게 주장 역할을 하며 공-수 양쪽을 모두 책임질 예정이다.

2021시즌 기록

2	3,151(34) MINUTES 출전시간(경기수)	6 GOALS 득점	2 ASSISTS 도움	0

강점	공격과 수비를 모두 오가는 멀티플레이어	특징	선수 본인은 수비수 정착을 바라고 있음
약점	조금 부족한 수비에서의 안정감	별명	골 넣는 수비수

FW

No.22

이근호

1985년 4월 11일 | 37세 | 대한민국 | 176cm | 74kg

경력 | 인천(04~06)▶대구(07~08)▶주빌로 이와타(09~10)▶감바 오사카(10~11)
▶울산(12~14)▶상무(13~14)▶엘 자이시(14~16)▶제주(16)▶강원(17~18)
▶울산(18~20)▶대구(21~)

대표팀 경력 | 84경기 19득점, 2008 올림픽, 2014 월드컵

한국 축구의 살아있는 레전드 중 하나인 베테랑 공격수. 벌써 37세가 된만큼 이근호가 전성기처럼 경기 내내 경기장을 휘젓고 다녀줄 거란 기대는 하지 않는 게 좋다. 다만, 지난 시즌 대구에서 보여준 것처럼 공격이 풀리지 않을 때나 경기 후반 흐름을 바꿀 수 있는 특급 조커로 올시즌도 활약할 예정이다. 그의 트레이드마크인 폭풍같은 스피드와 드리블은 여전히 살아있다. 골 냄새를 맡는 능력도 탁월하다. 지난 시즌은 임대 신분이었지만, 올해는 대구로 완전 이적을 해왔기에 팀에 대한 애정도 더욱 올라갔을 듯.

2021시즌 기록					강점	약점
1	0	1,174(30) MINUTES 출전시간(경기수)	3 GOALS 득점	0 ASSISTS 도움	여전히 살아있는 순간 스피드	조커 활용만 가능한 체력

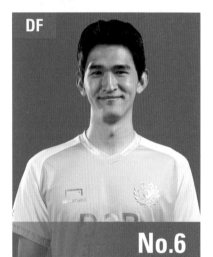

DF

No.6

홍정운

1994년 11월 29일 | 28세 | 대한민국 | 188cm | 76kg

경력 | 대구(16~)

대표팀 경력 | U-23 대표팀 4경기

홍정운은 그야말로 '의지의 사나이'로 불릴만 하다. 두 번의 큰 부상이 그의 발목을 잡았다. 2018시즌 주전으로 성장했고, 2019시즌 자신의 입지를 완전히 다지려는 시기에 왼쪽 무릎 십자인대 파열 중상을 당했다. 첫 번째 시련을 이겨내고 2020시즌 돌아왔다. 대구는 그에게 주장 완장을 채워주며 힘을 실어줬다. 그런데 오른쪽 무릎 십자인대를 또 다쳤다. '축구를 포기해야 하나'라는 절망적 상황에서 홍정운은 지난 시즌 씩씩하게 돌아왔고, 다시 대구 수비 라인의 중심에 섰다. 부상만 없다면 대구 후방 중심에는 홍정운이 늘 서있을 것이다.

2021시즌 기록					강점	약점
4	0	2,083(24) MINUTES 출전시간(경기수)	1 GOALS 득점	0 ASSISTS 도움	놀라운 수비 라인 지휘력	잦은 부상

GK

No.21

오승훈

1988년 6월 30일 | 34세 | 대한민국 | 193cm | 83kg

경력 | 도쿠시마(10~12)▶교토(13~14)▶대전(15)▶상무(16~17)▶울산(18~19)
▶제주(19~21)▶대구(22~)

대표팀 경력 | 유니버시아드 대표팀 6경기 6실점

오승훈에게 대구는 재도약의 장이 될 것인가. 베테랑 골키퍼 오승훈이 제주를 떠나 대구 유니폼을 입게 됐다. 지난 시즌까지 제주 주전 수문장으로 활약했지만, 시즌 후반 부상에 발목이 잡혔고 더 높은 곳을 바라보는 제주가 김동준을 영입하며 오승훈의 설 자리가 없어졌다. 다행히 골키퍼 포지션이 약점인 대구가 바로 손을 내밀었다. 조현우(울산) 이적 후 최영은을 키워보려 했던 대구인데, 최영은에게 가장 부족한 안정감에서 오승훈이 높은 점수를 받았다. 최영은과 경쟁을 펼쳐야 하겠지만, 일단은 새 시즌 주전으로 출발할 가능성이 매우 높다.

2021시즌 기록					강점	약점
2	0	2,411(25) MINUTES 출전시간(경기수)	71 SAVE 선방	26 LOSS 실점	안정감 공중볼 처리	상대적으로 약한 민첩성

MF

No.74

이용래

1986년 4월 17일 | 36세 | 대한민국 | 175cm | 71kg

경력 | 경남(09~10) ▷수원(11~14) ▷경찰(14~15) ▷수원(15~17)
▷치앙라이(18~20) ▷대구(21~)

대표팀 경력 | 17경기

회춘한 플레잉 코치, 올해도 한 번 더! 이용래는 지난 시즌을 앞두고 은사 조광래 사장 부름을 받아 태국 생활을 정리하고 대구에 합류했다. 명목은 플레잉 코치. 선수들에게 그라운드 안팎에서 경험을 전수해주라는 의미였다. 그런데 사실상 중원의 핵심이었다. 많은 나이로 풀타임 소화가 힘들지만, 팀이 필요로 할 때마다 상황을 가리지 않고 경기에 나섰다. 주전급으로 경기를 조율하며 중요한 역할을 해냈다. 이번 동계 전지훈련에서도 팀 내 비중이 절대 줄어들지 않았다는 후문. 다시 한 번 그의 관록이 DGB대구은행파크를 물들일 것이다.

		2021시즌 기록			강점	약점
8	0	1,478(24) MINUTES 출전시간	0 GOALS 득점	0 ASSISTS 도움	경험에서 우러나오는 경기 운영	선수로 뛰는 자체로 리스펙

DF

No.25

이태희

1992년 6월 16일 | 30세 | 대한민국 | 181cm | 66kg

경력 | 성남(15~17) ▷상무(18~19) ▷성남(19~21) ▷대구(22~)

대표팀 경력 | −

대구의 새 식구가 된 자원이다. 대구가 그에게 원하는 바는 명확하다. 우측면에서 공-수 활발한 움직임을 기대하고 그를 영입했다. 왼쪽 홍철과 함께 우측은 이태희라는 새 얼굴이 가세했는데, 두 사람의 축구에 대구 명운이 달려있다고 해도 과언이 아니다. 이변이 없는 한 이태희가 주전으로 오른쪽 사이드를 책임질 것이다. 대구에 반가운 소식은 워낙 피지컬이 탄탄한 선수라 부상 염려가 적고, 체력도 좋아 경기 내내 스태미너를 유지할 수 있다는 것. 특히, 공격 가담이 좋고 패스 정확도도 훌륭해 대구 전력을 업그레이드 시켜줄 것이다.

		2021시즌 기록			강점	약점
3	0	2,476(27) MINUTES 출전시간(경기수)	1 GOALS 득점	1 ASSISTS 도움	지칠 줄 모르는 오버래핑	공격력에 비해 아쉬운 수비력

DF

No.66

조진우

1999년 11월 17일 | 23세 | 대한민국 | 189cm | 81kg

경력 | 마쓰모토(18~19) ▷대구(20~)

대표팀 경력 | U−23 대표팀 1경기

일본에서 프로 생활을 시작했지만 데뷔전도 치르지 못하고, 2020시즌을 앞두고 대구에 입단했다. 홍정운의 부상이 길어지며 스리백 자리에 기회를 잡는 경기가 많아졌다. 지난 시즌 홍정운이 돌아오기 전까지 중용됐지만, 그가 돌아오자 정태욱과 김재우에 밀려 백업으로 만족해야 했다. 하지만 지난 두 시즌을 치르며 K리그 적응을 마쳤고, 경험도 쌓았다. 김재우가 대전으로 이적했고, 김진혁이 공격으로 올라갈 경우 조진우에게 기회가 갈 가능성이 높다. 김우석, 박병현 등 선배들과의 경쟁에서 이겨내야 주전으로 도약이 가능하다.

		2021시즌 기록			강점	약점
2	1	868(16) MINUTES 출전시간(경기수)	1 GOALS 득점	0 ASSISTS 도움	압도적인 피지컬	아직은 부족한 경험

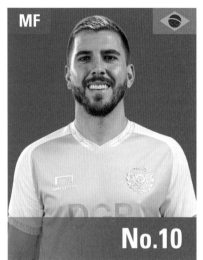

라마스

MF No.10

1994년 4월 13일 | 28세 | 브라질 | 178cm | 78kg

경력 | 크루제이루(14) ▶ 레이숑이스(15~18) ▶ 산타클라라(18~21)
▶ 대구(21~)

대표팀 경력 | −

지난 시즌 세르지뉴의 대체 자원으로 시즌 도중 합류했다. 중원에서 개인기가 좋고, 동료를 살릴줄 아는 유형의 선수라는 평가가 많았는데 그가 보여준 모습은 설명 그대로였다. 세징야처럼 엄청난 파괴력을 갖춘 선수는 아니지만, 능수능란하게 볼을 컨트롤 하고 공격 찬스를 봐주는 모습이 전형적인 플레이메이커의 모습이었다. 대구는 최근 수년간 세징야, 에드가 외 나머지 외국인 선수 농사가 흉작이었다. 그 와중에 라마스는 생존에 성공했다. 지난 시즌은 K리그와 대구에 적응하는 단계였다면, 이번 시즌은 그의 진가가 제대로 드러날 수 있을 것이다.

2021시즌 기록					강점	약점
2	0	1,513(17) MINUTES 출전시간(경기수)	0 GOALS 득점	1 ASSISTS 도움	테크니션다운 화려한 드리블	힘겨운 몸싸움

김우석

DF No.3

1996년 8월 4일 | 26세 | 대한민국 | 187cm | 74kg

경력 | 대구(16~)

대표팀 경력 | −

2016년 대구에 입단한 후 줄곧 한 팀에서 성장하고 있다. 잘생긴 외모 같이, 공도 깔끔하고 예쁘게 차는 스타일이다. 보통 수비수들이라면 몸싸움을 즐기고, 터프한 플레이를 하는 유형의 선수들이 많은데 김우석은 그 반대다. 영리하게 커버 플레이를 들어갈 줄 알고, 빌드업 때 전방에 뿌려주는 패스가 매우 정확하다. 그래서 대구에서는 김우석을 종종 윙백으로 활용하기도 했다. 홍정운과 함께 붙박이 주전으로 성장하는 듯 했지만, 정태욱 등 신진 세력들의 등장으로 지난 시즌에는 백업 역할에 그쳤다. 하지만 대구에 꼭 필요한 자원이기도 하다.

2021시즌 기록					강점	약점
3	0	740(12) MINUTES 출전시간(경기수)	0 GOALS 득점	0 ASSISTS 도움	스마트한 경기 운영	다소 부족한 전투력

이진용

MF No.26

2001년 5월 1일 | 21세 | 대한민국 | 180cm | 73kg

경력 | 대구(20~)

대표팀 경력 | U-20 대표팀 7경기 1득점

대구에는 없어서는 안될 보물같은 선수. 성골 유스 출신으로 대구팬들의 사랑을 독차지 하고 있다. 특히, U-22 의무 출전 규정으로 인해 지난 시즌 많은 기회를 받았는데 중원에서 엄청난 투지를 발휘하며 당당하게 경쟁을 이겨낸 케이스다. 이번 시즌 역시 U-22 규정으로 주전 투입 가능성이 매우 높다. 수비형 미드필더로 폭넓은 활동량이 강점이며, 기라성 같은 선배들과의 대결에서도 기죽지 않고 자신의 플레이를 다한다. 조금 거친 축구로 지난 시즌 경고를 10장이나 받기도 했는데, 경험이 쌓일수록 나아질 수 있는 부분이다.

2021시즌 기록					강점	약점
10	0	1,848(29) MINUTES 출전시간(경기수)	0 GOALS 득점	0 ASSISTS 도움	지칠 줄 모르는 체력과 활동량	아직은 영글지 않은 투박함

FW

No.32

정치인

1997년 8월 21일 | 25세 | 대한민국 | 182cm | 71kg
경력 | 대구(16~)
대표팀 경력 | –

일단 이름으로 주목을 받는 케이스. 정치와는 아무 연관이 없는 축구 선수다. 대구에서 몇 안되는 스트라이커로 아직은 백업 역할이지만 활용도가 매우 높다. 에드가가 늘 잔부상을 달고 있기도 하고, 공격이 풀리지 않을 때 흐름을 바꾸기 위한 조커로도 활용이 가능하다. 주전 공격 라인의 부상, 컨디션 문제가 있을 때 1번 백업이 정치인이라고 보면 된다. 고교 시절부터 타고난 득점력으로 많은 주목을 받았고, 대구에서 차근차근 성장중이다. 슈팅 능력, 1대1 돌파 능력 등을 고루 갖췄다. 지난 시즌 아시아챔피언스리그 활약이 인상 깊었다.

2021시즌 기록					강점	약점
3	0	866(23) MINUTES 출전시간(경기수)	2 GOALS 득점	0 ASSISTS 도움	타고난 득점 감각	부족한 경험

DF

No.20

박병현

1993년 3월 28일 | 29세 | 대한민국 | 184cm | 83kg
경력 | 부산(16~17) ▶ 대구(18~20) ▶ 상무(20~21) ▶ 대구(21~)
대표팀 경력 | –

지난 시즌 도중 상무에서 군 복무를 마치고 돌아왔다. 2018시즌 임대로 와 강한 인상을 남긴 후 2019시즌을 앞두고 완전 이적했다. 군에 가기 전부터 전형적인 파이터 스타일로 팀 수비에 활력을 불어넣는 역할을 하며 중용됐다. 하지만 완벽한 주전으로 자리잡는 건 힘들었다. 주전 스리백 선수 중 누군가 부상을 당하거나, 뛰지 못하는 상황이 발생하면 투입되는 역할이었다. 상무에서는 부상으로 인해 제대로 뛰지 못한 가운데, 지난 시즌 복귀해 아시아챔피언스리그와 후반기 팀에 소금같은 역할을 했다. 강한 몸싸움, 끈질긴 대인방어 등이 강점인 선수다.

2021시즌 기록					강점	약점
1	0	683(8) MINUTES 출전시간(경기수)	1 GOALS 득점	0 ASSISTS 도움	팀에 꼭 필요한 파이터 스타일	세밀한 플레이

GK

No.1

최영은

1995년 9월 26일 | 27세 | 대한민국 | 189cm | 78kg
경력 | 대구(20~)
대표팀 경력 | –

'고라니'라는 별명을 얻으며 대구 최고의 히트상품으로 거듭났다. 경기 중 동료들의 위치를 잡아주기 위해 고래고래 소리를 지르는데, 코로나19 여파로 관중이 없거나 많지 않다보니 그 소리가 너무 크게 들려 많은 팬들의 관심을 받았다. 조현우(울산)의 이적으로 2020시즌 주전 자리를 잡았다. 하지만 그의 불안한 경기력에 구성윤(김천)이 긴급 투입됐다. 구성윤이 군에 입대하며 지난 시즌 다시 기회를 얻었다. 하지만 치명적 실수를 반복하는 문제점이 고쳐지지 않았다. 결국 대구는 오승훈을 데려왔다. 하지만 낙심할 필요는 없다. 아직 경쟁이 끝난 건 아니다.

2021시즌 기록					강점	약점
1	0	3,442(36) MINUTES 출전시간(경기수)	91 SAVE 선방	44 LOSS 실점	모두가 들을 수 있는 목소리	골키퍼로서의 안정감

MF

No.14

안용우

1991년 8월 10일 | 31세 | 대한민국 | 178cm | 69kg

경력 | 전남(14~17) ▷ 사간도스(17~20) ▷ 대구(21~)

대표팀 경력 | U-23 대표팀 5경기, 2014 아시안게임

지난 시즌을 앞두고 대구에 합류했다. 2014 인천 아시안게임 금메달리스트로, 기본 자질은 좋은 선수다. 전형적인 왼발잡이 윙어다. 수비보다는 공격에 특화된 선수로 드리블 능력이 매우 좋고, 스피드도 준수하다. 가장 큰 강점은 날카로운 크로스 능력이다. 대구 합류 첫 해는 주전 황순민의 백업으로 활약했다. 황순민의 체력이 약해 안용우에 대한 활용도가 매우 높았다. 이번 시즌에는 황순민이 이적했지만, 더 강한 경쟁자 홍철이 들어왔다. 하지만 두 사람의 스타일이 완전히 달라, 지난 시즌 정도의 출전은 충분히 가능할 전망이다.

2021시즌 기록					강점	약점
2	0	1,897(33) MINUTES 출전시간(경기수)	0 GOALS 득점	1 ASSISTS 도움	빠른 스피드와 드리블 날카로운 크로스	단조로운 스타일

MF

No.5

장성원

1997년 6월 17일 | 25세 | 대한민국 | 175cm | 70kg

경력 | 대구(18~)

대표팀 경력 | -

대구의 활력소가 되는 선수다. 주로 오른쪽 측면에서 활약한다. 지난 시즌 출전 시간이 상당히 많았다. 정승원이 시즌 초 계약 문제로 자리를 비웠을 때 기회를 잡았고, 시즌 중후반에도 계속해서 중용됐다. 데뷔 후 리그에서 가장 많은 22경기를 뛰며 경험을 쌓았다. 아시아챔피언스리그에서의 경험도 소중했다. 하지만 시즌 종료를 앞두고 어깨 부상을 당한 게 아쉬웠다. 저돌적인 플레이가 돋보이는 선수로, 엄청난 활동량을 자랑한다. 이적해온 이태희와의 주전 경쟁을 이겨내야 한다. 공수 모두에서 세밀함이 더해지면, 더 무서운 선수가 될 수 있다.

2021시즌 기록					강점	약점
2	0	1,848(22) MINUTES 출전시간(경기수)	0 GOALS 득점	2 ASSISTS 도움	거침없는 플레이와 저돌성	크로스의 정확성

MF

No.18

케이타

1997년 12월 20일 | 25세 | 일본 | 172cm | 69kg

경력 | 이바르 로자제(16) ▷ 베라네(17) ▷ 포드고리차(18~21) ▷ 대구(22~)

대표팀 경력 | -

츠바사가 떠난 아시아쿼터 자리에 똑같은 일본인 선수인 케이타를 영입했다. 츠바사도 J리그 경험 없이 유럽에서 활약하다 대구에서 온 케이스인데, 케이타도 똑같다. 케이타는 몬테네그로에서 뛰며 경험을 쌓았다. 주포지션은 왼쪽 사이드백으로 홍철의 백업 역할을 할 전망. 뿐만 아니라 중앙 미드필더까지 소화가 가능해 쓰임새가 다양하다. 활동량이 많고, 빠른 발을 활용한 순간적인 드리블 능력이 좋다는 게 대구의 내부 평가다. 동계 전지훈련 합류 후 연습 경기에서 득점을 기록하는 등 공격력도 일정 수준 이상 갖추고 있고, 파이팅이 좋은 유형의 선수다.

2021시즌 기록					강점	약점
2	0	1,435(16) MINUTES 출전시간(경기수)	0 GOALS 득점	0 ASSISTS 도움	파이팅 넘치는 플레이 스타일	작은 체구로 인한 수비 약점

■ 몬테네그로 리그 기록

링
정운
주민규
제르소
이정문
김주공
조성준
진성욱
추상훈
변경준
최영준
이창민
김봉수
한종무
백승우
김오규
안현범
안태현
이지솔
정우재
김동준
문경건
구자철
윤빛가람

JEJU UNITED

제주유나이티드

승격 첫 해 4위로 워밍업 완료, 이젠 우승 향해 진격

제주 유나이티드

추락하는 것은 날개가 있고, 바닥을 찍으면 상승하게 마련이다. 최근 3년간 제주의 행보가 그랬다. 2018년 5위에 이어 2019년 충격적인 12위 다이렉트 강등. 제주의 부활은 쉽지 않은 듯했다. 하지만 제주는 잠재력이 남아있었다. 그리고 그 잠재력을 밖으로 이끌어낸 인물이 바로 'K리그 대표 승격 전문가' 남기일 감독이었다. 2020년 팀 지휘봉을 잡자마자 분위기를 휘어잡은 남 감독은 K리그2 우승으로 팀을 1년 만에 승격시켰다. 치명타에서 부활하면 더 강해지는 만화 드래곤볼 속 외계종족 '사이어인'처럼, 제주는 강등 이전보다 더 강한 모습으로 K리그1 무대에 컴백했다. 시행착오도 있었지만, 후반기부터 선수들의 잠재력이 터져나오며 승승장구. 파이널A 진출에 성공하며 아시아챔피언스리그(ACL) 진출까지 꿈꿨다. 비록 리그 3위 대구가 FA컵 결승에서 전남에 패하며 'ACL 드림'은 일단 무산됐지만, 새 시즌에는 이보다 더 큰 목표를 꿈꾸고 있다. 모기업의 강력한 지원으로 남 감독이 원했던 선수들을 대거 영입하면서 전력을 끌어올렸다. 2022시즌 목표는 당연히 4위보다 높은 곳, ACL 그리고 우승이다.

구단 소개

정식 명칭	제주 유나이티드 축구단
구단 창립	1987년 12월 17일
모기업	SK에너지
상징하는 색	주황색, 빨간색
마스코트	감규리, 한라할방, 백록이
레전드	구자철, 조용형, 윤정환
서포터즈	풍백, 점프, INSANE ISLANDER
온라인 독립 커뮤니티	–

우승

K리그	1회(89)
FA컵	0회
AFC 챔피언스리그	0회
아시안 클럽 챔피언십	0회

최근 5시즌 성적

시즌	K리그	FA컵	AFC 챔스
2021시즌	4위	32강	–
2020시즌	우승(2부)	16강	–
2019시즌	12위(강등)	16강	–
2018시즌	5위	8강	조별리그
2017시즌	2위	16강	16강

HOME　　GK　　AWAY

고난과 역경은 언제나 주인공에게만 찾아오는 특권…
쓰러지지 않는 '오뚝이'

남기일 | 1974년 8월 17일 | 48세 | 대한민국

K리그 전적
296전 111승 87무 98패

선수 경력이 대단히 화려하다고 할 순 없었지만, 현역시절에 대학원 공부를 병행해 2009년 박사 학위까지 딸 정도로 철두철미하게 '현역 이후'를 준비했다. 결국 2013년, 만 39세의 젊은 나이에 프로팀(K리그챌린지) 감독(대행)을 맡았다. 감독 대행임에도 지도자 데뷔 시즌에 팀을 승격으로 이끌며 'K리그 최고의 승격전문가'라는 타이틀의 문을 열었다. 이후 성남(2018) 제주(2020)에서 두 번이나 승격을 이뤄낸다. 이른 나이에 감독을 맡은 탓에 강한 모습을 유지하려 애쓴 결과 현재의 무뚝뚝한 이미지가 굳어져 버렸다. 때문에 '전술과 팀 운영은 탁월하나 지나치게 엄격하고 고압적인 스타일'이라는 평가를 받았다. 남기일 감독 역시 이런 세간의 평가를 알고 있다. 제주 부임 3년차를 맞이한 올해, 남 감독은 더 높은 시즌 목표를 설정하는 동시에 이미지 변신을 시도하고 있다. 그는 "구단 모기업의 이미지가 '행복'이다. 그래서 나도 선수와 팀 그리고 팬, 모두의 행복을 추구하고 싶다"며 이미지 변신을 선언했다. 물론 프로의 세계에서 '행복은 성적순'이다. 남 감독의 시선은 'K리그 정상'에 꽂혀 있다.

선수 경력

부천SK	전남	성남	천안시청

지도자 경력

천안시청 플레잉코치	광주 코치	광주 감독	성남 감독	제주 감독(20~)

주요 경력

광주 승격	성남 승격	제주 승격

선호 포메이션	3-4-3	3가지 특징	K리그 최고의 승격 전문가	강력한 카리스마	박사 출신 감독

STAFF

수석코치	코치	GK코치	피지컬코치	선수 트레이너	분석관	통역
마철준	정조국 김효일	기우성	장석민	김범수 채윤석 윤재현	박원교	한승수

2021 REVIEW

다이나믹 포인트로 보는 제주의 2021시즌 활약도

강등의 치욕을 승격의 영광으로 멋지게 바꿔놨다. 부임 2년차를 맞은 남기일 감독과 비록 2부 리그라도 '우승'을 경험한 선수들은 한층 더 강하게 성장해 있었다. 물론 1년 만에 돌아온 1부리그에 적응하는 과정에서 시행착오는 있었다. 순위도 3위에서 10위까지 요동쳤다. 그러나 남 감독은 허심탄회하게 소통하며 위기를 기회로 바꿔놨다. 중후반 이후 팀이 드디어 안정을 되찾았고, 압박으로 만들어낸 찬스는 주민규가 골로 마무리했다. 제르소까지 시즌 막판 살아나며 부족했던 득점력에 힘을 보탰다. 결국 4위로 화려하게 K리그1 복귀 쇼를 마칠 수 있었다.

FW			
주민규 48,768 전체 3위	진성욱 8,586 전체 184위	류승우 5,091 전체 229위	이정문 4,916 전체 232위
	이동률 5,149 전체 227위	**제르소** 31,753 전체 31위	

MF			
김영욱 13,567 전체 139위	**이창민** 48,485 전체 4위	김봉수 19,243 전체 89위	조성준 12,606 전체 148위
안현범 20,527 전체 78위			강윤성 5,682 전체 222위

DF			
이동수 4,818 전체 235위	김경재 13,738 전체 137위		권한진 27,434 전체 50위
정우재 34,841 전체 23위	**정운** 31,499 전체 34위	**김오규** 30,923 전체 42위	박원재 5,936 전체 217위

GK	
오승훈 17,454 전체 104위	

2021시즌 다이나믹 포인트 상위 20명 　■ 포인트 점수

포지션 평점

FW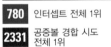

MF 🔥🔥🔥🔥🔥

DF 🔥🔥🔥🔥

GK 🔥🔥🔥

출전시간 TOP 3

1위	정우재	3,460분
2위	김오규	3,428분
3위	이창민	3,248분

■ 골키퍼 제외

득점 TOP 3

1위	주민규	22골
2위	제르소	5골
3위	이창민	4골

도움 TOP 3

1위	김영욱, 안현범 外 2명	3도움
2위	공민현, 이창민 外 3명	2도움
3위	김경재, 김봉수 外 7명	1도움

주목할 기록

780	인터셉트 전체 1위
2331	공중볼 경합 시도 전체 1위

성적 그래프

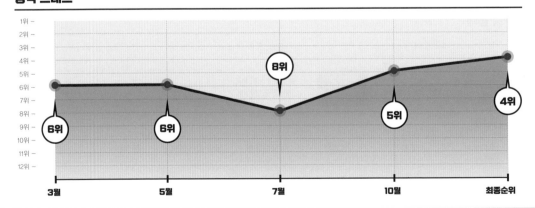

2022 시즌 스쿼드 운용 & 이적 시장 인앤아웃

IN

안태현_부천
최영준_전북
윤빛가람_울산
김주공_광주
김규형
_자그레브 임대
김동준 이지솔
_대전
문경건_안산
링_칼마르
구자철_알 코르
우민걸_포항
임준섭 한종무
김종국 최재혁
_신인

FW
주민규 제르소 링
이정문 김주공 조성준
진성욱 김규형 추상훈 변경준

MF
윤빛가람 최영준 이창민
김봉수 한종무 백승우 구자철

DF
김오규 ⓒ 정운 안현범
정우재 이지솔 안태현
김경재 김주원 우민걸
김동국 김명순 최재혁 홍성욱

GK
김동준 유연수 문경건 임준섭

OUT

강윤성_상무
이동률_이랜드
이동수_인천
오승훈_대구
권한진 김영욱
이창근
_대전
김승우_광주
류승우_수원
이규혁_전남
정훈성_임대만료
백동규_안양
김예지 권성현
_계약만료
자와다_계약해지

ⓒ 주장 ■ U-22 자원

승격 첫 해인 2021시즌에 제주는 4위로 시즌 레이스를 마감했다. 성공적인 시즌이었다고 평가할 만하지만, 남기일 감독을 필두로 한 선수단은 내부적으로 2% 아쉬운 시즌이었다는 평가를 내렸다. 결정적 요인으로는 스트라이커 주민규에게 거의 한정된 득점 배분. 때문에 비시즌 영입의 포인트는 주민규의 득점력을 더욱 강화하는 동시에 다양한 득점 루트를 창조하는 데 맞춰져 있었다. 남 감독은 자신이 추구하는 상대진영에서의 강력한 압박에 의한 찬스 메이킹을 해낼 수 있는 선수들을 끌어 모았다. 이를 위해 윤빛가람과 최영준을 영입해 팀의 최대 강점인 미드필드를 더욱 업그레이드 시켰다. 또한 안태현 이지솔 등 재능 넘치는 수비수도 영입해 스리백과 포백을 변화무쌍하게 운용할 수 있게 됐다. 뿐만 아니라 조나탄 링, 김주공 등 공격수의 보강으로 득점 루트 다양화에도 성공했다. 여기에 구자철이 시즌 개막 이후 전격 복귀하면서 제주의 우승 도전에 날개를 달았다. 기존 선수들과 영입생이 시너지 효과를 낸다면 어떤 팀과 붙어도 경쟁력이 있다.

주장의 각오

김오규

"K리그1으로 승격하면서 최저 실점이 목표였지만, 결과가 아쉬웠다. 다시 최저 실점에 도전하고 싶다. 수비가 단단해야 좋은 성적이 나온다."

2022 예상 베스트 11

FW — 3-4-3

11 제르소　18 주민규　10 링

MF

22 정우재　8 이창민　14 윤빛가람　17 안현범

DF

13 정운　4 이지솔　35 김오규

GK

1 김동준

예상 순위

3

구단별 이적시장 성적

A

3년 계약 마지막 해를 맞이한 남기일 감독은 지난해 성적(4위)을 뛰어넘겠다는 강한 목표의식을 갖고 있다. 선수들 역시 마찬가지다. 생각에만 그치지 않는다. 윤빛가람, 최영준 등 알짜배기 선수들을 영입해 전력을 한층 강화시켰고, 동계훈련도 순조롭게 진행되고 있다. 아무리 봐도 작년보다 못할 이유를 찾기 어려울 정도로 팀 분위기가 좋고, 자신감이 넘치고 있다. 작년에 제주는 초중반에 흔들렸다가 후반으로 갈수록 안정감을 보여줬다. 올해도 시즌 초반 페이스만 안정적으로 유지한다면 우승에도 도전할만하다.

전방위적으로 부족했던 측면이 잘 보강되면서 팀의 뎁스가 웅장해졌다. 특히 윤빛가람과 최영준의 영입이 하이라이트. 여기에 시즌이 개막한 뒤 '제주가 키운' 구자철이 전격 합류했다. 기존 이창민과 함께 리그 최강의 중원을 구축한 덕분에 다양한 전술을 운용할 수 있게 됐다. 수비수 이지솔, 안태현 영입도 상당히 효과를 낼 전망이다. 자와다가 떠났지만, 주민규의 백업 공격수가 영입되지 않은 점은 아쉬운 대목.

주민규

1990년 4월 13일 | 32세 | 대한민국 | 183cm | 79kg

FW

No.18

경력

고양 Hi FC(13~14)
▶이랜드(15~17)
▶상무(17~18)
▶이랜드(18)
▶울산(19)
▶제주(20~)

K리그 통산기록

253경기 100득점 26도움

대표팀 경력

—

제주가 2년 전 강등 첫 해에 K리그2 우승으로 다이렉트 승격을 하고, 지난해 승격 첫 시즌에 4위로 파이널A에 안착할 수 있던 비결은 역시 주민규의 폭발적인 득점력 덕분이라고 할 수 있다. 주민규는 2021년 22골로 5년 만에 토종선수 득점왕을 차지하며 K리그를 대표하는 공격수로 확실히 자리매김했다. 이런 주민규가 처음부터 주목받은 것은 아니다. 아마추어 시절에는 명문 학교들을 거쳤지만, 막상 신인 드래프트에서는 선택받지 못한다. 큰 좌절을 경험한 끝에 간신히 번외 지명으로 고양에서 프로 생활을 시작했는데, 당시까지만 해도 주포지션은 수비형 미드필더였다. 주민규의 터닝 포인트는 이랜드 입단. 초대 감독인 마틴 레니 감독은 '공격수' 주민규의 잠재력을 꿰뚫어보고 "이동국 같은 스타가 될 수 있다"며 포지션 변경을 권유했다. 이를 받아들인 주민규는 마치 마른 수건처럼 다른 공격수들의 장점을 관찰하고 빨아들인 끝에 최고의 골잡이로 거듭났다. 그의 가장 큰 장점은 공간 장악력과 한 타이밍 빠른 슛 선택이다. 탄탄한 피지컬로 수비를 등진 플레이에 특히 강점을 보여준다. 지난해 75.6분당 1개의 유효슛을 날리며 총 22골을 만들어 해결사 역할을 톡톡히 해냈다. 더불어 자신의 경험을 바탕으로 어린 선수들을 잘 이끄는 리더십도 장점이다. 거의 홀로 득점을 책임졌던 지난해와는 달리 올해는 적극적인 선수 보강 덕분에 다양한 득점 루트가 생겨 상대 수비의 집중 마크를 벗어날 수 있을 것으로 기대된다. 본인 스스로도 좀 더 편안하게 골 사냥을 할 수 있을 것으로 기대하며 2년 연속 득점왕에 대한 의지를 드러내고 있다.

2021시즌 기록

3	2,871(34) MINUTES 출전시간(경기수)	22 GOALS 득점	1 ASSISTS 도움	0
강점	공간 장악 능력과 빠른 슛 타이밍 골 결정력	특징	번외 지명 출신 K리그1 득점왕	
약점	느린 스피드와 평범한 드리블 능력	별명	주멘	

윤빛가람

1990년 5월 7일 | 32세 | 대한민국 | 178cm | 71kg

MF

No.14

경력

경남(10~11)
▷성남(12)
▷제주(13~15)
▷옌벤(16~19)
▷제주(19)
▷울산(20~21)
▷제주(22~)

K리그 통산기록

335경기 54득점 46도움

대표팀 경력

15경기 3득점

남기일 감독이 가장 공을 들인 영입 선수다. 2020 AFC 챔피언스리그 MVP에 빛나는 윤빛가람의 합류로 제주는 K리그1에서 가장 경쟁력 있는 중원 전력을 갖추게 됐다는 평가를 받고 있다. 특히나 팀의 간판 스트라이커이자 2021시즌 K리그1 득점왕을 차지한 주민규가 윤빛가람의 팀 합류를 제일 반겼을 정도다. 아예 대놓고 "도움 20개를 해주면 좋겠다"라고 요청했다. 실제로 '플레이메이커'로서 윤빛가람이 제주에 전해줄 시너지 효과는 크다. 일단 전술의 확장성이 크게 늘어났다. 기존 제주 전술의 핵심이던 이창민과 함께 중앙 미드필더로서 합작해나갈 수 있는 플레이가 다양해졌다. 장기인 프리킥을 통한 득점 지원도 기대해볼 만 하다. 뿐만 아니라 수비적인 측면에서도 기대감이 크다. 흥미로운 점은 윤빛가람이 벌써 제주에 네 번째로 재합류 했다는 것. 2013~2015, 2017, 2019시즌에 이어 다시 제주 유니폼을 입으면서 윤빛가람만의 '제주 시즌4'가 시작됐다. 지금의 윤빛가람은 K리그를 대표하는 특급 미드필더 중 한명이다. 넓은 시야와 창의적인 패스 능력, 촘촘한 대인 수비력, 여기에 트레이드 마크라고 할 수 있는 강력한 프리킥 능력을 갖춘 '최종진화형'의 모습으로 제주에 돌아왔다. 또한 30대에 접어들면서 그간 단점으로 지적됐던 멘탈 문제도 완전히 사라졌다고 볼 수 있다. 선수 평가에 냉정한 남기일 감독이 윤빛가람을 합류 첫해부터 팀의 부주장으로 삼은 것도 이런 이유 때문이다.

2021시즌 기록

2	2,213(29) MINUTES 출전시간(경기수)	3 GOALS 득점	5 ASSISTS 도움	0

강점	넓은 시야와 창의적인 패스, 뛰어난 프리킥	특징	완숙기에 접어든 기량과 진지함
약점	느린 템포와 낮은 활동량	별명	윤비트

이창민

1994년 1월 20일 | 28세 | 대한민국 | 178cm | 74kg

MF

No.8

경력

부천(14)
▷ 경남(14)
▷ 전남(15)
▷ 부천(15)
▷ 제주(16~)

K리그 통산기록

215경기 27득점 22도움

대표팀 경력

7경기 1득점

모든 팀 동료들이 이창민을 'K리그 최고의 공격형 미드필더'라고 칭할 정도로 두터운 신임을 받고 있다. 물론 남기일 감독 역시 이창민의 다재다능함에 크게 만족하며, 그를 중심으로 하는 전술을 운용하고 있다. 말 그대로 제주 전력의 핵심이라고 할 수 있다. 그런 이창민에게 더 큰 호재가 생겼다. 바로 윤빛가람의 합류다. 두 명의 탁월한 미드필더를 중원에 배치함으로써 제주는 더욱 풍부한 전술 운용이 가능해진 상태. 이창민 역시 공격과 수비에 걸쳐 활동 범위가 한층 확장될 것으로 예상된다. 그의 별명은 '코리안 램파드'다. 2선에 있지만, 상대가 거리를 벌리면 언제든 날카로운 슛을 날릴 수 있는 캐릭터이기 때문이다. 지난해 이창민은 경기당 2.7개의 슈팅을 시도했는데, 이는 K리그 1 미드필더 중 1위다. 또한 페널티 에어리어 밖에서의 슈팅도 경기당 2.2개로 대구 라마스(2.5개)에 이어 2위일 정도로 공격적인 본능이 몸에 배인 선수라고 볼 수 있다. 프로 초창기에는 탁월한 공격 성향에 비해 수비적인 면에서 다소 부족함이 있다는 평가를 받았지만, 경험이 쌓이며 이 문제는 자연스럽게 사라졌다. 지상볼 경합 횟수(156개), 인터셉트(88개) 볼 획득(441개) 등 다양한 수비기록 부문에서 이창민이 1위를 기록한 것에서 이런 면이 입증된다. 말 그대로 공수 겸비의 이상적인 미드필더인 셈이다. 이창민은 올 시즌을 마치면 군복무로 인해 당분간 팀을 떠난다. 그래서 더욱 의욕에 불타고 있다.

2021시즌 기록

	MINUTES 출전시간(경기수)	GOALS 득점	ASSISTS 도움	
0	3,248(34)	4	2	0

강점	공수 겸장의 멀티플레이어, 강력한 슈팅력	특징	모든 능력치가 골고루 좋은 완성형 캐릭터
약점	때때로 보이는 망설임	별명	코리안 램파드

김오규

1989년 6월 20일 | 33세 | 대한민국 | 184cm | 77kg

DF

No.35

경력

강원(11~15)
▷상무(15~17)
▷강원(17~20)
▷제주(20~)

K리그 통산기록

301경기 6득점 5도움

대표팀 경력

U-23 대표팀 1경기

결과적으로 고향을 떠나기로 한 것은 김오규의 선수 커리어에 있어 최고의 선택이 됐다. 김오규는 강릉에서 태어나 강릉중-강릉농공고-가톨릭관동대학교를 거쳐 고향팀 강원에서 프로에 데뷔했다. 오랫동안 강원의 뒷문을 지켜오며 지역 팬들의 사랑을 받았지만, 2020시즌 초반 주전 경쟁에서 밀리면서 새로운 기회를 찾아 당시 2부리그에 있던 제주로 내려왔다. 김오규는 제주에서 선수 생활의 전기를 마련하게 됐다. 이적 첫 해에 K리그2 우승의 감격을 맛 본 김오규는 지난해 팀의 핵심 수비로 든든히 백라인을 지켜내며 파이널A 진출의 감격을 누렸다. 이어 올 시즌에는 당당히 주장 완장까지 차게 됐다. 그에 대한 남기일 감독과 동료들의 신뢰가 얼마나 큰 지 알 수 있는 대목이다. 김오규는 화려함과는 다소 거리가 먼 캐릭터다. 하지만 어차피 수비수에게 화려한 플레이는 필요하지 않다. 대신 김오규는 대단히 헌신적인 플레이어다. 자기에게 주어진 역할은 반드시 해내는 캐릭터로 신체조건이 압도적이지 않음에도 상대가 쉽게 돌파하기 어려운 스타일이다. 특히 제주에 오면서 수비면에서 책임감이 더욱 강해졌다는 평가를 받는다. 이런 모습은 지난해 K리그1 수비수 중에서 볼 획득 1위(366회)의 기록에 나타난다. 경기당 획득도 유일하게 두 자릿수(10.8)를 기록했다. '캡틴'의 타이틀을 단 후 김오규는 "상대 선수와 불필요한 신경전을 줄이겠다"고 공약했다. 한층 책임감을 느끼고 있다는 뜻이다. 책임감이야말로 수비수가 갖춰야 할 제1의 미덕이다.

2021시즌 기록

7	3,428(37) MINUTES 출전시간(경기수)	1 GOALS 득점	1 ASSISTS 도움	0

강점	리더십과 롱 패스	특징	남기일 감독과 선수들의 폭 넓은 지지로 올해 캡틴 선임
약점	애매한 신장	별명	당근

제르소

1991년 2월 23일 | 31세 | 포르투갈 | 172cm | 62kg

FW

경력

아카데미카 드 코임브라(10~11)
▷이스토릴 프라이아(11~16)
▷벨레넨세스(16~17)
▷스포팅 캔자스시티(17~20)
▷제주(21~)

K리그 통산기록

32경기 5득점 2도움

대표팀 경력

—

제르소는 외국인 선수지만, 피지컬 면에서는 오히려 웬만한 국내선수보다 작다. 그러나 이 약점을 순간 스피드와 유연성, 그리고 헌신적인 활동량으로 충분히 커버해내고 있다. 최신 축구 트렌드가 '반대발 윙어'지만, 제르소는 왼쪽 측면에 특화된 왼발잡이 윙어라는 특성이 있다. 이러한 장점들이 단점을 충분히 상쇄하는 캐릭터라고 볼 수 있다. 지난해 제주에 합류해 K리그 무대를 처음 경험했는데, 시즌 초반에는 적응에 상당히 어려움을 겪었다. 3월 16일 5라운드 울산전에 교체 투입되며 K리그 데뷔전을 치렀는데, 한 마디로 '대참사'였다. 무엇보다 남기일 감독이 요구하는 타이트한 압박전술을 제대로 이해하지 못하며 엉망진창의 움직임을 보인 끝에 27분만에 교체 아웃된다. 보통 이렇게 데뷔전에서 고생하면 팀 적응 자체에 실패하는 외국인 선수들이 적지 않은 편이지만, 제르소는 달랐다. 오히려 더욱 적극적으로 팀 전술 이해도를 끌어올리는 한편, 남기일 감독이 원하는 움직임을 위해 체력 훈련에 매진했다. 그 결과 차츰 팀이 원하는 모습을 보여주기 시작했다. 결국 5월 22일 성남을 상대로 한 18라운드 경기에서 K리그 데뷔골을 터트렸는데, 이 골이 터닝 포인트가 됐다. 후반기로 갈수록 움직임이 좋아지며 득점 기여도를 높인 제르소는 결국 올 시즌에도 팀의 핵심 공격 자원으로 기대를 모으고 있다. 특히 새로 합류한 조나탄 링이 '반대발 윙어' 스타일이라 전술적인 면에서 시너지 효과가 기대되고 있다.

2021시즌 기록

3	2,152(32) MINUTES 출전시간(경기수)	5 GOALS 득점	2 ASSISTS 도움	0

강점	뛰어난 활동량	특징	K리그에 최적화된 프로페셔널 멘탈리티
약점	신체조건	별명	제주 제씨, 제주황소, 야자나무

DF

No.22

정우재

1992년 6월 28일 | 30세 | 대한민국 | 179cm | 70kg

경력 | 가나자와(11~12) ▷ 성남(14) ▷ 충주(15) ▷ 대구(16~18) ▷ 제주(19~)

대표팀 경력 | −

제주 전력의 숨은 핵심 축이라고 평가할 수 있는 공격형 수비수다. 정우재도 주민규처럼 신인 드래프트에서 지명을 받지 못해 축구를 그만둘 뻔했던 과거가 있다. 하지만 그런 시련에도 좌절하지 않고 스스로의 힘으로 극복해 지금의 위치까지 왔다. 주 포지션은 왼쪽 풀백이지만, 양발을 다 잘 쓰기 때문에 오른쪽에서도 수준급 플레이가 가능하다. 게다가 골 냄새도 잘 맡는 편이다. 2020시즌, 2021시즌 연속으로 3골을 기록하며 팀 공격에도 기여했다. 공격적 영입으로 팀 전력이 강화된 덕분에 더 많은 득점을 기대해도 좋을 듯하다.

2021시즌 기록					강점	약점
1	0	3,460(38) MINUTES 출전시간(경기수)	3 GOALS 득점	2 ASSISTS 도움	양발 사용 능력자	수비 집중력

FW

No.10

링

1991년 12월 5일 | 31세 | 스웨덴 | 183cm | 72kg

경력 | 베르나모(11~12) ▷ 칼마르(13~16) ▷ 겐츨레르비클리이(17) ▷ 칼마르(17)
▷ 유르고덴스(18~20) ▷ 칼마르(21) ▷ 제주(22~)

대표팀 경력 | −

남기일 감독이 스트라이커 주민규, 측면 공격수 제르소와의 시너지 효과를 기대하며 찾아낸 윙어. 링의 합류로 제주는 본격적인 공격 삼각편대를 구축할 수 있게 됐다. 흥미로운 점은 기존 외국인 선수인 제르소와 달리 왼발을 쓰는 오른쪽 윙어, 즉 '반대발 윙어'라는 점이다. 상황에 따라선 두 선수간 기민한 위치 변화로 전술의 다양성을 만들어낼 수 있다는 뜻이다. 탄탄한 피지컬에 스피드도 좋고, 얼리 크로스로 중앙 공격수 주민규에게 어시스트를 할 수도 있다. 스펙만 볼땐 제주에 최적화된 선수. 물론 뚜껑은 열어봐야 안다.

2021시즌 기록					강점	약점
3	0	2,319(28) MINUTES 출전시간(경기수)	8 GOALS 득점	0 ASSISTS 도움	반대발 윙어	K리그 무경험

■ 스웨덴 1부 리그 기록

MF

No.17

안현범

1994년 12월 21일 | 28세 | 대한민국 | 179cm | 74kg

경력 | 울산(15) ▷ 제주(16~17) ▷ 경찰(18~19) ▷ 제주(19~)

대표팀 경력 | U−21 대표팀 6경기

K리그를 대표하는 '스피드스터'다. 마음 먹고 내달리면 거의 못 잡는다고 봐야 한다. 반대로 안현범이 추격해서 따라잡지 못할 선수도 그리 많지 않다. 측면 미드필더로서는 최고의 능력이라 할 수 있다. 예전에는 오로지 스피드만 부각됐지만, 지난 시즌을 통해 여러 측면에서 능력치가 업그레이드됐다. 경험의 축적이 주는 혜택인 셈. 약점이었던 수비력도 상당히 보완됐고, 동료들과의 연계 플레이와 다양한 위치에서의 활용도 가능하다. 특히나 긍정적인 마인드로 팀에 활력을 불어넣는 캐릭터다. 유틸리티 플레이어라 할 만 하다.

2021시즌 기록					강점	약점
1	0	2,363(29) MINUTES 출전시간(경기수)	2 GOALS 득점	3 ASSISTS 도움	뛰어난 스피드	대인방어 능력

FW

No.19

김주공

1996년 4월 23일 | 26세 | 대한민국 | 180cm | 66kg

경력 | 광주(19~21) ▷ 제주(22~)

대표팀 경력 | –

착실하게 성장해 온 정통 스트라이커다. 주민규에 집중돼 있는 제주의 득점 루트를 다변화하기 위해 남기일 감독이 영입을 결정했다. 활동량이 왕성해 수비 뒷공간을 뚫는 능력도 좋고, 골 결정력도 갖췄다. 한 마디로 스트라이커에게 필요한 능력치 대부분을 안정적으로 갖춘 '가성비 갑' 캐릭터라 할 수 있다. 더구나 이제 겨우 프로 4년차다. 지금보다 한층 더 성장 가능하다는 점도 김주공의 매력포인트. 일단 올해는 선발보다는 조커, 로테이션으로 활용될 전망이다. 그렇게 경험만 좀 더 붙인다면 충분히 주전 자리를 넘볼 만 하다.

2021시즌 기록					강점	약점
1	0	2,278(30) MINUTES 출전시간	5 GOALS 득점	1 ASSISTS 도움	활동량 골결정력	1부리그 경험

MF

No.7

조성준

1990년 11월 27일 | 32세 | 대한민국 | 176cm | 72kg

경력 | 안양(13~15) ▷ 광주(16~17) ▷ 경찰(17~18) ▷ 성남(19) ▷ 제주(20~)

대표팀 경력 | –

눈에 확 띈다거나 특출난 활약을 펼치는 유형의 선수는 아니다. 하지만 알고 보면, 스피드도 좋고 슈팅이나 패스, 드리블 등 기본 테크닉도 좋다. 무엇보다 조성준은 선수 평가에 까다롭기로 소문난 남기일 감독과 이미 세 번이나 뭉쳤다. 광주-성남을 거쳐 제주에서도 뛰고 있다는 건 남 감독이 그만큼 조성준의 가치를 인정한다는 뜻이다. 화려하지 않아도 팀에 도움이 되는 자원인 셈이다. 지난해에도 출전 시간이 그리 많은 편은 아닌데도 4개의 공격포인트를 기록했다. 올해 역시도 이 정도의 활약은 무난히 해줄 것으로 기대된다.

2021시즌 기록					강점	약점
0	0	1,312(23) MINUTES 출전시간(경기수)	1 GOALS 득점	3 ASSISTS 도움	수준급 테크닉과 스피드	부족한 자신감

MF

No.6

최영준

1991년 12월 15일 | 31세 | 대한민국 | 181cm | 76kg

경력 | 경남(11~14) ▷ 경찰(15~16) ▷ 경남(16~18) ▷ 전북(19~21) ▷ 제주(22~)

대표팀 경력 | –

제주가 공을 들인 또 한명의 영입 자원이다. 최영준의 제주행 소식에 탄성을 내지른 축구인들이 적지 않았다고 한다. 그만큼 제주에서의 시너지 효과가 클 것으로 기대되는 캐릭터. 최영준은 K리그를 대표하는 수비형 미드필더로 'K리그의 은골로 캉테'라고 불린다. 체력, 활동량, 몸싸움 능력, 일대일 마크, 위치선정 등 어느 하나 부족함이 없다. 올해 이창민, 윤빛가람과 함께 제주의 핵심 미드필더 3인방을 형성할 전망이다. 워낙 터프한 플레이를 하기 때문에 부상을 조심하는 것이 관건이라고 할 수 있다.

2021시즌 기록					강점	약점
4	0	1,638(23) MINUTES 출전시간(경기수)	0 GOALS 득점	1 ASSISTS 도움	무결점 수비능력	새 동료들과의 조화

MF

No.30

김봉수

1999년 12월 26일 | 23세 | 대한민국 | 181cm | 74kg

경력 | 제주(21~)

대표팀 경력 | –

지난해 입단한 프로 2년차로 남기일 감독이 좋아하는 '부지런히 뛰어다니는' 유형의 선수다. U-22 카드 정도로 생각하고 활용했는데, 쓰다보니 장점이 하나둘씩 나타난 유형. 힘도 좋고, 슈팅 능력도 갖고 있다는 게 드러났다. 무엇보다 '골냄새'를 잘 맡는다는 장점이 있다. 출전 시간이 그리 많은 편이 아니었음에도 3골이나 넣었다. 4월 21일 11라운드 서울전에서 과감한 초이스와 이를 살려주는 파워가 어울려진 멋진 중거리슛으로 프로 데뷔골을 넣었다. 올해는 영플레이어상에 본격적으로 도전한다.

2021시즌 기록					강점	약점
3	0	1,291(28) MINUTES 출전시간(경기수)	3 GOALS 득점	1 ASSISTS 도움	골 결정력	부족한 경험

FW

No.28

김규형

1999년 3월 29일 | 23세 | 대한민국 | 168cm | 63kg

경력 | 울산(18~20) ▷ 디나모 자그레브(20~21) ▷ 제주(22~)

대표팀 경력 | U-20 대표팀 3경기

울산의 유스팀인 현대중-현대고 시절에는 본인은 득점왕을 차지하면서 팀을 우승으로 이끄는 '판타지 스타'의 전형적인 캐릭터였다. 덕분에 일찌감치 해외의 러브콜을 받았다. 결국 졸업 후 울산에 입단했으나 곧바로 크로아티아 명문구단 디나모 자그레브로 임대, 2020년에는 완전 이적했다. 문제는 이 시기부터 성장이 정체되어 버렸다는 데 있다. 확실하게 주전 확보를 못하고 계속 임대되면서 기대만큼 발전하지 못했고, 본인도 자신감이 많이 떨어진 상태다. 임대로 합류한 제주에서 우선은 자신감 회복이 숙제다.

2021시즌 기록					강점	약점
0	0	0(0) MINUTES 출전시간(경기수)	0 GOALS 득점	0 ASSISTS 도움	스피드 멀티포지션 소화력	단신

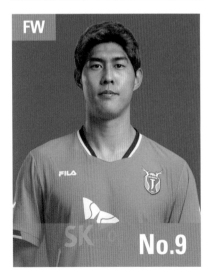

FW

No.9

이정문

1998년 3월 18일 | 24세 | 대한민국 | 194cm | 80kg

경력 | 대전(19~20) ▷ 제주(21~)

대표팀 경력 | U-20 대표팀 9경기, 2017 U-20 월드컵

지난해 큰 시련을 겪으며 한층 성숙해졌다. 제주 합류 직후 대표팀에까지 발탁됐지만, 갑자기 원인모를 호흡 곤란 증세가 생기는 바람에 오랜 시간 재활에 매달렸다. 병이 완치된 후에는 남기일 감독의 권유로 공격수로 변신했다. 정조국 코치의 집중 지도 아래 계속 공격수로서 거듭나는 중. 월등한 신체조건 덕분에 공중볼 장악 능력을 기본적으로 갖춘데다 발기술도 좋은 편이다. 또한 슈팅 능력도 기대 이상으로 좋다는 평가를 받는다. 하지만 아직까지는 수비수의 습관이 남아있다. 본인 노력에 따라 꽤나 활용도가 좋은 카드가 될 수도 있다.

2021시즌 기록					강점	약점
2	0	321(10) MINUTES 출전시간(경기수)	1 GOALS 득점	0 ASSISTS 도움	월등한 신체조건	새로운 포지션 적응

DF　No.13

정운

1989년 6월 30일 | 33세 | 대한민국 | 180cm | 76kg

경력 | 울산(12) ▷ NK이스트라(13~14) ▷ RNK스플리트(15)
▷ 제주(16~18) ▷ 김포시민(18~20) ▷ 제주(20~)

대표팀 경력 | –

제주의 또 다른 핵심 전력으로 수비에서 큰 힘을 보태고 있다. 왼쪽 풀백과 센터백을 오가는 멀티 수비수로 터프함과 기술을 겸비한 캐릭터다. 대표적으로 나이가 들어갈수록 기량이 완숙해지는 유형. 울산 유스 현대고 출신으로 K리그 데뷔 때는 출전 기회조차 따내지 못했지만, 크로아티아로 진출한 뒤 기량이 일취월장했다. 해외에서 기량이 만개한 뒤 국내로 유턴한 케이스인 셈. 크로아티아에서는 귀화를 권유할 정도로 실력을 인정받았다. 제주에서 오래 몸담은 터줏대감으로서 후배들의 신뢰도 두텁다.

2021시즌 기록					강점	약점
7	0	**3,238(35)** MINUTES 출전시간(경기수)	**1** GOALS 득점	**2** ASSISTS 도움	몸싸움과 왼발 킥	부족한 제공권

DF　No.4

이지솔

1999년 7월 9일 | 23세 | 대한민국 | 182cm | 65kg

경력 | 대전(18~21) ▷ 제주(22~)

대표팀 경력 | U-23 대표팀 2경기, 2019 U-20 월드컵

이번 겨울 제주가 영입한 젊은 수비자원이다. 2019년 폴란드 U-20월드컵 준우승 멤버로 일찌감치 이름을 알렸다. 이지솔은 수비수로서 키가 크다고는 할 수 없지만, 투지가 넘치고 적극적으로 움직이는 스타일이다. 그래서 공중볼 경합에서 잘 밀리지 않는다. 또한 어린 나이에도 침착함을 갖춘데다 공격 가담 시 곧잘 골까지 넣는다. 한 마디로 '될성부른 떡잎'이라고 부를 수 있을 듯 하다. 남기일 감독은 이지솔을 적극적으로 활용할 계획이다. 스리백 가동 시 센터백으로 선발 기용될 가능성이 크다.

2021시즌 기록					강점	약점
7	0	**2,166(24)** MINUTES 출전시간(경기수)	**0** GOALS 득점	**0** ASSISTS 도움	저돌성 공격 센스	대인방어

■ K리그2 기록

DF　No.23

김경재

1993년 7월 24일 | 29세 | 대한민국 | 183cm | 73kg

경력 | 전남(16~18) ▷ 상무(18~20) ▷ 제주(20~)

대표팀 경력 | –

수비에서 다양한 역할을 수행할 수 있는 멀티 플레이어. 부드러운 성격에 동료들과 융화 능력이 좋아 팀의 윤활유 역할을 하는 선수. 그래서 항상 많은 팀들이 탐내는 인재다. 특히나 스리백 시스템에서 중앙과 라이트 백을 오가며 좋은 모습을 보여준다. 제주 남기일 감독은 정형화된 포메이션을 고집하기 보다는 상대에 따라 스리백과 포백, 혹은 파이브백까지 다양하게 운용할 계획이다. 그래서 수비진에 여러 역할을 수행할 수 있는 선수들을 끌어모았다. 김경재도 그런 인물이다. 제주가 스리백 선발 라인업을 가동하면 김경재가 먼저 나올 수도 있다.

2021시즌 기록					강점	약점
4	0	**1,410(21)** MINUTES 출전시간(경기수)	**1** GOALS 득점	**1** ASSISTS 도움	순발력 대인방어	애매한 캐릭터

GK

No.1

김동준
1994년 12월 19일 | 28세 | 대한민국 | 189cm | 85kg

경력 | 성남(16~19) ▶ 대전(20~21) ▶ 제주(22~)

대표팀 경력 | U-23 대표팀 20경기 19실점, 2016 올림픽

성남 시절에 이어 다시 한번 남기일 감독의 부름을 받고 제주에 합류했다. 남 감독이 다시 불렀다는 건 그만큼 김동준의 기량을 믿고 인정한다는 뜻이다. 올해 제주의 주전 골키퍼로 나설 예정이다. 김동준은 어린 시절 필드 플레이어로 축구를 시작했었다. 덕분에 발 기술도 좋고, 빌드업 이해도 역시 좋은 편이다. 기본적으로 골키퍼가 갖춰야 할 공중볼 처리 능력, 민첩성은 K리그 정상급이라 할 수 있다. 김동준의 합류로 제주는 더 안정적인 팀이 됐다. 제주에 좋은 수비수가 많은 만큼 시너지 효과가 기대된다.

		2021시즌 기록			강점	약점
1	0	**2,613(27)** MINUTES 출전시간(경기수)	**76** SAVE 선방	**41** LOSS 실점	올라운드형 골키퍼	다소 다혈질

■ K리그2 기록

DF

No.27

안태현
1993년 3월 1일 | 29세 | 대한민국 | 174cm | 70kg

경력 | 이랜드(16) ▶ 부천(17~20) ▶ 상무(20~21) ▶ 부천(21) ▶ 제주(22~)

대표팀 경력 | -

학창 시절에는 엘리트 코스와는 거리가 다소 멀었다. 하지만 꾸준히 자신의 영역을 개척하며 프로 무대에 입성해 꾸준히 성장을 거듭하는 유형의 선수다. 프로 입단 때부터 늘 1부 리그에 대한 열망이 있었는데, 지난해 말 제주의 콜을 받고 드디어 그 꿈을 이루게 됐다. 가장 큰 장점은 역시 수비에서의 멀티능력. 중앙과 측면부터, 미드필더까지 소화가능하지만 본인은 "윙백에서는 좌우 가리지 않고 다 자신있다"라고 강조한다. 은근히 공격적인 성향이 강해 빈 공간이 보이면 치고 들어가려는 경향이 있다.

		2021시즌 기록			강점	약점
2	0	**1,618(17)** MINUTES 출전시간(경기수)	**1** GOALS 득점	**0** ASSISTS 도움	멀티 수비수	공중볼 경합

■ K리그2 기록

MF

No.42

구자철
1989년 2월 27일 | 33세 | 대한민국 | 183cm | 79kg

경력 | 제주(07~11) ▶ 볼프스부르크(11~14) ▶ 마인츠05(14~15) ▶ 아우크스부르크(15~19) ▶ 알 가라파(19~21) ▶ 알 코르(21) ▶ 제주(22~)

대표팀 경력 | 76경기 19득점, 2009 U-20월드컵, 2010 아시안게임, 2012 올림픽, 2014 · 2018 월드컵

제주가 배출해 낸 최고의 레전드 스타플레이어가 11년 만에 다시 '친정'으로 돌아왔다. 2007년 제주에서 프로에 데뷔해 국가대표 미드필더로 성장한 구자철은 2011년 볼프스부르크로 이적하며 해외 생활을 시작했다. 독일 분데스리가를 거쳐 2019년부터 카타르 알 가라파로 이적했다. 2021년 알 코르로 이적했는데, 코로나 여파 등으로 주전 자리에서 밀려났다. 선수 경력의 위기에서 구자철은 K리그 복귀를 선택했고, 친정팀 제주로 돌아오겠다는 약속을 지켰다. 제주는 천군만마를 얻은 셈. 다만, 휴식이 길었던 만큼 빨리 정상 컨디션을 회복하는 게 관건이다.

		2021시즌 기록			강점	약점
3	0	**588(8)** MINUTES 출전시간(경기수)	**0** GOALS 득점	**0** ASSISTS 도움	경기를 풀어나가는 능력 리더십	떨어진 실전 감각

■ 카타르 1부 기록

잭슨
라스
유현
김현
박배종
정동호
김상원
곽윤호
박주호
김승준
정재용
무릴로
김건웅
양동현
정충근
윤영선
김동우
이승우
이범영
황순민
신세계
니실라
박민규
신재원

수원FC

지난 시즌이 우연? 수원FC는 지난해 이상을 바라본다

수원 FC

수원FC는 내셔널리그에서 출발해 K리그2를 거쳐 K리그1까지 승격한 최초의 구단이다. 2003년 내셔널리그를 호령하던 수원시청은 2013년 수원FC로 이름을 바꿔 K리그 무대에 발을 들였다. K리그2에서 이른바 '막공(막을 수 없는 공격)'으로 호평을 받던 수원FC는 2015년 도장깨기에 나서며, 기적 같은 승격에 성공했다. 하지만 승격 첫 해, 좋은 경기력에도 불구하고 아쉽게 강등됐던 수원FC는 2020년 아무도 예상치 못한 돌풍을 일으키며 다시금 K리그1 무대를 밟았다. 두번 승격은 군팀을 제외하고, 수원FC가 '유이'하다. 겨우내 경험 많은 스타급 선수들을 영입하며 2016년 강등의 아픔을 재연하지 않겠다고 한 수원FC는 화끈한 공격축구를 앞세워 창단 처음으로 파이널A 진입에 성공했다. 이제 수원FC는 또 다른 도약을 꿈꾼다. 바로 아시아챔피언스리그 진출이다. 지도자, 행정가로 풍부한 경험을 쌓은 김호곤 단장과 프로 감독으로는 이제 3년차지만, 아마추어부터 프로 행정까지 다양한 내공을 쌓은 김도균 감독의 지도력은 탄탄하다. 연고 내 '골리앗' 수원 삼성에 밀리던 수원FC는 조금씩 어깨를 펴며 '진짜 수원의 주인은 우리'라고 외치고 있다.

구단 소개

정식 명칭	수원시민 프로 축구단
구단 창립	2003년 3월 15일
모기업	시민구단
상징하는 색	청색, 적색
마스코트	화서장군, 장안장군, 팔달장군, 창룡장군
레전드	박종찬, 김한원, 임성택, 자파, 이승현
서포터즈	리얼크루
온라인 독립 커뮤니티	디씨 수원FC 갤러리

우승

K리그	0회
FA컵	0회
AFC 챔피언스리그	0회
아시안 클럽 챔피언십	0회

최근 5시즌 성적

시즌	K리그	FA컵	AFC 챔스
2021시즌	5위	64강	–
2020시즌	2위(2부)	16강	–
2019시즌	8위(2부)	32강	–
2018시즌	7위(2부)	32강	–
2017시즌	6위(2부)	64강	–

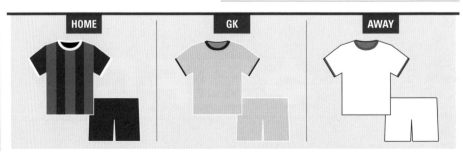

HOME　GK　AWAY

아마추어부터 프런트까지, 다양한 경험 속 내공 쌓은
'준비된 지도자'

김도균 | 1977년 1월 13일 | 45세 | 대한민국

K리그 전적
66전 31승 13무 22패

김도균 감독은 유연하다. 김 감독은 자신의 색깔을 밀어붙이기 보다는 주변 사람들의 목소리에 귀를 기울인다. 서글서글한 성격의 김 감독은 선후배들과 좋은 관계를 유지하고 있다. 그렇다고 자신의 색깔을 죽이지 않는다. 데뷔시즌부터 '공격축구'의 기조를 잃지 않았다. 지난 시즌에도 공격축구를 포인트로 다양한 실험을 한 끝에, 선수들의 장점을 살린 3-5-2 전술로 선배 구단들을 괴롭혔다. 전북, 울산에 이어 최다골 3위(53골)에 올랐다. 열린 리더십을 앞세운 김 감독은 승승장구하고 있다. 2020년 수원FC를 K리그2에서 K리그1으로 승격시킨 데 이어, 2021년에는 창단 첫 파이널A행을 이끌며 팀을 5위에 올려놨다. 2007년 서남대 코치를 시작으로 아마추어, 프로를 오가며 14년간 쌓은 내공의 결과다. 프로 감독 3년차, 김 감독은 또 한번의 도약을 꿈꾼다. 올 시즌 아시아챔피언스리그 진출을 정조준하고 있다. K리그2, K리그1에 이어 아시아 무대에서도 자신의 공격축구를 시험해 보고 싶다. 겨울 이적시장 성과를 보면 불가능해 보이는 목표는 아니다.

선수 경력

울산	교토퍼플상가	성남	전남

지도자 경력

서남대 코치	현대중 감독	홈 유나이티드 코치	울산 코치	수원FC 감독(20~)

주요 경력

1997 U-20 월드컵 대표	2000 올림픽 대표

선호 포메이션	3-5-2	3가지 특징	유연한 전술변화	열린 태도	확실한 공격색채

STAFF

수석코치	코치	GK코치	피지컬코치	팀매니저	의무트레이너	물리치료사	키트매니저	분석관	통역
이정수	김영삼 기현서	김성수	박성준	서수영	김정원	강수헌	장재호	최정탁	정해민 황재혁

2 0 2 1 R E V I E W

다이나믹 포인트로 보는 수원FC의 2021시즌 활약도

시작은 미약했지만, 끝은 창대했다. 수원FC는 잔류를 위해 재창단 수준의 변화를 택했다. 조직력 부재에 계속된 오심으로 눈물을 흘린 수원FC는 날씨가 더워지기 시작하며 기지개를 켰다. 시작은 라스의 부활이었다. 퇴출 위기에 몰렸던 라스는 엄청난 힘과 높이를 과시하며 리그 최고의 공격수로 거듭났다. 여기에 김도균 감독은 수비 강화를 위해 스리백 카드를 꺼냈는데, 이 선택은 무릴로-이영재-박주호라는 '황금의 3중주' 탄생으로 이어졌다. 유기적이면서도 빠른 수원FC의 공격축구는 위력적이었다. 물러서지 않은 공격축구로 전북, 울산까지 연파했다. 다만 최다실점은 옥에 티.

FW
조상준 7,500 전체 198위
양동현 21,589 전체 68위
라스 55,647 전체 2위
김승준 8,989 전체 177위
정충근 5,563 전체 225위
타르델리 3,665 전체 251위

MF
정재용 11,226 전체 157위
한승규 14,840 전체 130위
무릴로 42,495 전체 9위
김건웅 17,272 전체 107위
이영재 36,893 전체 20위
김준형 5,564 전체 224위

DF
김주엽 3,159 전체 259위
박주호 22,980 전체 62위
조유민 24,366 전체 58위
잭슨 18,909 전체 91위
정동호 14,286 전체 134위
곽윤호 19,606 전체 85위
김상원 17,031 전체 109위

GK
유현 11,290 전체 156위

2021시즌 다이나믹 포인트 상위 20명　■ 포인트 점수

포지션 평점

FW 🔥🔥🔥🔥
MF 🔥🔥🔥🔥
DF 🔥🔥
GK 🔥🔥

출전시간 TOP 3

1위	라스	3,126분
2위	김상원	2,957분
3위	김건웅	2,793분

■ 골키퍼 제외

득점 TOP 3

1위	라스	18골
2위	양동현	7골
3위	무릴로, 이영재	5골

도움 TOP 3

1위	무릴로	10도움
2위	이영재	7도움
3위	라스	6도움

주목할 기록

491	슈팅수 2위
57	최다실점 1위

성적 그래프

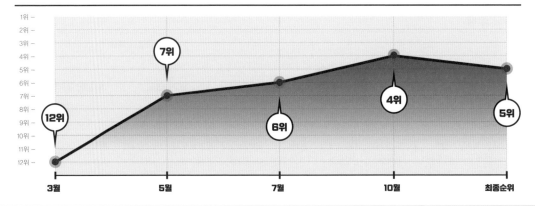

2022 시즌 스쿼드 운용 & 이적 시장 인앤아웃

IN

이승우_신트트라위던
김현_인천
황순민_대구
이범영_전북
니실라
_쿠오피온
신재원_서울
신세계_강원
김창헌 박민규
_임대복귀
박상명 장재웅
정재윤 김기수
박철우 김찬용
_신인

FW

| 김승준 | 라스 | 양동현 | 이영준 |
| 이승우 | 김현 | 박상명 | 장재웅 |

MF

정재용	무릴로	정충근	이기혁
황준민	신재원	신세계	
정재윤	니실라	박주호	

DF

정동호	김건웅	김상원	곽윤호
잭슨	윤영선	김동우	김주엽
김기수	박민규		

GK

| 이범영 | 유현 | 박배종 | 최봉진 |

OUT

조상준_성남
전정호_김해시청
타르델리_농부아
김범용_경남
이학민_아산
나성은_김포
김준형_부천
조유민_대전
이영재_상무
박철우_아산 임대
김창헌_당진시민 임대
한승규 민동환
_임대만료

ⓒ 주장 ■ U-22 자원

전반적으로 지난해 보다 업그레이드 된 모습이다. 라스 파트너에 이승우와 김현, 왼쪽에 황순민, 골키퍼에 이범영, 이영재 빈자리에 니실라를 더했다. 보강이 필요한 포지션에 이름값을 높이는 데 성공했다. 타 팀의 러브콜을 받던 라스, 무릴로, 잭슨 외국인 트리오와 양동현, 박주호, 정재용 등 팀의 중심을 잡아줄 베테랑들을 잔류시키면서 팀의 안정성을 높였다. 지난 2년간 재창단 수준의 변화를 택했던 모습과는 다른 분위기다. 눈에 띄는 점은 이적료 없이 전부 자유계약으로 영입했다는 점이다. 지난 시즌에도 이적료를 거의 들이지 않고 자유계약 선수 위주로 재미를 봤는데 올 겨울에도 마찬가지 전략으로 팀을 레벨업시켰다. 파이널A 진입으로 일찌감치 강등 걱정을 날리며 빠른 영입전에 나선 결과다. 플랜A인 3-5-2를 기준으로 포지션별 전문가들이 늘어난 가운데, 속도와 파괴력을 더해줄 것으로 기대를 모으는 이승우가 이름값만큼의 활약을 펼쳐준다면 수원FC는 올 시즌에도 뜨거운 팀이 될 전망이다.

주장의 각오

박주호

"지난해 성적(5위) 이상의 높은 목표를 향해 달린다. 부담을 주려는 건 아니지만, (이)승우가 공격 포인트 10개 이상을 해야 승우도, 팀도 살아난다."

2 0 2 2 예 상 베 스 트 1 1

FW　　　　　　　　　3-5-2

11 이승우　　9 라스

MF

10 무릴로

22 황순민　　6 박주호　　25 니실라　　2 정동호

DF

5 잭슨　　14 김건웅　　4 곽윤호

GK

27 이범영

예상 순위

6

구단별 이적시장 성적

A

기적 같은 승격을 일궈낸 수원FC는 지난 시즌 또 한번의 기적을 썼다. 5위에 올랐다. 이제 더이상 수원FC는 돌풍의 팀이 아니다. 올 시즌에도 파이널A행에 오를 가능성이 높다고 점쳐졌다. 충분히 현실성 있는 전망이다. 수원FC는 공수에 걸쳐 짜임새 있는 전력을 구축했다. 베스트11은 어느 팀을 만나도 해볼만한 수준이다. 라스, 무릴로, 잭슨 외국인 트리오와 핵심 베테랑들이 일찌감치 잔류를 결정하며, 유지된 기존의 틀에 수준급 선수들이 더해졌다. 김도균 감독의 지도력까지 더해진 수원FC는 올 시즌에도 주목할 팀이다.

보강을 원했던 포지션을 모두 채웠다. 파이널A행을 확정지으며, 일찌감치 다음 시즌을 대비한 수원FC는 알짜 FA들을 대거 더하며, 스쿼드에 무게감을 더했다. 경기력과 마케팅에서 모두 힘을 더해줄 수 있는 이승우 영입이 하이라이트였다. 이영재 대체자로 영입된 니실라도 내부 호평이 이어지고 있다. 무엇보다 빅클럽 이적설이 이어졌던 '스리백의 핵' 김건웅을 잡는데 성공했다. 라스, 무릴로, 잭슨 외국인 트리오와 기핵심 베테랑들이 일찌감치 잔류를 결정하며, 유지된 기존의 틀에 수준급 선수들이 더해져 지난 시즌 이상의 스쿼드를 만들었다.

라스

1991년 8월 21일 | 31세 | 네덜란드 | 197cm | 94kg

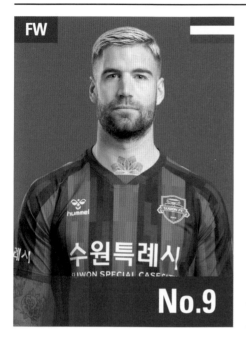

FW

No.9

경력

FC폴렌담(10~11)
▶FC위트레흐트(11~12)
▶도르트레흐트(12~13)
▶엑셀시오르(13~14)
▶노팅엄 포레스트(14~15)
▶즈볼레(15~16)
▶코르트레이크(16~17)
▶올레순(17)
▶흐로닝언(17~18)
▶스파르타 로테르담(18~20)
▶전북(20)
▶수원FC(20~)

K리그 통산기록

64경기 24득점 9도움

대표팀 경력

남아공 대표팀 7경기

'벨트비크'는 아픔이었다. 2020년 전북 유니폼을 입고 K리그 무대에 입성한 벨트비크는 등번호 9번을 받았을 정도로 많은 기대를 받았다. 데뷔전에서 극장골을 터뜨리며 화려하게 데뷔했지만 여기까지였다. 이후 리그에 적응하지 못하며 날카로운 모습을 보이지 못했다. 구스타보가 영입되며 6개월만에 짐을 쌌다. 2020년 여름 수원FC로 유니폼을 갈아입은 벨트비크는 '라스'가 됐다. 이후 스토리는 우리가 아는 대로다. 라스는 2021년 K리그 최고의 스트라이커였다. 높이와 힘, 스피드, 연계에 결정력까지, 타깃형 공격수의 전형을 보여줬다. 재밌는 것은 사실 라스는 타깃형 공격수가 아니었다. 네덜란드에서 스피드를 앞세운 침투형 공격수로 이름을 날렸다. 레알 마드리드 시절 곤살로 이과인과 비슷한 타입이었다. 하지만 K리그에서 살아남기 위해 '뚝배기'로 변신했다. 시즌 초반 퇴출 위기에 몰린 라스는 김도균 감독의 밀당 속 각성했고, 상대 수비와 맞서 싸우는 '투사'가 됐다. 지난해 5월 포항전에서는 무려 15회나 공중 경합을 성공시키기도 했다. 그렇게 K리그에서 가장 위협적인 공격수가 된 라스는 7월 울산과의 21라운드에서 무려 4골을 폭발시키며 정점을 찍었다. 아쉽게 주민규(제주)에 밀려 득점왕을 놓쳤지만, 18골로 득점 2위에 오르며 K리그 최고의 포워드로 선정됐다. 국내외의 러브콜을 받던 라스는 자신을 믿어준 수원FC에 대한 고마움을 표시하며, 지난 8월 재계약을 맺었다. 올해도 라스는 수원FC 공격의 선봉장으로 나선다.

2021시즌 기록

4	3,126(37) MINUTES 출전시간(경기수)	18 GOALS 득점	6 ASSISTS 도움	0

강점	압도적인 높이 활발한 오프더볼 움직임	특징	많은 문신, 길죽한 팔다리 그리고 잘생긴 외모
약점	찬스 포착 능력에 비해 떨어지는 결정력	별명	랄스

무릴로

1994년 11월 20일 | 28세 | 브라질 | 177cm | 76kg

MF

No.10

경력

고이아스(14~17)
▷아파레시덴세(17)
▷리넨세(18)
▷폰치 프레타(18~19)
▷그레미우 노보리존티누(19)
▷보타포구(19~20)
▷전북(20)
▷수원FC(21~)

K리그 통산기록

53경기 6득점 10도움

대표팀 경력

-

전북의 외국인 선수 영입 기조는 명확했다. 리그 내 검증을 마친 특급 선수들로 재미를 봤다. 몸값이 비쌌지만, 그만큼 실패 확률을 줄일 수 있었다. 무릴로는 조금 다른 기류였다. 직접 스카우트에 나서 데려온 선수였다. 2020년 에이스 로페즈를 상하이 상강으로 보낸 전북은 무릴로를 대체자로 영입했다. 구단에선 '흙속의 진주'라며 기대치를 높였다. 기량은 나쁘지 않았다. 기술과 킥이 좋았다. 문제는 포지션이었다. 조제 모라이스 감독은 무릴로를 주로 왼쪽 날개로 활용했다. 스피드가 떨어지는 무릴로는 이 자리에서 위협적이지 않았다. 전북은 1년만에 무릴로를 포기했다. 수원FC가 손을 내밀었다. 공격을 풀어줄 테크니션을 찾던 수원FC는 한국 무대를 경험한 무릴로가 전북에서와는 다른 모습을 보여줄 것이라 확신했다. 수원FC가 옳았다. 선호하는 중앙 공격형 미드필더 자리에 선 무릴로는 물만난 고기처럼 뛰었다. 특히 전북에서 함께 어려운 시간을 보낸 라스와 발군의 호흡을 보였다. 무릴로의 킬패스, 라스의 마무리는 수원FC의 득점 공식이었다. 활동량이 많은데다, 수비 가담까지 좋은 무릴로는 수원FC의 보배였다. 이영재-박주호와 만든 삼각편대의 유기적인 플레이는 수원FC의 자랑이었다. 무릴로는 FA컵 포함, 36경기에서 5골-10도움을 올리며 K리그1 베스트11 MF 후보 중 하나로 선정되기도 했다. 중동의 러브콜을 뒤로 하고 재계약을 택한 무릴로는 올 시즌에도 수원FC의 '10번'이다.

2021시즌 기록

4	2,729(36) MINUTES 출전시간(경기수)	5 GOALS 득점	10 ASSISTS 도움	0

강점	정교한 킥 왕성한 활동량	특징	콧수염을 밀고나니 비로소 보이는 그의 나이
약점	윙어로 서기엔 부족한 스피드	별명	무아고 무황

이승우

1998년 1월 6일 | 24세 | 대한민국 | 170cm | 60kg

FW

No.11

경력

바르셀로나B(16~17)
▷엘라스 베로나(17~19)
▷신트트라위던(19~21)
▷포르티모넨스(21)
▷수원FC(21~)

K리그 통산기록

–

대표팀 경력

11경기
2018 월드컵
2018 아시안게임

이승우처럼 '빠'와 '까'가 극명한 선수가 또 있을까. 시작은 화려했다. 바르셀로나의 특급 유망주였던 이승우에게 '코리안 메시'라는 별명이 붙었다. 2014년 AFC U-16 챔피언십 8강전 일본과의 경기에서 메시 빙의골로 전 국민의 관심을 받은 이승우는 2017년 U-20 월드컵, 2018년 러시아월드컵, 2018년 자카르타-팔렘방아시안게임을 거치며 한국축구의 미래로 평가받았다. 화려한 기술과 승부처에서 빛나는 클러치 능력, 그 이상의 스타성까지, 이승우는 가장 주목받는 선수였다. 역대급 선수로 성장할 것이라는 기대는 이내 실망으로 바뀌었다. 바르셀로나 1군 진입에 실패한 이승우는 2017년 이탈리아 엘라스 베로나에서 성인 무대를 시작했다. 2시즌 간 냉탕과 온탕을 오간 이승우는 2019년 여름, 뛰기 위해 벨기에 신트트라위던으로 갔지만, 이는 최악의 선택이었다. 이승우는 주전은 커녕, 경기에 나서기도 힘든 처지에 놓였다. 경기 외적인 구설에 휘말릴때가 더 많았다. 2021년 겨울 포르투갈의 포르티모넨스로 임대를 떠났지만 거기서도 자리를 잡지 못했다. 이승우는 '조롱의 아이콘'으로 전락했다. 이승우는 변화를 모색했다. K리그로 눈길을 돌렸다. 신트트라위던과 계약을 종료한 이승우는 2021년 겨울, 고향팀 수원FC로 향했다. 스타는 스타였다. 이승우의 수원FC 합류는 올 겨울 가장 뜨거운 소식이었다. 이승우에게는 마지막 기회다. 더이상 내려갈 곳이 없다. 이승우의 부활 여부는 올 시즌 가장 주목해야 할 이슈다.

2021시즌 기록

0	0(0) MINUTES 출전시간(경기수)	0 GOALS 득점	0 ASSISTS 도움	0

강점	예측 못할 드리블 해결사 본능	특징	잘해도, 못해도 모두 기사거리가 되는 스타
약점	낮은 전술 이해도 잦은 패스미스	별명	코리안 메시

박주호

1987년 1월 16일 | 35세 | 대한민국 | 175cm | 73kg

MF

수원특례시
SUWON SPECIAL CASE CITY

No.6

경력

미토 홀리호크(08~09)
▷가시마 앤틀러스(09~10)
▷주빌로 이와타(10~11)
▷FC바젤(11~13)
▷마인츠(13~15)
▷도르트문트(15~17)
▷울산(18~20)
▷수원FC(21~)

K리그 통산기록

81경기 2도움

대표팀 경력

40경기 1득점
2007 U-20 월드컵
2014 아시안게임
2018 월드컵

요즘은 '나은이 아빠'로 더 유명하지만, 박주호는 현역 K리거 중 가장 화려한 커리어를 갖고 있는 선수다. 숭실대를 나와 J리그에서 프로 경력을 시작한 박주호는 2011년 스위스의 강호 바젤로 이적했다. 박주호는 첫 시즌부터 붙박이 주전으로 활약하며, 팀을 유럽챔피언스리그 16강, 유로파리그 4강으로 이끌었다. 바젤에서 아내 안나를 만나기도 했다. 2013년 독일 분데스리가 마인츠에 새 둥지를 튼 박주호는 왼쪽 풀백과 중앙 미드필더를 오가며 빅클럽의 주목을 받았고, 2015년 명문 도르트문트의 유니폼을 입었다. 당시 박주호의 영입을 추진했던 이가 바로 첼시를 유럽챔피언스리그 우승으로 이끈 토마스 투헬 감독이다. 국가대표로 인천아시안게임 금메달, 2014년 브라질월드컵, 2018년 러시아월드컵도 경험했다. 아쉽게 도르트문트에서는 자리를 잡지 못한 박주호는 울산을 통해 처음으로 K리그 무대를 밟았다. 울산에서 아시아챔피언스리그 우승을 경험한 박주호는 자신의 커리어 마지막팀으로 수원FC를 찍었다. 2021년 수원FC 유니폼을 입은 박주호는 수비형 미드필더로 알토란 같은 활약을 펼쳤다. 공격적인 수원FC의 후방 밸런스를 잡아준, 수원FC 돌풍의 숨은 주역이었다. 박주호는 나이를 잊은 듯한 엄청난 활동량을 보였는데, 평균 뛴 거리가 팀내 1위였다. 박주호는 올 시즌 수원FC의 주장이 됐다. 그만큼 김도균 감독이 신뢰한다는 뜻이다. 올 시즌도 수원FC는 공격축구를 전면에 내세우는데, 그래서 박주호의 역할이 중요하다.

2021시즌 기록

5	2,623(29) MINUTES 출전시간(경기수)	0 GOALS 득점	0 ASSISTS 도움	0

강점	풍부한 경험 엄청난 기동력	특징	현역 스포츠인 최초의 연예 대상 수상자
약점	짧은 패스 레인지	별명	한국의 로벤 나은이 아빠

김건웅

1997년 8월 29일 | 25세 | 대한민국 | 188cm | 82kg

DF

수원특례시
SUWON SPECIAL CASE CITY

No.14

경력

울산(16~19)
▷전남(19)
▷수원FC(20~)

K리그 통산기록

109경기 5득점 1도움

대표팀 경력

U-23 대표팀 3경기
2018 아시안게임

김건웅은 겨울이적시장의 '숨은 핫가이'였다. 빅클럽인 서울, 전북, 울산이 모두 김건웅 영입전에 뛰어들었다. 이 과정에서 영입하려는 서울과 막으려는 수원FC 사이에 신경전이 있기도 했다. 김건웅은 결국 수원FC 잔류를 택하며, 재계약을 맺었다. 김건웅이 뜨거웠던 이유, 2021시즌의 맹활약 때문이었다. 김건웅은 괜찮은 '수비형 미드필더'였다. 울산 유스 출신인 김건웅은 입단 첫 해인 2016년 윤정환 감독의 신뢰 속 두각을 나타냈지만, 김도훈 감독 부임 후 입지가 줄어들었다. 2018년 자카르타-팔렘방아시안게임에서 금메달을 획득하며 병역혜택을 얻은 김건웅은 전남 임대를 통해 변화를 모색했다. 전남에서 부활의 가능성을 보인 김건웅은 2020년 수원FC에 새 둥지를 틀었다. 주전 미드필더로 승격에 기여한 김건웅은 2021년 축구인생의 터닝포인트를 맞았다. 포지션 변화였다. 과거에도 종종 센터백으로 뛰기는 했지만, 2021년부터 본격적인 수비수로 변신에 나섰다. 강등의 위기에 있던 수원FC는 승부수로 스리백 카드를 꺼냈고, 그 중심에 김건웅이 있었다. 스리백의 중앙에 포진한 김건웅은 곽윤호, 잭슨 등을 이끌며 수원FC 후방을 지켰다. 원래 수비형 미드필더였던만큼 정교한 빌드업으로 수원FC 공격의 속도를 높였고, 필요하면 과감히 오버래핑에 나서기도 했다. 지난 시즌 34경기에 나서 1골을 기록했다. 김도균 감독은 김건웅의 잔류에 안도의 한숨을 내쉬었다. 올 시즌에도 스리백의 핵심으로 김건웅을 중용할 계획이다.

2021시즌 기록

7	2,793(34) MINUTES 출전시간(경기수)	1 GOALS 득점	0 ASSISTS 도움	0

강점	수미와 센터백 오가는 다재다능함 파워풀한 킥	특징	병역까지 해결한, 스리백 시대에 최적화된 선수
약점	다소 떨어지는 세밀함	별명	-

GK

No.27

이범영

1989년 4월 2일 | 33세 | 대한민국 | 197cm | 93kg

경력 | 부산(08~15) ▷ 아비스파 후쿠오카(16) ▷ 강원(17~18) ▷ 전북(19~21)
▷ 수원FC(22~)

대표팀 경력 | 1경기 1실점, 2012 올림픽, 2014 월드컵

2008년, 입단 첫해부터 신인답지 않은 플레이로 차세대 한국축구를 이끌 골키퍼로 불렸다. 2012년 런던올림픽 영국 단일팀과의 8강전에서 승부차기 선방쇼로 동메달에 일조했고, 2014년 브라질월드컵 최종엔트리에도 이름을 올렸다. 부산, 아비스파 후쿠오카, 강원 등을 오가며 존재감을 과시했지만, 야심차게 택한 전북 이적 첫해인 2019년 불의의 아킬레스건 파열로 내리막을 탔다. 송범근에 밀리며 세 시즌간 리그 단 1경기에 그쳤다. FA가 된 이범영은 새로운 도전을 위해 수원FC를 택했다. 감각과 자신감만 회복한다면, 기량은 의심할 여지가 없다. 특히 페널티킥 선방은 최고다.

		2021시즌 기록			강점	약점
0	0	**94(1)** MINUTES 출전시간(경기수)	**5** SAVE 선방	**1** LOSS 실점	페널티킥	민첩성

GK

No.51

유현

1984년 8월 1일 | 38세 | 대한민국 | 184cm | 82kg

경력 | 현대미포조선(07~08) ▷ 강원(09~11) ▷ 인천(12~13) ▷ 경찰청(13~14)
▷ 인천(14~15) ▷ 서울(16~18) ▷ 도치기(19) ▷ 수원FC(20~)

대표팀 경력 | −

단신이지만, 놀라운 순발력으로 K리그 정상급 골키퍼로 활약했다. 내셔널리그 울산미포조선을 통해 성인무대에 데뷔한 유현은 인천, 서울 등에서 맹활약을 펼쳤다. 2017년 이후 최악의 폼을 보이며 내리막을 탔지만, 일본 도치기 이적 후 살아났다. 2020년 수원FC에 입단해, 다시 불꽃을 태우며, 팀의 승격, 상위스플릿행의 주역으로 활약했다. 지난 시즌 잦은 부상과 어이없는 실수로 나이를 실감했지만, 컨디션이 좋은 날은 조현우도 부럽지 않다. 이범영과 치열한 주전경쟁을 예고하고 있다. 여담으로 어머니가 떡집을 운영하는데, 그 맛이 일품으로 '생활의 달인'까지 나왔다.

		2021시즌 기록			강점	약점
5	0	**2,177(23)** MINUTES 출전시간(경기수)	**71** SAVE 선방	**34** LOSS 실점	민첩성	어이없는 실수

DF

No.2

정동호

1990년 3월 7일 | 32세 | 대한민국 | 174cm | 68kg

경력 | 요코하마 마리노스(09~11) ▷ 가이나레 돗토리(11) ▷ 항저우 뤼청(12)
▷ 요코하마 마리노스(13~14) ▷ 울산(14~20) ▷ 수원FC(21~)

대표팀 경력 | 5경기, 2009 U-20 월드컵

사실 수원FC가 2020년 여름부터 원했던 선수다. 풀백 문제로 고심하던 김도균 감독이 울산에 정동호 영입을 제안했지만, 막판 당시 김도훈 감독의 반대로 뜻을 이루지 못했다. 아쉬움을 삼킨 수원FC는 시즌 종료하자마자, FA로 풀린 정동호를 1번으로 영입했다. 울리 슈틸리케 감독 시절 대표팀을 경험한 정동호는 빠른 스피드와 정교한 크로스, 경기 운영 능력에 좌우까지 소화할 수 있는 장점을 지녔다. 비록 잦은 부상으로 전성기만큼의 활약을 보이지는 못했지만, 나선 경기에서는 제 몫을 해줬다. 특히 주장 완장을 차고 팀 안팎에 긍정적인 영향을 끼쳤다. 올 시즌에도 주전 오른쪽 윙백으로 나설 전망이다.

		2021시즌 기록			강점	약점
5	0	**2,138(24)** MINUTES 출전시간(경기수)	**0** GOALS 득점	**3** ASSISTS 도움	정교한 크로스	떨어진 기동력

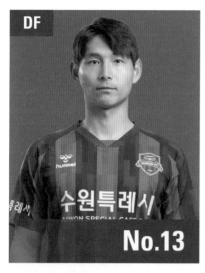

DF

No.13

김상원

1992년 2월 20일 | 30세 | 대한민국 | 176cm | 69kg
경력 | 제주(14~17) ▶ 광주(17) ▶ 제주(17~18) ▶ 안양(19) ▶ 포항(20)
▶ 수원FC(21~)
대표팀 경력 | −

수원FC가 시즌 중반 스리백으로 전환하며 가장 큰 수혜를 누린 선수다. 김상원은 스리백의 왼쪽 윙백에서 가장 빛나는 선수다. 제주, 광주에서 아쉬운 모습을 보인 김상원은 2019년 안양에 입단, 최고의 활약을 펼쳤다. 당시 3-4-3의 왼쪽 윙백으로 나선 그는 공격적인 재능을 폭발시키며, 6골-8도움을 올리며 K리그2 베스트11에 이름을 올렸다. 이같은 활약을 인정받아 2020년 포항 유니폼을 입었지만, 김기동식 포백에 적응하지 못하며 기대 이하의 활약을 펼쳤다. 지난 시즌 절치부심하며, 마침내 K리그1에서도 통하는 윙백이라는 것을 증명했다. 수비가 다소 아쉽지만, 공격 본능만큼은 정상급이다.

2021시즌 기록					강점	약점
3	0	**2,957(34)** MINUTES 출전시간(경기수)	**0** GOALS 득점	**1** ASSISTS 도움	폭발적인 공격력	수비력

DF

No.4

곽윤호

1995년 9월 30일 | 27세 | 대한민국 | 185cm | 83kg
경력 | 강릉시청(18~20) ▶ 수원FC(21~)
대표팀 경력 | −

지난 시즌 수원FC 최고의 신데렐라. 백업 보강 차원에서 영입된 선수지만, 주전자리까지 올랐다. 사실 수원FC행은 운명처럼 결정이 됐다. 강릉시청에서 뛰던 곽윤호는 경주한수원행이 유력했는데, 한수원과의 계약 1시간을 앞두고 수원FC 관계자로부터 '계약 안했으면, 바로 수원으로 올 수 있냐'는 전화가 왔다. K리그가 꿈이던 곽윤호는 뒤도 돌아보지 않고, 수원FC 사무실로 향했다. 빠른 스피드를 앞세워 스리백의 한축을 담당한 곽윤호는 세징야를 전담마크 할 정도로 기량이 일취월장했다. 수원FC가 조유민을 보낼 수 있었던 것도 곽윤호의 존재가 컸다. 올 시즌은 이제 어엿한 주전 신분으로 출발한다.

2021시즌 기록					강점	약점
1	0	**1,934(25)** MINUTES 출전시간(경기수)	**0** GOALS 득점	**1** ASSISTS 도움	적극적인 맨마킹	투박한 빌드업

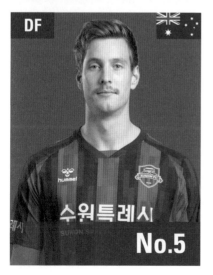

DF

No.5

잭슨

1995년 3월 12일 | 27세 | 호주 | 196cm | 83kg
경력 | 브리즈번 로어(14) ▶ 뉴캐슬 제츠(15~21) ▶ 수원FC(21~)
대표팀 경력 | −

K리그 내에서 점점 사라지고 있는 호주 출신 센터백의 계보를 잇는 선수다. 사실 큰 기대는 없었다. 수비불안으로 고민하던 수원FC는 비어있는 아시아쿼터 자리에 호주 출신 장신 수비수를 물색했고, 여름 이적시장에서 잭슨을 영입했다. 대표팀 경력도 없고, 호주에서도 하위권팀에서 뛰던 그를 주목하는 이는 없었다. 하지만 첫 경기부터 잭슨은 강렬한 인상을 남겼다. 장신이지만, 정상빈을 잡을 정도의 스피드에, 무엇보다 정교한 빌드업 능력을 보여줬다. 그의 왼발 롱패스는 수원FC 공격의 주루트가 됐다. 복덩이가 된 잭슨은 후반기 수원FC의 돌풍을 이끌었다. 겨우내 전북의 관심을 받은 잭슨은 수원FC와 재계약을 맺었다.

2021시즌 기록					강점	약점
2	0	**1,754(19)** MINUTES 출전시간(경기수)	**2** GOALS 득점	**1** ASSISTS 도움	수준급 속도와 빌드업	불안한 포백 수비

DF

No.26

김동우

1988년 2월 5일 | 34세 | 대한민국 | 188cm | 88kg

경력 | 서울(10~12) ▷ 경찰(13~14) ▷ 서울(14~17) ▷ 대구(17) ▷ 제주(19~20)
▷ 부산(20~21) ▷ 수원FC(21~)

대표팀 경력 | −

첫 경기는 악몽이었다. 여름 이적시장에서 수원FC 유니폼을 입은 김동우는 수원과의 경기에 교체로 나서 데뷔전을 치렀지만, 자책골로 체면을 구겼다. 다소 불안한 모습을 보이기는 했지만, 노련한 수비로 수원FC 수비진의 뎁스를 넓혀줬다. 시간이 지날수록 좋은 모습을 보였다. 재계약을 두고 고민하던 수원FC는 2022년에도 김동우와 함께 하기로 결정했다. 올 시즌 그의 위치는 5번 센터백. 서울, 대구, 제주, 부산을 오가며 풍부한 경험을 쌓은 김동우는 무릎이 좋지 않아 풀타임은 힘들지만, 뒷문을 강화할 때 꺼낼 수 있는 카드. 서울 시절부터 꽃미남 센터백으로 유명했다.

		2021시즌 기록			강점	약점
0	0	464(8) MINUTES 출전시간(경기수)	0 GOALS 득점	0 ASSISTS 도움	풍부한 경험	제한적인 출전시간

DF

No.20

윤영선

1988년 10월 4일 | 34세 | 대한민국 | 185cm | 78kg

경력 | 성남(10~16) ▷ 상무(16~18) ▷ 성남(18) 울산(19~20) ▷ 서울(20)
▷ 수원FC(21~)

대표팀 경력 | 7경기, 2018 월드컵

2021년 수원FC의 승부수는 수비였다. 광저우 헝다에서 박지수를 데려온 데 이어 2018년 러시아월드컵 독일전의 히어로 윤영선까지 영입했다. 두 수준급 센터백을 앞세워 초반 승점을 쌓겠다는게 수원FC의 계획이었다. 하지만 박지수가 계속된 불운으로 고개를 숙였고, 윤영선은 단 6경기만에 부상으로 시즌 아웃됐다. 서울 시절부터 내리막을 타던 윤영선은 수원FC에서 부활을 꿈꿨지만, 부상으로 산산조각이 났다. 이를 악물고 재활에 성공한 윤영선은 지난 시즌 최다 실점을 기록한 수원FC 수비진의 키를 쥐고 있다. 윤영선이 전성기 시절의 수비력을 보일 경우, 영입 이상의 효과를 얻을 수 있다.

		2021시즌 기록			강점	약점
2	0	497(6) MINUTES 출전시간(경기수)	0 GOALS 득점	1 ASSISTS 도움	커버 능력	부상 후유증

MF

No.30

신세계

1990년 9월 16일 | 32세 | 대한민국 | 178cm | 73kg

경력 | 수원(11~16) ▷ 상무(16~18) ▷ 수원(18~20) ▷ 강원(20~21)
▷ 수원FC(22~)

대표팀 경력 | U−23 대표팀 1경기

정동호와 경쟁할 오른쪽 윙백을 찾던 수원FC는 강원과 계약이 만료된 신세계를 품었다. 수원FC는 신세계의 멀티플레이 능력에 높은 점수를 줬다. 프로 입단 전 공격수로 활약했던 신세계는 프로 입성 후 수원에서는 좌우 윙백, 상무에서는 중앙 미드필더, 심지어 강원에서는 스리백까지 소화했다. 수원FC가 백업이 부족한만큼, 김도균 감독은 신세계를 요소요소에 활용할 계획을 세웠다. 강원에서 김병수 감독의 신임을 받았을 정도로 전술소화 능력과 기술이 뛰어나다. 한편 지난 시즌에는 대구와의 FA컵 경기에서 에드가와 인종 차별을 두고 설전을 펼치며 이름이 오르내리기도 했다.

		2021시즌 기록			강점	약점
3	0	2,015(24) MINUTES 출전시간(경기수)	1 GOALS 득점	0 ASSISTS 도움	멀티능력	아쉬운 마무리

MF

수원특례시

No.8

정재용

1990년 9월 14일 | 32세 | 대한민국 | 188cm | 80kg
경력 | 안양(13~16)▶울산(16~19)▶포항(19)▶부리람 유나이티드(20)
▶수원FC(20~)
대표팀 경력 | ―

포항의 핵심 미드필더로 활약하던 정재용은 2020시즌을 앞두고 태국의 부리람 유나이티드로 이적했다. 당시 태국 리그 역사상 아시아 선수 최고 이적료를 기록할 정도로 많은 기대를 받았다. 하지만 코로나19로 인해 리그가 중단되며 부리람 재정에 문제가 생겼고, 결국 4경기 만에 계약을 해지했다. 많은 팀들의 구애 속 수원FC 유니폼을 입었지만 한번 떨어진 폼은 좀처럼 회복되지 않았다. 김도균 감독도 의아해 할 정도였다. 하지만 다행히 2021시즌 후반기 조금씩 움직임이 살아났고, 막판에는 알토란 같은 골을 넣었다. 성남의 구애에도 수원FC에 남은 정재용은 올 시즌 출전 시간을 늘릴 전망이다.

2021시즌 기록					강점	약점
3	0	604(16) MINUTES 출전시간(경기수)	4 GOALS 득점	1 ASSISTS 도움	경기 조율 능력	떨어진 기동력

MF

수원특례시

No.22

황순민

1990년 9월 14일 | 32세 | 대한민국 | 177cm | 65kg
경력 | 목포시청(10)▶쇼난 벨마레(11)▶대구(12~16)▶상무(16~17)
▶대구(17~21)▶수원FC(22~)
대표팀 경력 | ―

황순민은 K리그 대표 멀티플레이어. 목포시청과 쇼난 벨마레를 거쳐 2012년 드래프트를 통해 대구에 입단한 황순민은 윙어, 공격형 미드필더, 중앙 미드필더, 윙백 등을 고루 소화하며 자신의 존재 가치를 알렸다. 수준급 테크닉과 저돌적인 플레이가 일품이라는 평가다. 최근 왼쪽 윙백으로 굳히고 있는 황순민은 2021시즌 35경기에 출전, 1골-3도움을 기록했다. 시즌 막판 노마스크 헌팅 사건에 휘말리며 고개를 숙였지만, 이전까지 보여준 기량만큼은 확실하다. 수원FC는 FA로 풀린 황순민에게 발빠르게 접근하며, 약점인 왼쪽에 무게를 더했다. 큰 부상이 없다면, 주전이 유력하다.

2021시즌 기록					강점	약점
0	0	1,791(27) MINUTES 출전시간(경기수)	0 GOALS 득점	3 ASSISTS 도움	뛰어난 테크닉	넓지 않은 시야

MF

니실라

1996년 4월 4일 | 26세 | 핀란드 | 174cm | 69kg
경력 | 쿠오피온 팔로세우라(15~18)▶질터 바레힘(18~19)
▶MVV 미스트리히트(19~20)▶쿠오피온 팔로세우라(20~21)▶수원FC(22~)
대표팀 경력 | 핀란드 대표팀 7경기

니실라는 1999년 유카 코스키넨(당시 안양)에 이은 두번째 핀란드 국적 K리거다. 군 입대한 '플레이메이커' 이영재의 대체자를 찾은 수원FC는 고심 끝에 '핀란드 현역 국대' 니실라를 픽했다. 미드필드 전지역을 소화할 수 있는 니실라는 '핀란드 모드리치'로 불릴 정도로, 기술과 킥이 좋다. 무엇보다도 활동량이 많다. 니실라는 국가대표에서도 입지를 넓히고 있다. 과거 충남아산에서 뛴 헬퀴스트의 추천으로 한국행을 결심했다는 니실라는 동계 전지훈련 연습경기부터 맹활약을 펼치며 빠르게 동료들의 신임을 얻고 있다. 김도균 감독은 아예 니실라의 공격재능을 더 살리는 쪽으로 전술변화를 고려할 정도다.

2021시즌 기록					강점	약점
3	0	1,685(21) MINUTES 출전시간(경기수)	7 GOALS 득점	6 ASSISTS 도움	왕성한 활동량	아시아 첫 경험

■2020-2021 핀란드 1부 기록

FW

No.7

김현

1993년 5월 3일 | 29세 | 대한민국 | 192cm | 85kg

경력 | 전북(12~13) ▷ 성남(13) ▷ 제주(14~16) ▷ 성남(16) ▷ 아산(17~18)
▷ 도치기(19) ▷ 화성(20) ▷ 부산(20) ▷ 인천(21) ▷ 수원FC(22~)

대표팀 경력 | U-23 대표팀 29경기 3득점, 2013 U-20 월드컵

김현에게 2021년은 특별했다. 유스 시절부터 눈에 띄는 신체능력과 기술로 차세대 공격수로 불렸지만, 기대에 미치지 못했다. 전북, 성남, 제주 등을 거치는 동안, 어느 곳에서도 이름을 남기지 못했다. 2020년 부산에서 조금씩 재기의 가능성을 보인 김현은 '평생의 스승' 조성환 감독의 부름을 받아 인천 유니폼을 입었고, 마침내 자신의 재능에 걸맞은 활약을 펼쳤다. 간절함을 장착한 김현은 긴머리에 유연한 움직임으로 현라탄이라는 별명까지 얻었다. 시즌 후 국내외 팀들의 러브콜을 받던 김현은 수원FC 유니폼을 입었다. 지난 시즌의 활약을 재현한다면, 라스 백업 이상의 역할을 하게 될 전망이다.

2021시즌 기록					강점	약점
3	0	2,187(29) MINUTES 출전시간(경기수)	7 GOALS 득점	0 ASSISTS 도움	높이와 유연함	잦은 부상

FW

No.18

양동현

1986년 3월 28일 | 36세 | 대한민국 | 186cm | 80kg

경력 | 울산(05~08) ▷ 부산(09~12) ▷ 경찰(12~13) ▷ 부산(13~14) ▷ 울산(14~15)
▷ 포항(16~17) ▷ 세레소 오사카(18~19) ▷ 아비스파 후쿠오카(19) ▷ 성남(20) ▷ 수원FC(21~)

대표팀 경력 | 2경기

지난 시즌 개막 전만 하더라도 불안했던 라스를 대신할 공격수가 필요했고, 그게 '용광로 스트라이커' 양동현이었다. '개막전의 사나이'답게 대구와의 첫 경기에서 득점포를 쏘아올렸지만, 이후 부상으로 오랜기간 경기에 나서지 못했다. 복귀 후 라스와 투톱으로 한층 날카로운 움직임을 보인 양동현은 10월 울산과의 경기에서 마침내 리그 100호골을 쏘아올렸다. K리그 통산 11번째 기록. 유스때부터 '천재'로 불렸던 양동현은 올 겨울 수원FC와 재계약에 성공하며 벌써 18번째 시즌을 맞이하고 있다. 예전처럼 왕성한 움직임을 보여주지는 못하지만, 특유의 마무리 솜씨는 여전하다. 특급 조커로 손색이 없다.

2021시즌 기록					강점	약점
1	0	1,447(29) MINUTES 출전시간(경기수)	7 GOALS 득점	1 ASSISTS 도움	탁월한 결정력	스피드 저하

FW

No.19

김승준

1994년 9월 11일 | 28세 | 대한민국 | 182cm | 70kg

경력 | 울산(15~19) ▷ 경남(19~20) ▷ 부산(20) ▷ 수원FC(21~)

대표팀 경력 | U-23 대표팀 20경기 3득점

공격 전포지션을 소화할 수 있는 전천후 공격수다. 숭실대 시절 유망주였던 김승준은 2015년 울산에서 프로생활을 시작했다. 2016년 팀내 최다인 8골을 넣는 등 좋은 활약을 보인 그는 이후 경남, 부산 등에서 뛰었지만, 강한 임팩트를 남기지 못했다. 두 팀이 나란히 강등되며 '강등전도사'라는 가슴 아픈 별명까지 얻었다. 하지만 김승준의 재능을 아쉬워한 김도균 감독이 2021년 겨울, 전격적으로 영입을 결정했고, 출전한 경기에서는 제 몫을 했다. 특히, 강원전 득점은 강한 인상을 남겼다. 김도균 감독은 상무행에 실패하며 실의에 빠진 김승준에게 다시 한번 손을 내밀며, 올 시즌에도 함께 하게 됐다.

2021시즌 기록					강점	약점
1	0	1,176(22) MINUTES 출전시간(경기수)	1 GOALS 득점	1 ASSISTS 도움	강력한 슈팅	투박한 퍼스트터치

김건희
이기제
정승원
민상기
한석종
최성근
사리치
염기훈
오현규
양상민
김태환
전진우
노동건
양형모
장호익
류승우
이한도
강현묵
구대영
한석희
유주안
고명석
박대원
구민서
그로닝
불투이스

수원삼성블루윙즈

올해 수원은 더욱 '매탄'스럽다

수원 삼성 블루윙즈

리딩구단의 지위를 빼앗겼다는 사실을 받아들이지 못했던 시절도 있었다. 오랜기간 국가대표급 선수들이 너도나도 오고 싶어하는 팀, 늘 우승권에 머물던 팀이었으니 그럴 만도 하다. 세월이 흘러 최근에는 구단 내부적으로 그 사실을 인정하는 분위기다. 2년 전, 누구보다 수원 사정을 잘 아는 '레전드' 박건하 감독을 선임한 뒤로는 차분히 내실을 다지고 있다. 박건하 감독은 수원 프런트와의 소통을 통해 '수원의 보물'인 매탄고 출신의 유스를 적극적으로 중용하면서 성과를 냈다. 2020시즌 하위권에서 허덕이던 수원은 지난시즌 전반기 정상빈, 김태환, 강현묵 등 '매탄소년단' 파워를 앞세워 한때 2위까지 오르는 저력을 선보였다. 박건하식 빠른 역습 축구에 강호들도 혀를 내둘렀다. 특히 정상빈은 프로데뷔해에 국가대표팀에 발탁해 데뷔전을 치르는, 꿈같은 나날을 보냈다. 여름 휴식기를 거쳐 주축 선수들이 하나둘 부상을 당하거나 폼이 떨어지면서 순위도 차츰차츰 떨어지기 시작했으나, 9월말을 기점으로 다시 반등하며 3년만에 상위 스플릿으로 복귀했다. 2021시즌은 예전과 같은 통 큰 투자없이 감독의 지략, 원팀 정신, 유스 선수들의 활약 등을 바탕으로 상위권 진입을 노크할 수 있는 '가능성'을 입증했단 점에서 의미있는 시즌이었다. 물론, 가능성만으로 우승 경쟁하기란 쉽지 않다는 걸 우리는 알고 있다. '매탄소년단'과 같은 히트상품이 또 한 번 터져줘야만 힘을 받을 수 있다.

구단 소개

정식 명칭	수원 삼성 블루윙즈 축구단
구단 창립	1995년 12월 25일
모기업	제일기획
상징하는 색	파란색, 하얀색, 빨간색
마스코트	아길레온 패밀리
레전드	이운재, 고종수, 서정원, 박건하, 곽희주, 염기훈
서포터즈	프렌테 트리콜로
온라인 독립 커뮤니티	수블미

우승

K리그	4회(98, 99, 04, 08)
FA컵	5회(02, 09, 10, 16, 19)
AFC 챔피언스리그	0회
아시안 클럽 챔피언십	2회(01, 02)

최근 5시즌 성적

시즌	K리그	FA컵	AFC 챔스
2021시즌	6위	8강	-
2020시즌	8위	8강	8강
2019시즌	8위	우승	-
2018시즌	6위	4강	4강
2017시즌	3위	4강	조별리그

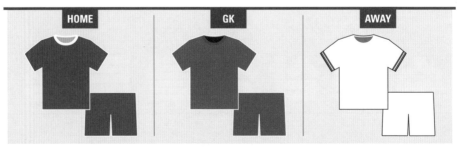

HOME　GK　AWAY

모진 풍파를 꿋꿋이 견디며 빅버드를 지키는
'건버지'

박건하 │ 1971년 7월 25일 | 51세 | 대한민국

K리그 전적
69전 27승 20무 22패

수원 삼성 역사에서 빼놓을 수 없는 레전드다. 1992년 바르셀로나 올림픽 대표팀 출신으로 실업팀 이랜드 푸마에서 데뷔한 박건하 감독은 1995년 창단팀인 수원에 입단하며 청백적 군단과 처음으로 인연을 맺었다. 실력이 검증된 이 '중고신인'은 데뷔 첫 해인 1996년 14골을 터뜨리며 신인상을 차지했다. 2~3년차 징크스를 딛고 1999년 다시 두자릿수 득점을 폭발한 그는 어느샌가 팬들이 가장 사랑하는 골잡이가 되어 있었다. 옷깃을 세우는 세리머니는 맨유의 에릭 칸토나를 떠오르게 했다. 2000년대 초반 팀 사정에 맞춰 수비수로 포지션 변경까지 해가며 입단 꼭 10년째인 2006년 수원에서 화려하게 은퇴했다. 곧 바로 유스팀인 매탄고와 2군에서 지도자의 길을 걷기 시작한 박건하 감독은 잠시 빅버드 밖을 떠돌다 2020시즌 도중 위기에 빠진 팀을 구하기 위해 수원 지휘봉을 잡았다. 흔들리던 팀에 안정감을 불어넣으며 2021시즌 상위스플릿 재진입을 이끌었다. '건버지 3년차'에는 더 큰 꿈을 향해 달려간다.

선수 경력

수원	가시와 레이솔

지도자 경력

매탄고	수원 2군 코치	런던올림픽 대표팀 코치	축구대표팀 코치	이랜드 감독	다롄 이팡 수석코치	상하이 선화 코치	수원삼성 감독(20~)

주요 경력

1992 올림픽 출전	1996년 K리그 신인상	2012년 올림픽 코치

선호 포메이션	3-5-2	**3가지 특징**	부드러운 카리스마	김호 차붐 최강희 홍명보 밑에서 익힌 노하우	일편단심 수원 삼성

STAFF

수석코치	코치	GK코치	피지컬코치	스카우터	선수 트레이너	분석관	통역	스포츠사이언티스트
이경수	조재민 오장은	김대환	권보성	이종민	허지섭 김광태 한승희	백송화	아서 준	송기호

2 0 2 1   R E V I E W

다이나믹 포인트로 보는 수원의 2021시즌 활약도

전반기 한때 2위까지 치고 올라갔으나, 후반기 '매탄 소년단'을 비롯한 주축 선수들 다수가 폼 저하와 부상 등의 이유로 임팩트가 떨어지면서 순위가 차츰 떨어졌다. 장기간 부진에 빠진 여름에 반전을 위한 이렇다할 영입이 없었다는 건 아쉬운 대목. 그 와중에 이기제는 꾸준히 에이스급 활약을 펼쳤고, 장호익은 '에이스 킬러' 역할을 톡톡히 해냈다. 더 심혈을 기울여 외국인 공격수를 뽑아야겠다는 교훈을 얻은 시즌.

2021시즌 다이나믹 포인트 상위 20명   ■ 포인트 점수

포지션 평점

FW	🔥🔥
MF	🔥🔥
DF	🔥🔥
GK	🔥🔥

출전시간 TOP 3

1위	이기제	3,649분
2위	김태환	3,299분
3위	장호익	2,988분

■ 골키퍼 제외

득점 TOP 3

1위	김건희, 김민우, 정상빈, 제리치	6골
2위	이기제	5골
3위	민상기, 헨리	2골

도움 TOP 3

1위	김태환, 이기제	5도움
2위	김민우	3도움
3위	강현묵, 정상빈	2도움

주목할 기록

3649 '철인' 이기제 필드플레이어 출전시간 전체 1위

성적 그래프

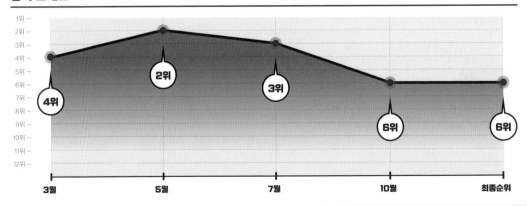

2022 시즌 스쿼드 운용 & 이적 시장 인앤아웃

IN

불투이스_울산
사리치_고리차
그로닝_비보르
이한도_광주
류승우_제주
정승원_대구
구민서 황인택
유제호 황명현
허동호
_신인
박희진_임대복귀

OUT

최정원_전남
이풍연_부천
김민우_청두
정상빈_울버햄튼
니콜라오 제리치
헨리 조성진
_계약만료
권창훈_상무
이강희_부산 임대
손호준_전남 임대
안찬기_청주 임대
이종성_성남 임대
박희준_당진시민 임대

FW 그로닝 | 김건희 | 전진우 | 유주안
오현규 | 한석희 | 구민서

MF 한석종 | 사리치 | 김태환
강현묵 | 강태원 | 김상준 | 이기제
최성근 | 염기훈 | 허동호
유제호 | 구대영 | 류승우 | 정승원

DF 양상민 | 박형진 | 고명석
이한도 | 박대원 | 장호익 | 민상기 ©
황명현 | 황인택 | 불투이스

GK 노동건 | 양형모 | 이성주 | 박지민

ⓒ 주장   ■ U-22 자원

올 시즌 수원의 선수단 구성을 보면 매탄고 출신 비중이 더욱 늘어났다는 걸 확인할 수 있다. 주장부터 '매통령' 민상기로 바뀌었다. 국가대표팀 벤투 감독 마음을 훔친 김건희, 군대를 전역하고 돌아오고도 여전히 U-22 자원인 오현규, 심기일전 개명한 공격수 전진우(구 전세진), 포텐 폭발을 노리는 한석희, 유주안 등 특히 공격진에 매탄고 출신이 집중됐다. 정상빈이 빠진 자리는 신예 구민서가 호시탐탐 노린다. 재계약한 베테랑 염기훈과 양상민, '철인' 이기제, '살림꾼' 한석종, 새롭게 합류한 외인 트리오 불투이스, 사리치, 그로닝 등이 힘을 보탠다. 지난시즌 유독 외인 효과를 보지 못한 수원은 특히 덴마크 출신 골잡이 그로닝이 대박을 터뜨려주길 바랄 것이다. 그로닝은 15~20골을 공약했다. 올해 전술 컨셉도 '스리백'과 '역습'이다. 박건하 감독은 여기에 역동성을 더하길 원한다. 그러기 위해선 사리치-김건희-그로닝 라인이 빠르게 자리를 잡아야 한다. 주장 교체, 외인 전원 교체, 주축 선수들의 갑작스런 이적으로 전지훈련 분위기가 다소 어수선했던 것도 사실이다. 그래서 2022시즌 초반, 수원의 행보는 예측하기가 쉽지 않다.

주장의 각오

민상기

"매탄고 출신으로 첫 주장을 맡았다. 솔선수범하고, 선수들을 다독인다면 선수들도 나를 높여줄 것이다. 그렇게 하면 원팀이 될 수 있다."

2022 예상 베스트 11

FW		3-5-2

9 김건희　　**7** 그로닝 (오현규)

MF

8 사리치　**10** 정승원

23 이기제　**6** 한석종　**11** 김태환

DF

4 불투이스　**39** 민상기　**35** 장호익

GK

19 노동건 (양형모)

예상 순위

8

구단별 이적시장 성적

B⁺

수원을 8위로 예측한 건, 전력보강이 미진하다거나 내부적인 문제가 아니다. 경쟁하는 팀들이 워낙 쟁쟁하다. 또한 지난 시즌 후반기 이후에 갑자기 찾아온 부진도 영향을 미쳤다. 김민우, 정상빈의 동반 이적도 기대감을 낮추는 요인이다. 하지만 수원이 최근 들어 가장 활발한 이적시장을 보냈단 걸 잊어선 안 된다. 박건하 감독이 늘 주장하는 '다이나믹한 축구'를 하기 위한 재료가 마련된 만큼 시즌이 시작되면 지난 시즌 전반기 퍼포먼스를 재현할 가능성이 열려있다. 그로닝만 터져준다면 ACL에도 도전할 전력이다.

각각 '전직주장'과 '신흥 에이스'의 상징성을 지녔던 김민우, 정상빈의 이적으로 팬들이 느끼는 허탈감은 이루 말할 길이 없을 터. 하지만 전체적으론 실보단 득이 많았다. 수비불안을 해소할 검증된 센터백 자원인 불투이스를 영입했고, 중원에 탈압박과 에너지를 장착한 자원을 추가했다. 지난해 전역한 공격수 오현규의 가세는 영입과도 같다. 지난해 유독 외인으로 재미를 못 본 만큼 그로닝이 대박을 터뜨려주면 금상첨화다.

김건희

1995년 2월 22일 | 27세 | 대한민국 | 186cm | 79kg

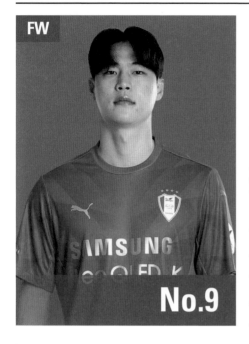

FW

No.9

경력

수원(16~18)
▶상무(18~19)
▶수원(20~)

K리그 통산기록

87경기 18득점 6도움

대표팀 경력

3경기

'민우도 없고.. 상빈이도 없고..' 시즌을 앞두고 출혈이 생긴 수원이지만, 적어도 공격 걱정은 없을 것으로 보이는 이유, 바로 '국가대표' 김건희가 버티고 있어서다. 지난시즌 전반기에 최고의 활약을 펼치다 스포츠 탈장 부상으로 넉 달 가까이 결장할 때만해도 스텝이 꼬이나 싶었다. 하지만 11월 국가대표팀에 첫 발탁됐고, 올해 1월 터키 전지훈련 지에서 펼친 친선전을 통해 성공적으로 A매치에 데뷔했다. '국대' 타이틀을 달고 새 시즌을 맞이할 때의 자신감은 남다를 수밖에 없다. 지난해 박건하 감독은 다분히 김건희에게 공격을 의존했다. 지난시즌 팀내 공격진영패스(163 개)가 가장 많았고, 키패스(12개)는 공동 1위였다. 공중볼 경합 횟수는 제리치에 이어 두 번째로 많았다(102개). 팀내 최다득점 공동 1위(6골)를 기록하면서 연계플레이, 공중볼 싸움 등에도 관여했다. 김건희를 두고 '육각형 공격수'라 고 평가하는 이유다. 올 시즌 정상빈이라는 독특한 캐릭터가 빠지고, 그로닝, 류승우 등이 새롭게 가세한 공격진의 중심도 김건희다. 3-5-2 포메이션에선 투톱, 3-4-3 전술에선 측면 공격수로 활용될 전망이다. 프로 7년차, 김건희 는 리그 두자릿수 득점을 넘는 커리어 하이를 찍겠단 각오다.

2021시즌 기록

3	1,728(24) MINUTES 출전시간(경기수)	6 GOALS 득점	1 ASSISTS 도움	0

강점	연계플레이, 탄탄한 체구 역습과 세트피스에 최적화	특징	육각형 공격수, 스포츠탈장 극복 더 유명한 동명이인이 있어 속상
약점	아직 터지지 않는 득점 포텐 기복	별명	건반도프스키, 김치 케인

불투이스

1990년 6월 28일 | 32세 | 네덜란드 | 192cm | 87kg

DF

No.4

경력

위트레흐트(10~14)
▷뉘른베르크(14~17)
▷가발라(17)
▷SC 헤렌벤(18)
▷울산(19~21)
▷수원(22~)

K리그 통산기록

72경기 4득점 1도움

대표팀 경력

－

K리그에서 이미 검증을 끝마친 수비수란 점에서 '꿀영입'이란 평가를 받는다. 네덜란드 1부리그 출신인 불투이스는 2019년 울산에 입단한 뒤 기복없는 단단한 수비로 울산 수비를 지켰다. 울산이 최근 3년간 전북과 치열한 우승 경쟁을 펼칠 때 뒷문을 지킨 선수가 바로 불투이스였다. '큰 형' 같은 든든함은 따라올 자가 없었다. 지난시즌 기록을 보면, 전체 수비수 중 블락 공동 1위(26회)를 기록했고, 태클은 4위(31회)에 올랐다. 불투이스가 출전한 경기에서 울산의 승률은 58.1%(31경기 18승), 부상 등의 이유로 결장한 경기에선 42.9%(7경기 3승)였다. 불투이스의 영향력을 엿볼 수 있는 대목이다. 불투이스는 울산과의 동행을 끝마친 뒤로도 K리그에 남아 도전을 이어나가기로 했고, 헨리를 대신할 센터백이 필요했던 수원의 러브콜에 응했다. 울산에서 포백의 왼쪽 수비를 맡았던 불투이스는 수원에선 스리백의 왼쪽 또는 가운데에 위치할 예정이다. 지난 시즌 50실점(경기당 1.32실)은 수원이 파이널라운드에서 맥없이 무너진 원인이었다. 특히 후반전 30분 이후 자주 무너졌는데, 불투이스가 있는 한 쉽게 무너지는 횟수는 줄어들 거란 예상을 어렵지 않게 할 수 있다. 수비도 수비지만, 불투이스가 뿌리는 전방패스는 수원 공격의 시발점 역할을 할 것이다. 3년차를 맞이한 박건하 감독은 올해는 더 다이나믹한 축구를 꿈꾸는데, 그러기 위해선 불투이스의 존재가 더더욱 필요하다.

2021시즌 기록

4	2,749(31) MINUTES 출전시간(경기수)	3 GOALS 득점	0 ASSISTS 도움	0
강점	큰형같은 안정감, 세트피스 득점	특징	네덜란드 1부리그 출신 아제르바이잔 리그 경험 수원 오피셜 이전 '득남피셜'	
약점	뒷공간 침투, 부상 이력 (지난 3년간 부상 등으로 31경기 결장)	별명	불루투스, 푸른 방패	

이기제

1991년 7월 9일 | 31세 | 대한민국 | 175cm | 72kg

DF

No.23

경력

시미즈(12~14)
▶ 뉴캐슬 제츠(15)
▶ 울산(16~17)
▶ 수원(18)
▶ 김포시민(19~20)
▶ 수원(20~)

K리그 통산기록

104경기 7득점 11도움

대표팀 경력

2경기
2011 U-20 월드컵

나이 서른에 '대박'을 쳤다. 군생활을 마치고 2020년 수원으로 돌아온 이기제는 전반기 꾸준한 활약을 토대로 지난 해 5월 만 29세 319일의 나이로 국가대표팀에 첫 발탁되어 데뷔전까지 치렀다. 대표팀 역대 최고령 발탁 순위 7위 다. 시즌을 마치고는 생애 처음으로 K리그1 베스트일레븐 레프트백으로 선정됐다. 국가대표팀과 프로축구 레벨에서 모두 인정을 받은 한 해였다. 그만큼 활약이 '굉장했다'는 표현이 부족할 정도로 '어메이징'했다. 이기제는 수원이 치 른 38경기에 모두 선발출전해 그중 36차례 풀타임을 소화했다. 필드 플레이어 중에 이기제보다 더 많은 시간 출전 한 선수는 한 명도 없었다. 더군다나 체력 소모가 유독 심한 윙백 포지션에서 이룬 성과다. 포지션상으론 수비수로 분류할 수 있지만, 과감한 오버래핑에 의한 칼날 크로스와 허를 찌르는 직접 프리킥으로 5골 5도움, 총 10개의 공격 포인트까지 기록했다. 4월 성남전, 5월 광주전에서 환상적인 프리킥 결승골을 선보이며, 고종수-염기훈으로 이어지 는 '수원의 왼발 마법사' 계보를 잇고 있다. 크로스 시도는 대구 세징야와 더불어 공동 1위(67개)였다. 올해로 프로 10년차를 맞이하는 이기제는 사실 어릴 적엔 이 정도로 꾸준한 선수가 아니었다. 일본, 호주를 거쳐 K리그에 와서도 늘 '기복'이 발목잡았다. 자기관리에 어려움을 겪는 선수란 인식도 강했다. 하지만 결혼 후 2세가 탄생하고, 군대에 다녀온 뒤로는 전혀 다른 선수로 탈바꿈했다는 평가다. 수원은 한때 측면 수비가 고민일 때가 있었지만, 이기제 덕 분에 이제 측면 수비가 가장 강한 팀 중 하나가 됐다.

2021시즌 기록

3	3,649(38) MINUTES 출전시간(경기수)	5 GOALS 득점	5 ASSISTS 도움	0
강점	왼발 크로스, 왼발 프리킥 강철 체력	**특징**	대기만성형, 타고난 체력 나름 해외파 출신	
약점	오른발 (선수 본인이 직접 뽑은 약점)	**별명**	이기제라드 이기제가 골 넣으면 이기재	

정승원

1997년 2월 27일 | 25세 | 대한민국 | 170cm | 68kg

MF

No.10

경력

대구(17~21)
▷수원(22~)

K리그 통산기록

121경기 8득점 14도움

대표팀 경력

U-23 대표팀 15경기
2020 올림픽

수원이 1월 말 '전직주장' 김민우가 떠나자 대구에서 부랴부랴 영입한 자원이다. 김민우의 번호였던 등번호 10번은 수원이 정승원에게 거는 기대를 대변한다. 포지션상으로도 김민우의 대체라고 볼 수 있다. 정승원은 체력 훈련으로 정평이 난 안동고 출신답게 폭발적인 에너지를 장착했다. 이관우~백지훈의 뒤를 잇는 이 꽃미남 미드필더의 반전 매력이다.(공교롭게 백지훈 역시 안동고 출신이다!) 지난 5년간 부상 위험을 무릅쓰고 몸을 사리지 않았다. 그 과정에서 다양한 부위에 부상을 입기도 했다. 그럼에도 대구의 주력으로 떠오른 2018시즌부터 장기부상 없이 꾸준하게 출전했다. 23세이하 대표팀의 고정 멤버로 도쿄 올림픽 본선까지 누볐다. 정승원은 또한 2~3선의 다양한 포지션에서 뛸 수 있다. 대구에선 오른쪽 윙백으로 나섰다. 수원도 대구와 마찬가지로 스리백을 써서 적응에 큰 문제는 없을 것으로 보이는데, 수원에선 주로 공수를 활발히 오가는 '박스 투 박스 미드필더'로 활약할 것으로 전망된다. 상황에 따라선 윙백 또는 윙어로 나설 수 있다. 대구를 떠나 수원으로 이적 과정은 순탄치 않았다. 지난해 시즌 도중 벌어진 길거리 노마스크 논란으로 대구와 껄끄럽게 갈라섰다. 정신적으로 수개월간 힘든 나날을 보냈다. 수원 선수들과 한 달도 채 발을 맞춰보지 않고 시즌에 나서야 한다. 하지만 수원의 10번을 다는 자, 무게감을 견뎌내야 한다.

2021시즌 기록

2	2,056(22) MINUTES 출전시간(경기수)	1 GOALS 득점	2 ASSISTS 도움	0

강점	왕성한 활동량 멀티 포지션 소화 가능	특징	외모 장착 矣드필더 안동고 출신다운 투쟁심 개인 유튜브 운영
약점	경기외적 요소	별명	축구돌 (축구아이돌)

그로닝

1997년 2월 3일 | 25세 | 덴마크 | 188cm | 85kg

FW

No.7

경력

올보르 BK(16~17)
▷호브로 IK(17~19)
▷스키베 IK(19~20)
▷비보르 FF(20~22)
▷수원(22~)

K리그 통산기록

–

대표팀 경력

–

수원은 지난해 영입한 외인 듀오 니콜리치(니콜라오+제리치)에게 큰 기대를 걸었다. 돌아온 건 실망감 뿐이었다. 올해 두 선수를 정리하고 심혈을 기울여 새 외인 공격수를 품었다. 주인공은 '덴마크 특급' 세바스티안 그로닝이다. 그로닝은 당당한 체격을 지닌 '떡대 공격수'로 최근 덴마크 리그에서 두각을 드러낸 선수다. 2020-2021시즌 덴마크 2부에서 23골을 몰아치며 득점왕을 탔고, 2021-2022시즌에는 1부에서 6골(17경기)을 쏘며 경쟁력을 입증했다. 그로닝은 스피드가 빠른 편은 아니지만, 박스 안에서 번뜩이는 움직임과 날카로운 슈팅을 장착했다는 평이다. 딱 수원이 원했던 능력이다. 수원은 지난시즌 팀내 최다득점자가 6골을 넣은 김건희, 김민우, 정상빈, 제리치였다. 득점부문 상위 20위 안에 드는 선수가 없었다. 제주, 수원FC와 차이가 여기서 벌어졌다. 팀 유효슈팅은 리그에서 가장 적었다(120개). 자연스레 그로닝의 주 임무는 득점이다. 시원시원한 슈팅으로 많은 득점을 올려야 한다. 일단 최근 '폼'을 보면 기대가 되는 게 사실이다. 연계에 능한 김건희, 많은 움직임으로 수비와 싸워주는 오현규, 공간을 파고들어 상대를 뒤흔들어줄 류승우, 전진우, 칼날 크로스를 장착한 이기제 등 조력자들은 충분하다. 관건은 K리그 적응력이다. 축구생활을 오직 덴마크 안에서 했다. 해외 생활이 이번이 처음이다. 'K리그 선배'인 불투이스, 사리치의 도움이 절실해 보인다.

■2020-2021시즌 덴마크 2부 기록

2021시즌 기록				
4	**2,553(30)** MINUTES 출전시간(경기수)	**23** GOALS 득점	**8** ASSISTS 도움	0
강점	탄탄한 체구, 위치선정	**특징**	박스 안 예측불허 움직임 전성기 연령대 덴마크 밖을 떠나본 적 없음	
약점	느린 스피드	**별명**	그린 (노르웨이어로 grønn이 녹색이란 뜻)	

DF

No.39

민상기

1991년 8월 27일 | 31세 | 대한민국 | 184cm | 77kg

경력 | 수원(10~17) ▷ 경찰(17~18) ▷ 수원(19~)

대표팀 경력 | U-23 대표팀 1경기, 2011 U-20 월드컵

'매통령'(매탄고 대통령) 시대가 열렸다. 지난해 부주장에서 올해 주장으로 승격했다. 유스팀인 매탄고 출신 첫 프로 캡틴이다. 선수들의 신뢰가 두텁다. 매탄고 출신이라서가 아니다. 실력으로 증명했다. 지난해 30경기를 뛰었다. 승강제가 시작한 2013년 이후 최다경기 출전이다. 경력 내내 발목 잡은 부상 리스크를 씻어낸 모습을 보여주며, 단일시즌 최다골(2)까지 작성했다. 불투이스, 이한도가 새롭게 가세한 수비진에서도 리더 역할을 맡을 것이 유력하다.

2021시즌 기록					강점	약점
3	0	2,819(30) MINUTES 출전시간(경기수)	2 GOALS 득점	0 ASSISTS 도움	수비 리딩능력 제공권	잦은 근육부상 안정감

MF

No.6

한석종

1992년 7월 19일 | 30세 | 대한민국 | 186cm | 80kg

경력 | 강원(14~16) ▷ 인천(17~18) ▷ 상무(19~20) ▷ 수원(20~)

대표팀 경력 | -

2020년 국군체육부대에서 전역해 수원에 입단했을 때부터 '보급형 기성용', '빅버드 부스케츠'란 별명을 달았다. 3선에서 상대의 길목을 차단하고, 빌드업 과정에서 전방위적으로 패스를 뿌리는 능력으로 수원 중원에 활기와 안정감을 불어넣었다. 부상, 컨디션 난조 여파로 후반기 폼이 뚝 떨어진 한석종은 올시즌을 통해 다시금 제실력을 보여줘야 하는 숙제를 떠안았다. 어깨엔 책임감도 짊어졌다. 민상기, 최성근과 함께 주장단에 속해 팀을 이끈다.

2021시즌 기록					강점	약점
5	0	2,092(29) MINUTES 출전시간(경기수)	0 GOALS 득점	1 ASSISTS 도움	패스 길목 차단 좌우전환 패스	기복

MF

No.25

최성근

1991년 7월 28일 | 31세 | 대한민국 | 183cm | 73kg

경력 | 반포레 고후(12~13) ▷ 사간 도스(14~16) ▷ FC 기후(16) ▷ 수원(17~)

대표팀 경력 | U-23 대표팀 13경기, 2014 아시안게임, 2009 · 2011 U-20 월드컵

언남고-고려대, 각급 연령별 대표팀을 거친 '엘리트' 출신이다. 2021년 U-20 월드컵, 2014년 인천아시안게임에 출전했다. 측면과 중앙을 가리지 않고 뛰며 왕성한 활동량을 장착한 최성근의 어릴 적 별명은 '제2의 박지성'이었다. 일본 무대에서 프로 초창기를 보낸 최성근은 2017년 꼭 뛰어보고 싶다고 했던 수원에 입단하며 꿈을 이뤘다. 국가대표팀에 발탁되지 못한 걸 보면 유망주 시절 포텐을 모두 폭발했다고 보긴 어렵지만, 소속팀에선 나름의 족적을 남기고 있다. 2020시즌 장기 부상을 당했던 최성근은 지난시즌 투입될 때마다 알토란 같은 활약을 펼쳤다. 올해 다시 주장단에 포함됐다.

2021시즌 기록					강점	약점
5	1	1,700(21) MINUTES 출전시간(경기수)	0 GOALS 득점	0 ASSISTS 도움	활동량 전진패스	잦은 부상 절친 김민우의 이적

MF

No.8

사리치

1990년 7월 21일 | 32세 | 보스니아-헤르체고비나 | 180cm | 71kg
경력 | GOSK 두브로니크(08~09) ▶루츠코(09~13) ▶비노그라다르(13)
▶인테르 자프레시치(14) ▶슬로보다 투즐라(14~16) ▶사라예보(16~18) ▶수원(18~19)
▶알아흘리(19~21) ▶고리차(21~22) ▶수원(22~)
대표팀 경력 | 보스니아 대표팀 19경기 1득점

2018-2019년 수원에서 선보인 퍼포먼스는 굉장했다. 중원에서 상대를 벗겨내는 소위 탈압박 능력만큼은 리그 최상이었다. 3선에서 2선으로 손쉽게 진입하는 사리치만의 독특한 능력은 수원의 강력한 무기 중 하나였다. 2019년 도중 좋은 오퍼를 받고 사우디 알아흘리로 떠났던 사리치는 심각한 십자인대 파열 부상을 당하며 6개월 이상 결장했다. 보스니아 대표팀에서도 주력으로 뛰던 와중에 발생한 악재. 결국 지난해 7월 알아흘리와 계약해지한 사리치는 크로아티아 고리차로 이적했으나 부활에 실패했다. 수원은 부상 이력을 알면서도 일단 모험을 걸었다. 사리치가 응답해줄까?

		2021시즌 기록			강점	약점
0	0	0(0) MINUTES 출전시간(경기수)	0 GOALS 득점	0 ASSISTS 도움	중원 탈압박 번뜩이는 패스	장기부상 후유증

FW

No.18

오현규

2001년 4월 12일 | 21세 | 대한민국 | 183cm | 72kg
경력 | 수원(19) ▶상무(20~21) ▶수원(21~)
대표팀 경력 | U-23 대표팀 3경기 1득점

수원 유스가 배출한 최고의 유망주 중 하나. 고3 시절 수원 프로팀과 준프로계약을 맺고 2019년 4월 포항전을 통해 K리그 최초의 준프로 출전 선수라는 타이틀을 달았다. 데뷔 시즌 11경기를 뛴 오현규는 2020시즌을 앞두고 약관의 나이로 돌연 입대한다. 병역을 일찌감치 해결한 뒤 본격적인 프로 커리어를 밟겠다는 계획은 결과적으로 최고의 선택이었다. 정상급 선수가 즐비한 김천에서 두 시즌 동안 7골을 몰아치는 알토란 같은 활약으로 경쟁력을 입증했다. 2021시즌 도중 제대한 오현규는 2022시즌에도 놀랍게도 22세이하 선수로 분류되어 많은 기회가 주어질 것으로 전망된다. '수원 전설' 박건하의 상징적인 18번을 달고 빅버드를 누빈다.

		2021시즌 기록			강점	약점
0	0	25(2) MINUTES 출전시간(경기수)	0 GOALS 득점	0 ASSISTS 도움	포스트플레이 파워풀 슈팅 여전한 U-22	불안한 터치 투박함

MF

No.26

염기훈

1983년 3월 30일 | 39세 | 대한민국 | 182cm | 80kg
경력 | 전북(06~07) ▶울산(07~09) ▶수원(10~11) ▶경찰(12~13) ▶수원(14~)
대표팀 경력 | 57경기 5득점, 2006 아시안게임, 2010 월드컵

수원의 '리빙 레전드' 염기훈이 2022년 라스트 댄스를 춘다. 시즌을 앞두고 1년 재계약을 맺은 염기훈은 불혹의 나이로 뛰는 올해가 마지막이라고 직접 말했다. 의지가 남다를 수밖에 없다. 지난 시즌 출전시간에 대한 아쉬움을 해갈하듯 원없이 뛰고 축구화를 벗길 바랄 것이다. 전지훈련지에서 가벼운 몸놀림을 보여 '마지막 시즌'에 대한 기대감을 키웠다. 염기훈의 왼발은 언제나 경기에 차이를 만들 수 있다. 이기제의 왼발과는 또 다르다. 목표는 확실하다. 염기훈은 현재 77골 110도움(K리그2 기록 포함)을 기록하며 K리그 역사에서 전무후무한 80-80 기록까지 단 3골을 남겨뒀다.

		2021시즌 기록			강점	약점
1	0	467(27) MINUTES 출전시간(경기수)	1 GOALS 득점	0 ASSISTS 도움	여전히 날카로운 왼발	뚝 떨어진 활동량

DF 양상민

No.3

1984년 2월 24일 | 38세 | 대한민국 | 182cm | 78kg
경력 | 전남(05~07) ▷ 수원(07~12) ▷ 경찰(13~14) ▷ 수원(14~)
대표팀 경력 | 2경기

수원에서 300경기 이상을 뛴 7번째 선수. 시즌을 앞두고 염기훈과 나란히 재계약에 골인했다. 이번이 수원에서 맞이하는 15번째 시즌이다. 보직은 조금 바뀌었다. 플레잉코치다. 막내코치의 입장에서 팀의 성공을 돕는다. 선수로서 경쟁력은 여전하다. 지난해 9월 18일 전북전 이후 팀이 치른 10경기 중 7경기에 나섰다. 정통 왼발잡이인 양상민은 대인마크와 전진 능력을 지니고 있어 수원 스리백의 왼쪽 수비수로 제격이다. 백업 역할에 치중하겠지만, 시즌 내 상황에 따라선 2021시즌과 같이 중용될 가능성이 있다.

		2021시즌 기록			강점	약점
0	0	542(9) MINUTES 출전시간(경기수)	0 GOALS 득점	0 ASSISTS 도움	전진 능력 장착한 수비수	체력

DF 김태환

No.11

2000년 3월 25일 | 22세 | 대한민국 | 179cm | 73kg
경력 | 수원(19~)
대표팀 경력 | U-23 대표팀 1경기

18번에서 11번으로 등번호가 바뀌었다. 지난 두 시즌을 통해 달라진 입지를 확 느낄 수 있다. 2021시즌 김태환은 반대쪽의 이기제와 함께 대체불가 윙백이었다. 이기제와 더불어 가장 많은 도움을 기록했다. 지상 경합 상황은 장호익 다음으로 많았다. 피파울은 팀내 1위. 늘 상대 측면 공격수로부터 일대일 도전을 받았고, 처음으로 소화하는 풀시즌인 점을 감안할 땐 잘 이겨냈다. 수원 유스 출신이라 팬들 사이에서 인기가 좋다. 여전히 22세이하 규정이 적용되는 선수란 점도 매력적이다.

		2021시즌 기록			강점	약점
4	0	3,299(36) MINUTES 출전시간(경기수)	1 GOALS 득점	5 ASSISTS 도움	오버래핑 강철체력	세밀하지 못한 볼터치

FW 전진우

No.14

1999년 9월 9일 | 23세 | 대한민국 | 181cm | 69kg
경력 | 수원(18~19) ▷ 상무(20~21) ▷ 수원(21~)
대표팀 경력 | U-23 대표팀 5경기, 2019 U-20 월드컵

'전진우가 누구지? 어디서 영입한 선수인가?' 아니다. 바로바로 '구 전세진'. 2021시즌을 끝마치고 절치부심 개명했다. 수원 유스 출신 측면 공격수인 전진우는 2018년 프로 데뷔한 이래 포텐이 터질 듯 터지지 않고 잦은 부상으로 고생했다. 일찌감치 입대하며 변화를 꾀했지만, 두 시즌 동안 단 2경기에 출전에 그쳤다. 이대로는 성장이 정체될 수밖에 없다는 걸 수원 구단과 전진우 모두 알고 있을 것이다. 올시즌은 특히 중요하다. 정상빈이 빠진 수원의 역공에서 가장 돋보일 수 있는 선수를 한명 꼽자면 발 빠른 전진우다. 꾸준히 '전진'하기 위해선 일단 다치지 말아야 한다.

		2021시즌 기록			강점	약점
1	0	245(8) MINUTES 출전시간(경기수)	0 GOALS 득점	0 ASSISTS 도움	스피드 번뜩이는 움직임	잦은 부상

GK

No.19

노동건
1991년 10월 4일 | 31세 | 대한민국 | 190cm | 88kg
경력 | 수원(14~16)▷포항(17)▷수원(18~)
대표팀 경력 | U-23 대표팀 8경기 3실점, 2011 U-20 월드컵, 2014 아시안게임

청소년 대표 시절부터 향후 한국 골문을 지킬 재목으로 평가받았다. 동물적인 선방은 또래 골키퍼 중 단연 최고였다. 큰 기대를 받으며 2014년 수원에 입단한 노동건은 기대만큼은 성장했다고 보긴 어렵다. 2017년 포항 골키퍼 신화용의 수원 입단에 따른 포항 임대는 노동건의 '수원 커리어'에 문제가 생길 수 있다는 걸 암시했다. 하지만 더 독해져서 돌아온 노동건은 양형모와의 주전 경쟁에서 승리하기 위해 부단히 애쓰고 있다. 지난시즌 오랜기간 주전 경쟁에서 밀려던 적도 있었지만, 후반기 다시 NO.1 자리를 되찾았다. 11월 울산전에서 이동경의 페널티킥을 막은 활약은 노동건의 건재함을 과시하기에 충분했다.

2021시즌 기록				강점	약점
1	0	1,436(15) MINUTES 출전시간(경기수)	35 SAVE 선방	17 LOSS 실점	페널티 선방 운동신경	감정 컨트롤

GK

No.21

양형모
1991년 7월 16일 | 31세 | 대한민국 | 185cm | 84kg
경력 | 수원(14)▷용인시청(15)▷수원(16~17)▷경찰(18~19)▷수원(19~)
대표팀 경력 | -

2014년 신인 드래프트 3순위로 수원에 입단했다. 국가대표 골키퍼 정성룡과 공룡 신인 노동건의 벽에 가로 막혀 2015년 내셔널리그 용인시청으로 임대를 다녀왔다. 수원으로 돌아온 뒤로도 경쟁력을 입증하지 못한 양형모는 경찰축구단에 입단하며 변화를 꾀했다. 2019시즌 도중 제대해 2020시즌부터 다시금 동갑내기 노동건과의 경쟁에 돌입했다. 노동건과는 차별화된 안정성을 바탕으로 박건하 감독의 신임을 받았다. 지난시즌 전반기 주전으로 활약했으나, 후반기엔 자가격리 이슈 등 여파로 출전기회가 부쩍 줄었다. 공중볼을 안정적으로 잡아내고 쉽게 흔들리지 않는다는 장점이 있지만, 기복은 고쳐야 할 부분이다.

2021시즌 기록				강점	약점
0	0	2,228(23) MINUTES 출전시간(경기수)	63 SAVE 선방	33 LOSS 실점	반사신경 정확한 골킥	기복

DF

No.35

장호익
1993년 12월 4일 | 29세 | 대한민국 | 173cm | 62kg
경력 | 수원(16~18)▷상무(19)▷수원(20~)
대표팀 경력 | -

윤진만 기자가 꼽은 2021시즌 수원 팀내 최고의 선수다. 스리백의 오른쪽 수비수 자리를 든든히 지켰다. 오버래핑 나간 김태환의 빈 공간을 메워주는 한편, 전략적으로 세징야(대구)와 같은 상대 에이스를 밀착마크하는 롤도 수행했다. 속도와 투쟁심을 겸비한 장호익의 그림자 마크를 쉽게 떨쳐낼 수 있는 선수는 많지 않았다. 장호익은 팀내에서 가장 많은 지상 경합 상황을 맞이했고, 팀내에서 인터셉트가 가장 많았다.(팀내 경고도 1위였다는 점은 불안 요소!) 올해 수원 수비진에 변화가 있지만, 장호익이 한자리 꿰찰거란 예상은 어렵지 않다.

2021시즌 기록				강점	약점
12	0	2,988(34) MINUTES 출전시간(경기수)	0 GOALS 득점	0 ASSISTS 도움	대인마크 공간 커버	카드 리스크

DF

No.20

이한도

1994년 3월 16일 | 28세 | 대한민국 | 185cm | 80kg

경력 | 전북(16) ▶ 광주(17~21) ▶ 수원(22~)

대표팀 경력 | U-23 대표팀 3경기

이한도는 용인대에서 공격수로 명성을 떨쳤다. 2016년 전북에 입단했으나 K리그에 데뷔하지 못하고 1년만에 광주로 떠나야 했다. 광주에선 센터백으로 자리를 잡았다. 공격수 출신다운 빠른 스피드와 민첩성으로 5시즌 동안 주력 수비수로 활약했다. 2021시즌 클리어링(122회)은 전체 공동 2위였다. 이런 활약을 인정받아 수비 보강을 노리는 수원으로 이적했다. 올 시즌 입단동기인 불투이스를 비롯해 민상기, 고명석 등과 뒷문을 맡는다.

2021시즌 기록					강점	약점
3	0	2,954(33) MINUTES 출전시간(경기수)	2 GOALS 득점	0 ASSISTS 도움	세트피스 민첩성	높이

MF

No.12

강현묵

2001년 3월 28일 | 21세 | 대한민국 | 175cm | 60kg

경력 | 수원(20~)

대표팀 경력 | -

정상빈, 김태환과 '매탄소년단' 멤버. 포지션은 미드필더. 매탄고 10번 계보를 이은 강현묵은 공격형 미드필더, 박스투박스 미드필더 모두 소화가 가능해 활용도가 높다. 팬들 사이에선 '벤치묵'이란 별명으로 불리지만, 지난시즌 선발 횟수는 23경기로 팀내 6번째다. 고승범의 입대, 한석종의 폼 저하, 믿었던 권창훈의 부상 등으로 중원 뎁스에 문제를 보이던 시기 알토란 같은 활약을 해줬다. 1골 1도움을 올린 울산전(4월 18일)은 자신의 프로 데뷔 최고 경기로 꼽을만하다. 그날 이후 1도움에 그쳤다는 건 아쉬움이 남는 대목. '선발묵'의 입지를 구축하려면 공격 포인트도 필요하다.

2021시즌 기록					강점	약점
2	0	1,839(33) MINUTES 출전시간(경기수)	1 GOALS 득점	2 ASSISTS 도움	볼 키핑 공간 침투	경험

MF

No.30

류승우

1993년 12월 17일 | 29세 | 대한민국 | 174cm | 68kg

경력 | 제주(14) ▶ 레버쿠젠(14) ▶ 브라운슈바이크(14~15) ▶ 빌레펠트(16)
▶ 페렌츠바로시(16~17) ▶ 레버쿠젠(17) ▶ 제주(17~18) ▶ 상무(19~20) ▶ 제주(20~21)
▶ 수원(22~)

대표팀 경력 | U-23 대표팀 26경기 7득점, 2013 U-20 월드컵, 2016 올림픽

20세, 23세 이하 대표팀에서 활약한 '특급 유망주' 출신. 2013년 U-20 월드컵에서 맹활약하며 레알 마드리드, 도르트문트 등의 유럽 빅클럽의 관심을 받았다. 이를 뿌리치고 제주에서 커리어를 시작한 류승우는 2014년 당시 손흥민이 뛰던 레버쿠젠으로 임대를 떠난 뒤 완전이적하며 유럽 커리어를 시작했다. 2017년까지 독일 2부, 헝가리 무대에서 다양한 경험을 쌓은 뒤 2017년 제주로 돌아왔다. 유망주 시절을 돌아보면 충분히 성장했다고 볼 순 없지만, '클래스'는 어딜가지 않는다는 말을 되새길 필요가 있다. 수원 2선에서 문전으로 과감히 파고드는 일명 '정상빈 롤'을 맡을 것으로 보인다. 비슷한 유형의 선수들과는 다른 묵직함을 보여줄 필요가 있다.

2021시즌 기록					강점	약점
1	0	347(8) MINUTES 출전시간(경기수)	1 GOALS 득점	1 ASSISTS 도움	빠른 상황 판단 문전 침투	지난 3년간 꾸준하지 못한 출장기록

벤
이상민
기성용
조영욱
나상호
고요한
윤종규
이태석
양한빈
지동원
이한범
강성진
박동진
박정빈
정원진
임민혁
김진야
고광민
강상희
차오연
김신진
백상훈
백종범
오스마르
히카르도
팔로세비치

FC서울

익 수 교 , 믿 습 니 까 ? 믿 습 니 다 !

FC 서울

"대한민국 수도인 서울에 어울리는 명문 구단의 복귀."

서울 안익수 감독이 새 시즌을 앞두고 밝힌 포부다. 이 문장에는 서울의 야망과 동시에 FC서울이란 팀이 본디 지녀야 할 책임감이 담겨있다. 1983년 창단해 내년이면 창단 40주년을 맞는 서울은 지금까지 총 6번의 K리그 우승을 차지한 전통명가다. 서울 이랜드가 창단하기 전까지 '유일한 수도구단'이란 타이틀에 걸맞은 행보를 보였다. K리그 통산 527승(전체 3위)과 1836골(전체 3위)은 서울의 자부심이다. 천만 서울 시민의 관심에 힘입어 서울월드컵경기장에는 늘 구름관중이 몰렸다. 다양하고 혁신적인 마케팅을 활용해 K리그의 새로운 문화를 선도했다. 박주영, 기성용, 이청용을 배출해 한국축구 발전에도 적잖은 기여를 했다. 전북현대가 5연패를 달성하기 전 마지막으로 K리그에서 우승 트로피를 들기도 했던 서울은 최근 들어선 전혀 기를 못 펴고 있다. 잦은 감독 교체와 경기장 안팎 이슈가 연달아 터지면서 팀이 흔들렸다. 승강 플레이오프까지 밟은 끝에 극적으로 잔류한 2018시즌은 서울팬들에겐 가장 잊고 싶은 한 해로 기억될 것이다. 2021시즌에도 최하위를 경험하는 부침을 겪었던 서울은 구단 특유의 문화를 잘 아는 안익수 감독을 소방수로 선임해 '안정적인 잔류'를 이루며 2022시즌에 대한 기대감을 키웠다. 안익수 감독의 말대로 서울이 명문구단으로 돌아갈 수 있을지 지켜보자.

구단 소개

정식 명칭	FC서울 프로 축구단
구단 창립	1983년 12월 22일
모기업	GS그룹
상징하는 색	빨간색, 검은색
마스코트	씨드, 서울이
레전드	윤상철, 최용수, 박주영
서포터즈	수호신
온라인 독립 커뮤니티	서울라이트

우승

K리그	6회(85, 90, 00, 10, 12, 16)
FA컵	2회(98, 15)
AFC 챔피언스리그	0회
아시안 클럽 챔피언십	0회

최근 5시즌 성적

시즌	K리그	FA컵	AFC 챔스
2021시즌	7위	32강	–
2020시즌	9위	8강	조별리그
2019시즌	3위	32강	–
2018시즌	11위	16강	–
2017시즌	5위	16강	조별리그

UNIFORM

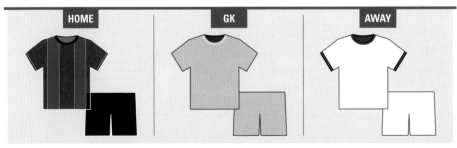

HOME   GK   AWAY

최신 전술 트렌드를 연구하는 최고령 사령탑
'오.직.익.수'

안익수

1965년 5월 6일 | 57세 | 대한민국

K리그 전적
132전 55승 34승 43패

과거 안익수 감독을 대표하는 키워드는 '질식수비'였다. 상대의 숨을 막히게 하는 데 전술에 초점을 맞췄다. 부산 아이파크 시절에는 상대팀 선수까지 공개적으로 '부산의 수비축구'를 지적할 정도였다. '전술'로 비판받던 지도자는 대략 10년이 지나 전술로 극찬을 받고 있다. 2021시즌 도중 서울에 부임해 포지션 파괴와 잦은 스위칭, 강한 전방 압박으로 대표되는 소위 '익수볼'로 15경기에서 단 1패만을 기록하는 괄목할 성과를 냈다. '익수볼'은 하루아침에 뚝딱 만들어지지 않았다. 부산, 성남, 한국 U-20 대표팀, 여자 축구대표팀, 선문대 등 다양한 팀을 거치며 경험이 축적됐다. 여기에 밤낮을 가리지 않고 컴퓨터 앞에 앉아 유럽의 선진적인 축구를 연구했다. 오랜 노하우와 열정의 결실인 셈. '호랑이 선생님' 이미지도 벗은 지 오래다. 소통과 배려로 선수들에게 다가가고 있다. 그렇다고 전지훈련의 컨셉까지 바뀐 건 아니다. FC서울 선수들은 '지옥'을 통과했다.

선수 경력

성남	포항

지도자 경력

성남 코치	대교 캥거루스 감독	여자 대표팀 감독	서울 수석코치	부산 감독	성남 감독	U-20 대표팀 감독	선문대 감독	서울 감독(21~)

주요 경력

1994 월드컵 참가	2008 여자 아시안컵	대한축구협회 기술위원

선호 포메이션	4-1-4-1	**3가지 특징**	선진축구를 흡수하려는 노력과 시도	여전한 '호랑이' 기운을 바탕으로 한 선수단 장악	다양한 경험에서 우러나오는 연륜

STAFF

수석코치	코치	GK코치	피지컬코치	선수 트레이너	분석관	통역
박혁순	김진규 김순호	전상욱	황지환	박성율 서성태 강대성	김형수 이용제	이석진

2 0 2 1 R E V I E W

다이나믹 포인트로 보는 서울의 2021시즌 활약도

3월에 3연승을 내달릴 때만 해도 끝없이 상승곡선을 탈 줄만 알았다. 그런데 주축 선수들의 부상, 경기 외적인 이슈, 잦은 전술교체 등이 겹치며 갑자기 무너지기 시작했다. 5연패… 12경기 연속 무승…. 선두권이던 순위는 어느샌가 강등을 걱정해야 하는 위치로 추락했다. 한눈에 봐도 선수들의 자신감이 떨어지는 것을 확인할 수 있었다. 서울의 경기는 유난히 조용했다. 급기야 9월 박진섭 감독을 안익수 감독으로 교체하는 결단을 내렸다. 감독 교체는 신의 한 수였다. 안익수 감독 체제에서 서울은 경기당 평균 승점 2점 이상을 따내는 팀으로 탈바꿈해 '하스왕'(하위스플릿 1위)에 올랐다. 전반기에 잠잠했던 조영욱, 팔로세비치, 두 공격수의 활약이 특히 돋보였다.

FW

가브리엘 5,323 전체 226위
나상호 **38,053** 전체 18위
강성진 10,028 전체 165위
정한민 6,350 전체 211위
조영욱 **31,024** 전체 40위
지동원 6,456 전체 209위

MF

김진성 4,354 전체 241위
고요한 **16,020** 전체 116위
팔로세비치 **38,811** 전체 17위
여름 5,147 전체 228위
기성용 **31,230** 전체 37위

DF

오스마르 **40,759** 전체 15위
윤종규 17,727 전체 103위
고광민 5,785 전체 219위
황현수 10,885 전체 160위
김원균 7,774 전체 197위
이한범 6,802 전체 202위
이태석 13,196 전체 142위
강상희 5,721 전체 221위

GK

양한빈 **27,257** 전체 51위

2021시즌 다이나믹 포인트 상위 20명 ■ 포인트 점수

포지션 평점

FW	🍍🍍🍍
MF	🍍🍍
DF	🍍🍍
GK	🍍🍍🍍

출전시간 TOP 3

1위	기성용	2,709분
2위	나상호	2,606분
3위	윤종규	2,441분

■ 골키퍼 제외

득점 TOP 3

1위	팔로세비치, 나상호	9골
2위	조영욱	8골
3위	기성용	3골

도움 TOP 3

1위	나상호	6도움
2위	팔로세비치	4도움
3위	고요한, 이태석, 강성진	2도움

주목할 기록

2.0	안익수 감독 부임 후 경기당 평균 승점
164	오스마르 인터셉트 전체 1위

성적 그래프

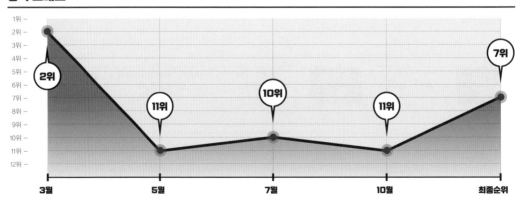

2022 시즌 스쿼드 운용 & 이적 시장 인앤아웃

© 주장　■ U-22 자원

서울팬들은 안익수 감독이 지난시즌 소방수로 부임해 좋은 결과를 가져오자 앞다퉈 별명을 만들었다. 이름을 딴 '익수프레스' '익수이팅' '오직익수' 등이다. 소위 '익수교' 신자들이 빠르게 늘었다. 신자들은 선수단 안에도 있다. 성남에 이어 서울에서도 안익수 감독과 함께하고 있는 골키퍼 양한빈 등은 안익수 감독을 거의 맹목적으로 믿는 눈치다. 여기에는 안익수 감독이 침체된 팀에 희망을 가져다줄 바라는 마음이 담겨있다고 볼 수 있다. 그렇다고 서울이 감독의 지휘봉에만 의존하는 팀은 아니다. 국가대표 주장 출신 기성용이 건재하고 '오스형' 오스마르도 팀에 남았다. 현역 국대 나상호, 조영욱, 차기 국대 윤종규, 이태석, '스탯괴물' 팔로세비치, 전 국가대표 공격수 지동원 등이 버티고 있다. 전북, 울산 정도를 제외할 때 스쿼드에서 밀리는 팀은 없어 보인다. 관건은 이들이 시즌 내내 얼마나 꾸준한 퍼포먼스를 발휘하느냐다. 익수볼을 굴리는 것도 결국은 선수다. 지난시즌처럼 초반과 막판에만 반짝해선 상위권 진입은 꿈도 꿀 수 없다.

주장의 각오

기성용

"지난시즌 익수볼 체제에서 붙어보지 않은 전북, 울산과의 경기는 팬들을 끌어오는 자극제가 될 것이다. (박)주영이형, (이)청용이가 있는 울산전이 기대된다."

2022 예상 베스트 11

FW　　　　　4-1-4-1

11 조영욱

MF
7 나상호
26 팔로세비치
13 고요한
29 강성진 (벤)

6 기성용

DF
88 이태석
5 오스마르
20 이한범 (히카르도)
23 윤종규

GK
21 양한빈

예상 순위

7

구단별 이적시장 성적

B

더도 말고 덜도 말고 딱 작년, 정확히는 안익수 감독이 부임한 이후만큼만 한다면 그룹A 진입은 떼놓은 당상이다. 하지만 올해는 다른 어느 구간보다 중상위권 경쟁이 치열할 전망이다. 지난 시즌 서울보다 높은 순위에 있던 3~6위팀들 모두 전력보강을 착실히 했고, 아래에 있던 인천도 공격적으로 선수를 영입했다. '익수볼'의 약점 분석도 충분히 이뤄졌다고 봐야 한다. 다만 '전직 호랑이 선생님'인 안익수 감독이 서울의 강등권 추락을 보고만은 있지 않을 것이다. 어흥!

지난시즌 '익수볼'의 핵심을 지켰다는 점만으로도 'B' 이상을 줄 만하다. 여기에 공격수 벤 할로란, 미드필더 조지훈과 임민혁, 수비수 이상민과 히카르도 실바 등을 영입하며 뎁스를 두껍게 했다. 일부 노장 선수들의 체력적 부담을 줄여주는 한편, 전술적 다양성을 불어넣어줄 자원들이다. 검증된 외인 스트라이커 없이 시즌을 치른다는 점은 불안요소로 남아있다. 올 시즌 이태석, 이한범, 강성진 등 신예들의 활약에 기대를 건다. '안익수 제자' 김신진도 지켜보자.

기성용

1989년 1월 24일 | 33세 | 대한민국 | 186cm | 75kg

MF

No.6

경력

서울(06~09)
▷ 셀틱(10~12)
▷ 스완지(12~13)
▷ 선덜랜드(13~14)
▷ 스완지(14~18)
▷ 뉴캐슬(18~20)
▷ 레알 마요르카(20)
▷ 서울(20~)

K리그 통산기록

120경기 11득점 13도움

대표팀 경력

110경기 10득점
2007 U-20 월드컵
2008 · 2012 올림픽
2010 · 2014 · 2018 월드컵

따로 설명이 필요없는 K리그 '탑' 미드필더다. 유럽 무대에서만 10년을 활동한 경력은 같은 리그 내 어떤 선수보다 화려하고, 국가대표팀에서 110경기를 뛸 정도의 실력도 물론 '탑'이다. 박진섭 전 서울 감독은 기성용이 팀 훈련을 할 때 "두 수를 접어둔다"고 표현했다. 안익수 현 서울 감독은 "실력과 경험이 아깝다"며 대표팀 복귀를 권유했다. 그만큼 수준이 다르다고 지도자들은 판단한다. 유럽 라이프를 마치고 2020년 서울로 돌아왔지만, 부상으로 제모습을 보여주지 못했던 기성용은 2021시즌을 통해 '화려한 복귀'를 신고했다. 시즌 초반인 3월에만 3경기 연속골을 폭발했고, 수원FC전에선 흉내조차 내기 어려운 장거리 택배로 나상호 골을 도왔다. 동계훈련 막바지부터 자신을 괴롭힌 허벅지 근육 부상과 경기 외 이슈, 팀의 계속된 부진 등으로 인해 힘든 시기를 겪기도 했지만, 그런 분위기 속에서 멘탈을 붙잡으며 K리그 데뷔 후 단일시즌 최다인 35경기에 출전할 정도로 꾸준한 모습을 보였다. 특히 몸의 움직임보단 생각의 속도와 볼의 스피드가 빠르면 경기에 차이를 만들 수 있다는 사실을 입증했다. 서울을 상대하는 선수들은 한 목소리로 기성용의 공을 빼앗기 어렵다고 털어놨다. 중원과 3선에서 공을 지켜주고 정확히 동료에게 배달해주는 선수가 있으면 팀이 힘을 받을 수 밖에 없다. 기성용의 존재는 서울 선수단 안에서도 절대적이다. 안익수 감독의 '성용이형'이라는 호칭에는 존중심이 담겨있다. 쉬는 날에도 구리GS챔피언스파크에 나와 개인훈련을 해온 기성용은 이같은 자기관리를 바탕으로 경기장 위에서 늘 기복없이 자리를 지킨다. 동시에 조영욱을 비롯한 후배들에게 '건강한 자극'을 준다. 주장까지 맡았으니, 1인 3역이라고 봐도 무방하다. 올해는 서울의 무너진 자존심까지 세워야하기 때문에 여러모로 어깨가 무겁다.

2021시즌 기록

3	2,888(35) MINUTES 출전시간(경기수)	3 GOALS 득점	1 ASSISTS 도움	0

		특징	후배들에 '건강한 자극' 오스마르와의 '브로맨스'
강점	로켓 택배, 경기 운영, 리더십 자기관리, 넘사경력		
약점	느린 발	**별명**	기라드, 기캡, 에이전트K

오스마르

1988년 6월 5일 | 34세 | 스페인 | 192cm | 83kg

DF
MF

No.5

경력

라싱산탄데르B(07~10)
▷살라망카B(07~08)
▷라싱산탄데르(09~12)
▷부리람 유나이티드(12~13)
▷서울(14~18)
▷세레소 오사카(18)
▷서울(18~)

K리그 통산기록

223경기 19득점 12도움

대표팀 경력

—

안익수 감독은 잔류싸움이 한창인 후반기 막바지 계약만료를 앞둔 오스마르에 관한 질문에 "내년에도 같이 하지 못하면 불행하겠죠"라고 말했다. 실제로 9월에 '긴급소방수'로 부임한 안 감독은 얼마 지나지 않아 구단에 오스마르 재계약을 요청했다. 경기장 위에서 선보이는 성숙한 플레이와 '한국 동생'들까지 살뜰히 챙기는 리더로서의 면모를 높이 샀다. 그렇게 오스마르는 서른넷이라는 많은 나이에도 2년 재계약을 체결해 동행을 이어가게 되었다. 서울과 오스마르의 만남은 2014년에 시작됐다. 당시 태국 부리람 유나이티드에서 뛰며 상대적으로 덜 알려진 이 '스페인 미드필더'는 상암에 입성하자마자 압도적인 존재감을 뽐내기 시작했다. 잔디 위로 빠르게 뻗어나가는 패스를 보면, 이곳이 K리그인지, 스페인 프리메라리가인지 착각하게끔 만들었다. 주로 수비적인 위치에서 뛰며 경기를 조율하는 역할에 치중했지만, 상황에 따라선 상대 진영으로 넘어가 빨랫줄 중거리 슈팅과 대포알 프리킥으로 득점에 관여했다. 오스마르는 서울에서 뛴 7시즌 연속 K리그에서 득점했다. 날카롭고 정확한 킥 때문에 가려진 오스마르의 강점은 바로 인터셉트다. 쭉 뻗은 긴 다리로 공을 멈춰 상대의 역습을 저지하는 장면을 심심찮게 볼 수 있다. 기록에 잘 나타난다. 지난시즌 리그 최다인 249개의 볼 차단을 기록했다. 2위권보다 30개 이상 많았다. 전진패스 역시 1,104개로 가장 많았다. '공을 빼앗아 전방의 공격수들에게 연결하는 플레이'는 오스마르가 리그를 통틀어 단연 최고였다. 오스마르는 서울 소속으로 K리그 223경기를 소화했다. 역대 서울의 외국인 선수 중 데얀(267경기), 아디(264경기) 다음으로 많다. 다가오는 2년 동안 '풀 시즌'을 소화한다면 이 기록 또한 넘어 서울 역대 최고의 외인 레전드로 우뚝 설 수 있다.

2021시즌 기록				
3	**3,274(35)** MINUTES 출전시간(경기수)	**1** GOALS 득점	**1** ASSISTS 도움	0

강점	높은 축구 지능, 볼 컨트롤 전진패스, 인터셉트	특징	미드필더와 센터백 소화 가능 왼발 '빠따'힘 아디의 뒤를 잇는 서울의 외인 레전드
약점	기동성	별명	오대감 오스형

나상호

1996년 8월 12일 | 26세 | 대한민국 | 173cm | 70kg

FW

No.7

경력

광주(17~18)
▷FC 도쿄(19~20)
▷성남(20)
▷서울(21~)

K리그 통산기록

102경기 34득점 7도움

대표팀 경력

16경기 2득점
2018 아시안게임

'익수볼' 체제에서 조영욱, 팔로세비치에 비해 조명을 받지 못했다. 하지만 누가 뭐라해도 2021시즌 서울에서 공격 기여도가 가장 높은 선수는 나상호였다. 지난해 서울에 입단한 나상호는 팀내에서 가장 많은 공격포인트(15개)를 기록했다. 도움(6개), 슈팅(60개), 피파울(65개), 드리블 성공(14개), 코너킥(63개)도 가장 많았다. 그야말로 팔방미인이었다. 나상호가 상대 배후를 침투하고, 드리블 돌파를 시도할 때면 무슨 상황이든 발생할 거란 기대감이 차올랐다. 3월 7일 수원FC와의 홈경기에서 수비 라인을 깨고 기성용의 '장거리 택배'를 골로 연결한 장면은 서울에서 오직 나상호만이 할 수 있는 플레이라고 볼 수 있다. 안익수 감독 부임 후 득점수가 부쩍 줄어든 것은 전술적인 요인이 컸다. 안 감독은 조영욱과 팔로세비치를 조금 더 골을 넣을 수 있는 위치에 포진시키고 나상호에게 측면 조력자를 맡겼다. 나상호는 안 감독 부임 이후에만 6도움을 올리며 주어진 역할을 완벽하게 수행했다. 전임 박진섭 감독 시절에는 팀 득점을 먹여살리는 '소년 가장'을 맡았다. 나상호는 늘 상황에 맞게 변신해왔다. 2017년 광주FC에서 프로데뷔해 2018년 당시 2부로 떨어진 팀에서 16골을 몰아치며 'K2 여포'라는 명성을 얻었다. 10억 원이 넘는 거액의 이적료로 일본 FC도쿄로 이적하면서 잠시 시련을 겪기도 했지만, 2020년 여름 성남FC로 단기 임대를 와 후반기에만 7골을 몰아치며 팀 잔류를 이끌었다. 성남 입단으로 K리그에 복귀한 뒤로 꼬박 3경기당 1골씩 넣고 있다. 이런 꾸준한 공격수 찾기 쉽지 않다. 2022년 카타르월드컵을 준비 중인 국가대표팀에서도 파울루 벤투 감독이 꾸준하게 선발하는 데는 다 이유가 있다. 2022년에도 나상호는 다른 건 몰라도 꾸준할 것 같다.

2021시즌 기록

2	2,931(34) MINUTES 출전시간(경기수)	9 GOALS 득점	6 ASSISTS 도움	0
강점	배후 침투, 민첩한 움직임, 투쟁심	**특징**	오뚝이 근성 96즈 멤버(국가대표팀 1996년생 지칭) K2 여포 출신	
약점	볼 컨트롤	**별명**	나짱	

조영욱

1999년 2월 5일 | 23세 | 대한민국 | 181cm | 73kg

FW

No.11

경력

서울(18~)

K리그 통산기록

106경기 17득점 5도움

대표팀 경력

1경기 1득점
2017 · 2019 U-20 월드컵

드디어 만년 유망주 꼬리표를 뗐다. 2021시즌 개막 후 22경기 연속 골맛을 보지 못하던 조영욱은 8월 25일 울산전 마수걸이골을 시작으로 마지막 14경기에서 8골을 폭발하며 '커리어 하이'를 만끽했다. 2018년 서울 유니폼을 입고 K리그에 데뷔해 2020시즌까지 지난 3년동안 정규리그 68경기에서 넣은 골과 지난 한 시즌 넣은 골이 같았다. 슈팅력은 갖췄지만, 득점력이 약하다는 세간의 평가를 완전히 뒤집은 대반전 시즌. 별명이 '슈팅햄스터'인 조영욱은 최대 장점인 슈팅을 아끼지 않았고, 많은 득점으로 이어졌다. 그는 팀내에서 나상호 다음으로 많은 52개의 슛을 때려, 팔로세비치 다음으로 많은 23개의 유효슛을 기록했다. 상대 페널티에어리어 안 슈팅은 37개로 가장 많았다. 슈팅 10개 중 7개를 박스 안에서 날린 셈으로, 박스 안에서 위치와 상황을 가리지 않고 양발과 머리로 모두 슛을 할 수 있는 조영욱만의 능력이 빛을 발했다. 특히 좌측에서 찔러주는 나상호의 양질의 크로스를 골로 연결하는 플레이는 후반기 서울의 가장 위협적인 무기였다. 최고의 시즌을 보낸 조영욱은 국가대표팀에서도 마침내 '연령별 대표팀 여포'의 이미지를 벗어던졌다. U-14팀을 시작으로 U-20팀, U-23팀에서 무려 73경기(32골)를 뛰었지만 정작 연령별 대표팀의 마지막 코스로 불리는 올림픽 본선에는 참가하지 못했던 조영욱은 1월 21일 터키 전지훈련지에서 열린 몰도바와의 A매치 친선경기에서 데뷔해 데뷔골까지 터뜨렸다. 수비수와의 속도전을 이겨내며 골키퍼와 일대일 상황을 맞이했고, 골키퍼의 파울로 얻어낸 페널티를 직접 골로 연결하며 파울루 벤투 대표팀 감독에게 눈도장을 찍었다. 어쩌면 커리어에서 가장 중요한 시즌을 앞둔 조영욱은 스토브리그에서 유럽 여러 팀의 관심을 받았지만, 올해는 서울에 집중하기로 했다. 서울팬으로선 환영할만한 소식이 아닐 수 없다.

2021시즌 기록

2	2,704(36) MINUTES 출전시간(경기수)	8 GOALS 득점	1 ASSISTS 두움	0

강점	폭넓은 활동량 공간 창출	특징	연령별 대표팀의 '여포' 귀여운 외모와 상남자 플레이의 부조화
약점	드리블	별명	슈팅햄찌, 슈퍼몬스터 성산의 조자룡

팔로세비치

1993년 8월 22일 | 29세 | 세르비아 | 180cm | 70kg

MF

No.26

경력

OFK베오그라드(11)
▶신제리치 베오그라드(11~12)
▶FK보주도바츠(12)
▶OFK베오그라드(13~15)
▶FK보이보디나(15~17)
▶FC아로카(17~18)
▶CD나시오날(18~19)
▶포항(19~20)
▶서울(21~)

K리그 통산기록

72경기 29득점 14도움

대표팀 경력

세르비아 대표팀 1경기

나상호와 함께 2021시즌 서울이 야심차게 영입한 자원이다. 포항에서 2020시즌 경기당 1개에 육박하는 공격 포인트(22경기 20개)를 기록하는 '괴물'다운 활약에 매료돼 꽤 많은 이적료를 투자했다. 전반기에는 슈퍼매치를 비롯한 경기에서 수차례 결정적인 빅찬스를 놓치며 실망감을 안겼다. 하지만 조영욱과 마찬가지로 안익수 감독이 부임한 뒤 포항 시절의 퍼포먼스를 재현했다. '채찍과 당근' 전략이 먹혔다. 안 감독은 자신의 데뷔전인 성남전에서 팔로세비치를 교체로 투입했다가 다시 교체로 빼며 선수의 자존심을 긁었다. 팔로세비치는 분을 이기지 못하고 유니폼을 바닥에 내던졌다. 이 장면이 팔로세비치가 선발에서 멀어지는 원인이 될 거란 전망이 지배적이었다. 하지만, 웬걸. 이후 팔로세비치의 팀내 비중은 더욱 커졌다. 2선에서 찬스를 만들고 직접 골로 마무리했다. 잠실올림픽주경기장에서 열린 성남과의 경기에서 두 차례나 골문 구석을 찌르는, 골키퍼가 방향을 알아도 막지 못하는 그림같은 왼발 감아차기 슛이 2021시즌 활약의 백미였다. 팔로세비치의 폼이 최상일 때 나오는 플레이다. 마지막 6경기에서 총 7개의 공격포인트를 기록한 팔로세비치는 팀내에서 유일한 두자릿수 득점자(10골)로 등극하며 시즌을 홀가분하게 마무리했다. 팔로세비치는 신인을 제외한 서울 공격진에서 유일한 '중거리슛 능력을 장착한 왼발잡이'다. 또한 나상호, 조영욱 등 돌격형 공격수들을 빛나게 하는 존재이기도 하다.

2021시즌 기록

5	2,493(34) MINUTES 출전시간(경기수)	10 GOALS 득점	4 ASSISTS 도움	0
강점	축구센스 왼발 킥 능력	특징	주변 환경과 전술을 탄다 나름 세르비아 국대 출신	
약점	약한 멘탈	별명	프링글스 (프링글스 로고 캐릭터)	

FW

지동원

1991년 5월 28일 | 31세 | 대한민국 | 188cm | 81kg

경력 | 전남(10~11) ▶선덜랜드(11~12) ▶아우크스부르크(13) ▶선덜랜드(13) ▶도르트문트(14)
▶아우크스부르크(14~17) ▶다름슈타트(18) ▶아우크스부르크(18~19) ▶마인츠05(19~21)
▶브라운슈바이크(21) ▶서울(21~)

대표팀 경력 | 55경기 11득점, 2010 아시안게임, 2012 올림픽, 2014 월드컵

결과적으로 지동원은 '프리시즌'을 끝내지 못했다. 시즌 도중인 지난해 7월 서울에 입단한 지동원은 몸상태가 정상이 아니라며 "꼭 프리시즌을 하는 기분"이라고 표현했다. '본 시즌'을 치르기 위해 부단한 노력을 했지만, 햄스트링 등의 부상으로 데뷔전 이후 팀이 치른 21경기 중 단 4경기에 선발출전했다. 꼭 10년만의 K리그 복귀 시즌은 그렇게 아쉬움 속에 마무리됐다. 2019년 여름 무릎 수술 이후 컨디션 회복에 어려움을 호소해온 지동원은 2022시즌에는 반드시 부활하겠다는 의지다. '장신이지만 유연하고, 개인기와 연계플레이에 능한' 경험많은 공격수는 서울에 꼭 필요하다.

2021시즌 기록					**강점**	**약점**
2	0	530(12) MINUTES 출전시간(경기수)	1 GOALS 득점	1 ASSISTS 도움	멀티 포지션 연계플레이	부상 후유증

MF

고요한

1988년 3월 10일 | 34세 | 대한민국 | 170cm | 65kg

경력 | 서울(04~)

대표팀 경력 | 21경기, 2018 월드컵

황선홍 감독은 서울 시절 지도한 고요한을 '소금'에 비유했다. 팀에 꼭 필요한 존재라는 의미였다. 그 말대로 고요한은 서울이 필요로 하면 언제 어디서든 나타났다. 무려 16년 동안이나! 2004년 토월중 중퇴 후 서울에 입단한 고요한은 2006년부터 오직 서울에서만 뛰었다. 골이 필요하면 골을 넣기 위해 애썼고, 중원 장악이 필요하면 압박을 위해 몸을 던졌다. 빈 공간을 향해 '탁' 달려갈 때는 팬들에게 청량감을 선물했다. 스피드, 체력, 파워를 겸비한 최고의 유틸리티 플레이어다. 2020시즌의 아쉬움을 딛고 지난시즌 익수볼의 핵심으로 거듭난 고요한은 2022년에도 고요하지 않은 1년을 예고하고 있다.

2021시즌 기록					**강점**	**약점**
3	0	1,577(21) MINUTES 출전시간(경기수)	2 GOALS 득점	3 ASSISTS 도움	원클럽맨부심 멀티 능력 리더십	다혈질 (K리그 통산 경고 61회) 에이징커브

FW

벤

1992년 6월 14일 | 30세 | 호주 | 182cm | 74kg

경력 | 골드 코스트 유나이티드(10~12) ▶브리즈번 로어(12~13)
▶포르투나 뒤셀도르프(13~15) ▶하이덴하임(15~18) ▶V-바렌 나가사키(18)
▶애들레이드 유나이티드(18~22) ▶서울(22~)

대표팀 경력 | 호주 대표팀 6경기

'고딩' 강성진이 지난 시즌 후반기 오른쪽 미드필더 포지션에서 기대 이상 잘해줬지만, 새 시즌엔 아무래도 무게감있는 선수가 필요하다. 호주 대표 출신 윙어인 벤을 영입한 이유다. 벤은 호주, 독일, 일본 등 다양한 무대를 경험한 뒤 2018년부터 애들레이드의 핵심 선수로 활약했다. 2019-2020시즌 호주A리그에서 9골을 폭발하며 건재를 과시한 벤은 지난시즌에도 4골 7도움을 기록했다. 주포지션은 오른쪽 윙어로, 우측에서 문전으로 파고들거나 반대편 그로스를 논스톱 슛으로 연결하는 능력이 탁월하다. 조영욱과 동선이 겹치는 감이 있지만, 벤이 2선 어느 위치에서나 뛸 수 있어 다양한 조합을 활용할 수 있다. 단, K리그와 '익수볼'에 빠르게 적응해야 밝은 미래가 보장된다.

2021시즌 기록					**강점**	**약점**
7	0	2,449(28) MINUTES 출전시간(경기수)	4 GOALS 득점	7 ASSISTS 도움	측면 크로스를 쉽게 마무리할 수 있는 능력	K리그는 처음이라

■2020-2021시즌 호주 1부 리그 기록

DF

No.88

이태석

2002년 7월 28일 | 20세 | 대한민국 | 174cm | 61kg
경력 | 서울(21~)
대표팀 경력 | U-17 대표팀 15경기 1득점, 2019 U-17 월드컵

2018년 서울 감독대행을 맡았던 2002년 한일월드컵 4강 주역 이을용의 아들이다. 아버지의 뒤를 이어 서울 유니폼을 입고 뛴다. 외모뿐 아니라 재능과 플레이스타일을 빼닮았다. 안익수 감독은 선문대 사령탑 시절, 서울 유스인 오산고에서 뛰던 이태석의 플레이에 매료돼 선문대로 스카웃하려고 했다. 훗날 후배 이을용의 아들이라는 사실을 알고 놀랐다고. 날카로운 왼발 크로스를 장착한 이태석이 더욱 놀라운 점은 베테랑도 이해하기 어려운 익수볼을 단번에 받아들였다는 것이다. 22세이하 규정에도 적용돼 그야말로 '사기캐'라고 할 수 있다.

2021시즌 기록					강점	약점
5	0	**1,515(19)** MINUTES 출전시간	**0** GOALS 득점	**2** ASSISTS 도움	나이에 맞지 않는 원숙미 왼발 크로스 전술 이해도	아버지를 빼닮은 승부욕 (a.k.a 욱하는 성질)

MF

No.35

백상훈

2002년 1월 7일 | 20세 | 대한민국 | 173cm | 62kg
경력 | 서울(21~)
대표팀 경력 | U-17 대표팀 14경기 3득점, 2019 FIFA U-17 월드컵

'이태백' 트리오의 일원이다. '이태백'은 서울의 2002년생 트리오인 이한범, 이태석, 백상훈의 이름을 딴 애칭이다. 서울팬의 애정이 묻어있다. 2019년 U-17 월드컵을 경험한 백상훈은 2021시즌을 앞두고 우선지명으로 서울에 입단했다. '이을용 아들'(이태석)에 가려 덜 조명을 받았지만, 서울 유스인 오산중-오산고 시절 팀내 최고의 미드필더로 명성을 떨쳤다. 적극적인 압박 수비와 왕성한 활동량으로 세계적인 미드필더 은골로 캉테를 따와 '백캉테'로 불리었다. 지난시즌 서울이 어려움을 겪던 시기 중원에서 알토란 같은 활약을 펼쳤다. 안익수 감독 부임 후 선발로 단 3경기 출전에 그쳤고, 10월 30일 인천전에서 다이렉트 퇴장을 당한 뒤론 경기장에서 볼 수 없었다.

2021시즌 기록					강점	약점
0	1	**889(18)** MINUTES 출전시간(경기수)	**0** GOALS 득점	**0** ASSISTS 도움	왕성한 활동량 (백캉테)	불안한 터치 감정 조절

DF

No.23

윤종규

1998년 3월 20일 | 24세 | 대한민국 | 173cm | 64kg
경력 | 서울(17) ▶ 경남(17) ▶ 서울(18~)
대표팀 경력 | 1경기, 2015 U-17 월드컵, 2017 U-20 월드컵

경남 임대 시절이 있어 '원클럽맨'의 지위는 얻진 못하겠지만, 이번에 4년 재계약을 체결하며 서울 차기 레전드를 '찜'했다. 신갈고 졸업 후 곧바로 서울에 입단한 윤종규는 최용수-박진섭-안익수 감독을 거치면서 꾸준히 중용을 받았다. 이말인즉슨, 기본기가 탄탄한 선수란 뜻이요, 특정한 전술을 타지 않는 스타일이란 뜻이다. 두 풀백 윤종규와 이태석은 지난시즌 서울 반전의 숨은 주역이었다. 윤종규는 2020년 11월 카타르와의 A매치 친선경기를 통해 국가대표팀에 데뷔하며 향후 한국 축구의 오른쪽 수비를 책임질 자원 중 하나란 점을 '인증'받았다. 물론 가야할 길은 멀다. 이용의 크로스, 김태환의 스피드와 같은 자신만의 무기를 만들어야 '탑티어'로 거듭날 수 있다.

2021시즌 기록					강점	약점
1	0	**2,856(32)** MINUTES 출전시간(경기수)	**1** GOALS 득점	**2** ASSISTS 도움	팀플레이어 긍정 에너지 장기계약 '버프'	독보적인 특장점이 부족함

GK

No.21

양한빈

1991년 8월 31일 | 31세 | 대한민국 | 195cm | 90kg

경력 | 강원(11~12) ▷ 성남(13~14) ▷ 서울(14~)

대표팀 경력 | U-23 대표팀 4경기 5실점, 2011 U-20 월드컵

다사다난했던 서울의 최근 2시즌을 온몸으로 지켰다. 강등 문턱까지 갔던 2018년 부산 아이파크와의 승강 플레이오프에서 서울의 극적인 잔류를 이끌었고, 최하위까지 내려간 서울의 반등을 뒷받침했다. 울산 조현우 다음으로 많은 192개의 피유효슈팅을 맞이했다. 세자릿수 선방(113개)을 기록한 건 조현우와 양한빈뿐이었다. 선방율(58.85%)은 조현우보다 높았다. 캐칭 전체 1위(62개), 펀칭 전체 2위(52개)는 보너스. 주전급 골키퍼 중 3번째로 많은 실점(43골)은 흠이다. 2018년과 2021년 사이 부침이 있기도 했으나, 지난시즌부로 확실하게 NO.1 지위를 굳혔다. K리그 대상 베스트일레븐 골키퍼 부문 후보로 '떡상'하기 위해선 올해 실점율을 줄일 필요는 있겠다.

2021시즌 기록					강점	약점
2	0	3,463(36) MINUTES 출전시간(경기수)	113 SAVE 선방	43 LOSS 실점	큰 키에서 나오는 캐칭 슈퍼세이브 능력	잊을만 하면 나오는 킥 미스

MF

No.16

정원진

1994년 8월 10일 | 28세 | 대한민국 | 176cm | 65kg

경력 | 포항(16) ▷ 경남(16~17) ▷ 서울(18~20) ▷ 상무(20~21) ▷ 서울(21~)

대표팀 경력 | U-23 대표팀 1경기

"서울의 밝은 미래를 책임질 주축…" 2018년 7월, 서울 오피셜에 삽입된 문구다. 결론부터 말하면, 기대를 충족하진 못했다. 입단 첫해 철저하게 외면받은 정원진은 이듬해 16경기에 출전해 3골을 넣으며 서울팬들에게 어필했지만, 상무 입대로 인해 2년 가까이 공백기를 가져야했다. 지난시즌 막바지 제대로 2경기에 출전한 건 다음시즌을 기대케하는 부분이지만, 여전히 넘어야 할 산이 많다. 팔로세비치, 고요한, 기성용으로 이어지는 역삼각 미드필드진에 끼어들 틈이 많지 않아 보이는 게 사실이다. 오산고 출신의 젊은 자원들도 호시탐탐 '월반'을 꿈꾼다. 정원진이 험난한 경쟁에서 살아남으려면 익수볼이 요구하는 스타일로 변화를 꾀하면서 포항 유스 시절과 경남 시절 '10-10'을 찍었던 화려한 플레이도 펼쳐보여야 한다.

2021시즌 기록					강점	약점
0	0	15(2) MINUTES 출전시간(경기수)	0 GOALS 득점	0 ASSISTS 도움	정교한 킥 활동량	파워 들쭉날쭉한 출장수

FW

No.29

강성진

2003년 3월 26일 | 19세 | 대한민국 | 178cm | 76kg

경력 | 서울(21~)

대표팀 경력 | U-17 대표팀 7경기 5득점

2021시즌 고등학생 신분으로 K리그를 누볐다. 뿐만 아니라 11월 광주전을 통해 K리그 최초 준프로 득점자로 기록됐다. '급식형 공격수'라는 별칭이 따라붙었다. 2021년은 참 꿈같은 한 해였다. 새해는 고등학생 신분으로 맞이했다. 그러다 서울의 동계훈련에 동행해 당시 박진섭 감독으로부터 합격점을 받아 구단 최초로 준프로 계약을 체결했다. 그렇게 구리GS챔피언스파크에서 프로 선수들과 훈련하고 서울월드컵경기장에서 프로 경기를 뛴 뒤, 지하철이나 택시를 타고 이태원에 있는 오산고 숙소로 복귀하는 일상을 보냈다. 강성진은 세계가 알아주는 '찐재능'이다. 축구전문사이트 '트랜스퍼마크트'가 뽑은 2020년 20세이하 전세계 축구 유망주 24인에 뽑혔다. 그의 꿈도 유럽 진출이다.

2021시즌 기록					강점	약점
0	0	832(14) MINUTES 출전시간(경기수)	1 GOALS 득점	2 ASSISTS 도움	볼 테크닉 문전 침투	피지컬

MF

No.8

임민혁

1997년 3월 5일 | 25세 | 대한민국 | 168cm | 64kg

경력 | 서울(16~17)▷광주(18~20)▷경남(21)▷서울(22~)

대표팀 경력 | U-23 대표팀 1경기, 2017 U-20 월드컵

2016년 서울에서 프로데뷔한 임민혁은 2018시즌을 앞두고 박동진과 트레이드로 김정환(현 이랜드)과 함께 광주 유니폼을 입었다. 광주에 3년간 머물며 2020년 1부 승격을 이끈 그는 지난시즌 설기현 감독이 이끄는 경남에서 활약했다. 올해는 U-20 대표팀에서 스승과 제자로 연을 맺은 안익수 감독의 러브콜에 4년만에 상암으로 복귀했다. 20세이하 대표팀에서 에이스로 활약한 임민혁은 프로데뷔 후 아직까지 포텐을 터뜨렸다고 보긴 어렵다. 특히 K리그1에선 지금까지 23경기 출전에 그쳤다. 자신을 잘 아는 감독의 지도를 받으며 1부리그에서도 통한다는 걸 증명해보여야 한다. 임민혁이 빠르게 자리를 잡아야 기존 미드필더들이 숨을 돌릴 수 있다.

2021시즌 기록					강점	약점
3	0	**1,215(19)** MINUTES 출전시간(경기수)	**0** GOALS 득점	**0** ASSISTS 도움	패스 프리킥	피지컬 1부 경쟁력

■K리그2 기록

DF

No.3

이상민

1998년 1월 1일 | 24세 | 대한민국 | 188cm | 77kg

경력 | 울산(18~19)▷V-바렌 나가사키(19)▷이랜드(20~21)▷서울(22~)

대표팀 경력 | U-23 대표팀 22경기 1득점, 2017 U-17 월드컵, 2017 U-20 월드컵, 2020 올림픽

이상민은 '엘리트 중의 엘리트' 코스를 밟았다. 각급 연령별 대표팀의 주장과 주전 수비수를 맡았다. 2020년 도쿄올림픽 본선도 밟았다. 훤칠한 외모는 이상민이 빛나는 데 한 몫했다. 프로데뷔 후에는 K리그2가 주무대였다. 이번이 사실상의 K리그1 데뷔다. 수준이 다른 공격수들을 상대하고, 빠른 템포에 적응해야 한다. 기대는 된다. 체격은 신예 이한범과 비슷하지만, 경험에선 이상민이 앞선다. 수비수들간 선의의 경쟁이 펼쳐질 것으로 예상된다. 또래인 윤종규, 임민혁, 김진야, 조영욱 등이 있어 팀 적응에는 큰 문제가 없을 것으로 보이지만, '익수볼'에 적응하느냐는 또 다른 문제다. 정체기에 빠진 이상민에게 2022년은 정말 중요하다.

2021시즌 기록					강점	약점
9	0	**2,613(28)** MINUTES 출전시간(경기수)	**1** GOALS 득점	**1** ASSISTS 도움	리더십 (연령별 대표팀 주장 역임) 공중볼 장악 능력	안정감 잦은 실수

■K리그2 기록

DF

No.17

김진야

1998년 6월 30일 | 24세 | 대한민국 | 174cm | 66kg

경력 | 인천(17~19)▷서울(20~)

대표팀 경력 | U-23 대표팀 28경기 2득점, 2015 U-17 월드컵, 2018 · 2020 올림픽

2021시즌은 아쉬움 속에 마무리했다. 프로데뷔 후 가장 오랜기간 부상으로 결장했다. 김진야가 햄스트링 부상으로 재활하던 시기는 익수볼이 K리그에 돌풍을 일으키던 시기와 일치한다. '철인'다운 면모를 제대로 보여줄 수 없었다. 올시즌도 일단은 유종규-이태석에게 도전하는 입장이다. 하지만 김진야가 누군가. 강도 높은 훈련으로 유명한 김학범 감독의 23세이하 대표팀에서 중용을 받았던 선수다. 달리는 것 하나는 누구에게도 뒤처지지 않는다고 선수 스스로 자신한다. 여기에 전술적인 움직임을 가미한다면 반전을 일으킬 수도 있다. 또한 김진야는 양 측면 수비와 측면 공격을 가리지 않고 뛸 수 있어 전술적으로 다양하게 활용될 수 있다는 강점을 지녔다.

2021시즌 기록					강점	약점
1	0	**1,138(18)** MINUTES 출전시간(경기수)	**0** GOALS 득점	**0** ASSISTS 도움	풀백 양 윙어 소화 가능 활동량	세밀함 크로스

DF

No.20

이한범

2002년 6월 17일 | 20세 | 대한민국 | 188cm | 72kg

경력 | 서울(21~)

대표팀 경력 | U-17 대표팀 8경기, 2019 U-17 월드컵

이태석, 강성진에 다소 가려지긴 했지만, 서울의 '2021년 올해의 발견'이라고 할만하다. 어릴 적부터 될성 부를 떡잎이었다. 주장 완장과 주전 센터백이 어울리는 남자였다. 그런 의미에서 이상민과 닮은 구석이 있다. 미드필더 출신답게 활동량과 패스 능력을 기본 장착했다. 힘이 아닌 기술과 위치선정으로 공중볼을 따내는 스킬은 탈고교 급이란 평가를 받았다. 프로데뷔 후 처음엔 헤맸다. 전반기 리그에서 1경기 출전에 그친 이한범은 안익수 감독이 부임한 뒤 오스마르의 센터백 파트너로 중용받았다. 주가를 드높이던 9월 슈퍼매치에서 시즌아웃급 부상을 당한 건 아쉬울 따름. 시즌 중 부상을 털고 건강하게 돌아온 이한범은 올시즌 당당한 주전을 노린다.

2021시즌 기록					강점	약점
1	0	**842(10)** MINUTES 출전시간(경기수)	**0** GOALS 득점	**0** ASSISTS 도움	나이에 맞지 않은 여유로움 위치선정 훈훈한 비주얼	부족한 경험 몸싸움

DF

No.45

히카르도

1992년 8월 13일 | 30세 | 브라질 | 190cm | 78kg

경력 | 아메리카-RN(10) ▷모지미링(10) ▷아메리카-RN(11) ▷시아라(12~14) ▷아틀레치쿠(14~16) ▷고이아넨세(16~17) ▷이투아노(18) ▷아메리카-MG(18~19) ▷이투아노(20) ▷오페라리우-PR(20~21) ▷아메리카-MG(21) ▷서울(22~)

대표팀 경력 | -

히카르도 실바는 2010년 프로 데뷔해 10년 넘게 브라질 리그에서만 활약했다. 해외 진출은 이번이 처음이다. 브라질에서 주 무대는 2부리그였다. 2부에선 어느정도 실력을 인정받았다. 2021년 놀라운 변화를 맞았다. 승격팀 아메리카-MG에 입단해 브라질 1부리그를 주전 수비수 입장에서 경험했다. 총 29경기를 뛰며 경쟁력을 선보였다. 히카르도를 앞세운 아메리카-MG는 돌풍을 일으켰다. 20개팀 중 8위를 했다. 시즌을 끝마칠 즈음 히카르도와 구단은 서로 갈라서기로 합의했다. 12월부터 서울행 이야기가 솔솔 흘러나왔다. 히카르도는 특이하게도 구단과 협상 과정을 서울팬들과 SNS 메시지를 통해 공유했다. 오피셜이 나오기 전부터 '춘식이형'이란 애칭이 달렸다. 영입 전부터 이토록 친근한 외인이 있었을까 싶다.

2021시즌 기록					강점	약점
4	1	**2,509(29)** MINUTES 출전시간(경기수)	**0** GOALS 득점	**0** ASSISTS 도움	전진수비 공중볼	전진수비 리스크 10여년간 브라질 리그에서만 활동

■ 브라질 1부 리그 기록

GK

No.1

백종범

2001년 1월 21일 | 21세 | 대한민국 | 190cm | 82kg

경력 | 서울(19~)

대표팀 경력 | U-20 대표팀 2경기, 1실점

2018년 12월, 이인규, 김주성 등과 함께 서울 프로에 콜업된 유스 출신 골키퍼다. 서울 구단 유스인 오산중-오산고를 거쳐 프로에 진출한 첫 사례다. 2019년 주로 R리그에서 활약한 백종범은 지난 두 시즌 프로에서 양한빈과 올시즌 강원으로 떠난 유상훈을 지근거리에서 지켜보며 레벨을 쌓았다. 신체조건과 스타일이 주전 골키퍼 양한빈을 닮았다. 강점이 공중볼 캐치 능력과 안정감이다. 각급 연령별 대표를 거친 백종범은 2022년 1월 U-23 대표팀 훈련에 21살의 나이로 침해 '월반'을 노린나. 올해 아시안게임 출전을 노리는 백종범은 그 전까지 어떻게든 프로 경기에서 진가를 바랄 것으로 보인다.

2021시즌 기록					강점	약점
0	0	**0(0)** MINUTES 출전시간(경기수)	**0** SAVE 선방	**0** LOSS 실점	공중볼 안정감	경험 순발력

여름
정혁
이명주
오반석
김광석
김도혁
이주용
오재석
이용재
이태희
송시우
홍시후
이동수
강민수
김보섭
김동헌
김동민
김창수
강윤구
김준엽
이강현
김준범
무고사
아길라르
델브리지

인천유나이티드

'잔류왕' 인천은 이제 없다, 우리는 파이널A로 간다!

인천 유나이티드

'잔류왕 오명은 잊어라!' 인천은 최근 몇 시즌 동안 '잔류왕' 이미지를 축구팬들에게 각인시켰다. 매 시즌 최하위권으로 처진 가운데, 강등 직전까지 몰리는 절박한 상황에서 기적처럼 살아나 잔류에 성공하니 팬들에게는 진한 감동을 선사하는 구단이 됐다. 2016시즌부터 시작된 인천의 잔류 드라마는 각본을 만들어도 이렇게 만들지 못할 정도가 아니냐 할만큼 극적이었다. 2019년, 이제 고인이 된 유상철 감독과 함께 눈물을 흘린 장면이 아직 잊혀지지 않는다. 하지만 구단 입장에서는 죽을 맛이다. 시즌 막판 수개월, 피가 마른다. 다행히 지난 시즌에는 조성환 감독이 팀을 잘 만들어 비교적 일찍(?) 강등권 싸움에서 탈출할 수 있었고 8위라는 나쁘지 않은 성적으로 시즌을 마무리했다. 지난 시즌을 끝으로 '잔류왕' 타이틀은 잠정 반납한 인천. 여기서 만족할 수 없다. 2013시즌 이후 상위 스플릿에서 축구를 해본 적이 없다. 이제 더 큰 물인 파이널A에서 놀아보자는 새 목표로 2022시즌 의기투합 한다. 조 감독의 축구가 인천에서 더욱 농익을 시기다. 여기에 구단도 알찬 선수 영입으로 조 감독에 힘을 실어줬다. 시즌 개막 전, 선수단 내 코로나19 집단 감염이라는 암초가 있었지만 잘 이겨냈다. 시즌 개막을 앞두고 '액땜'이라 여기면 된다.

구단 소개

정식 명칭	인천 유나이티드 프로 축구단
구단 창립	2003년 12월 12일
모기업	시민구단
상징하는 색	파란색, 검정색
마스코트	유티
레전드	임중용, 김이섭, 전재호
서포터즈	파랑검정
온라인 독립 커뮤니티	인천네이션

우승

K리그	0회
FA컵	0회
AFC 챔피언스리그	0회
아시안 클럽 챔피언십	0회

최근 5시즌 성적

시즌	K리그	FA컵	AFC 챔스
2021시즌	8위	3라운드	–
2020시즌	11위	3라운드	–
2019시즌	10위	32강	–
2018시즌	9위	16강	–
2017시즌	9위	32강	–

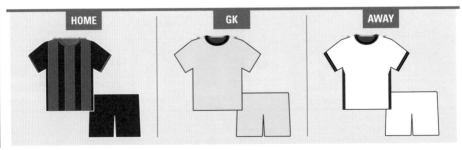

HOME   GK   AWAY

선수를 포용하는 부드러운 리더십으로 '잔류왕' 이미지 벗길
인천의 희망

조성환	1970년 10월 16일	52세	대한민국	K리그 전적
		207전 80승 52무 75패

조성환 감독의 선수 시절 캐릭터는 명확했다. 수비수로 화려하지는 않지만, 누구보다 열심히 뛰고 묵묵히 팀을 위해 희생하는 스타일이었다. 이는 조 감독이 지도자로 변신한 후에도 그의 축구에서 잘 드러난다. 조 감독은 빠르고 강한 압박, 그리고 유기적인 팀 플레이를 바탕으로 경기를 풀어나간다. 선수 개인보다 팀을 더 중요시 한다. 조 감독 부임 후 인천이 더욱 단단해질 수 있었던 이유다. 조 감독은 제주에서 감독 생활을 하며 팀을 줄곧 상위권에 올리며 성공가도를 달리는 듯했다. 하지만 2019년 제주에서 뜻밖의 부진으로 시즌 초 경질되는 아픔을 겪었는데, 그 아픔이 더 성숙한 지도자가 되는 과정의 양분이 됐다. 그렇게 한 단계 업그레이드를 마친 조 감독은 인천에서 자신의 모든 역량을 펼쳐보일 준비를 마쳤다. 조 감독은 '잔류왕'이라는 타이틀은 결국 좋지 않은 의미라며, 2022시즌 인천을 '잔류왕' 이미지에서 완벽히 떼어놓겠다는 의미심장한 출사표를 던졌다.

선수 경력

유공	부천	상무	전북

지도자 경력

전북 플레잉 코치	전북 코치	제주 2군 감독	제주 감독	인천 감독(20~)

주요 경력

－

선호 포메이션	3-4-3	3가지 특징	실력과 성품 고루 갖춘 덕장	강인한 압박 축구의 대명사	야구 조성환을 넘어선 인지도

STAFF

수석코치	코치	GK코치	피지컬코치	선수 트레이너	전력분석관	통역
최영근	김한윤 박용호 김재성	김이섭	오지우	황근우 피민혁 최재혁	육태훈	박준성

2 0 2 1　R E V I E W

다이나믹 포인트로 보는 인천의 2021시즌 활약도

12승 11무 15패 승점 38점 8위. 2015 시즌 8위에 올랐던 이후 나름 최고의 성적으로 시즌을 마감했다. 마지막 2경기를 남겨놓은 상황에서 1부리그 잔류를 확정지은 것도 예년과 다른 행보였다. 하지만 분명 아쉬움도 남는다. 파이널A로 치고 올라갈 기회도 있었기 때문이다. 8월 말 한 때 4위에 이름을 올리기도 했다. 하지만 힘이 떨어진 9월 열린 4경기에서 1무 3패로 부진하며 무너지기 시작했고 결국은 K리그1 잔류라는 현실적인 성과에 만족해야 했다. 무고사와 아길라르 두 외국인 핵심 선수들이 최전방과 중원에서 중심축을 잘 잡아줬다. 김현, 송시우 등 국내 공격수들의 분전도 돋보였다.

FW
- 김현 **22,987** 전체 61위
- 무고사 **20,856** 전체 73위
- 네게바 **20,713** 전체 76위
- 송시우 **18,045** 전체 100위
- 김보섭 **6,967** 전체 201위

MF
- 김도혁 **25,618** 전체 54위
- 이강현 **9,319** 전체 171위
- 아길라르 **41,788** 전체 13위
- 구본철 **10,080** 전체 164위
- 정혁 **9,050** 전체 175위
- 김준범 **8,870** 전체 178위

DF
- 델브리지 **28,186** 전체 47위
- 김준엽 **7,777** 전체 196위
- 김광석 **15,895** 전체 119위
- 강윤구 **14,298** 전체 133위
- 오반석 **16,708** 전체 111위
- 오재석 **15,346** 전체 123위
- 강민수 **10,210** 전체 163위

GK
- 김동헌 **15,030** 전체 128위
- 이태희 **8,685** 전체 181위

2021시즌 다이나믹 포인트 상위 20명　■ 포인트 점수

포지션 평점

FW

MF

DF

GK

출전시간 TOP 3

1위	델브리지	2,559분
2위	오반석	2,508분
3위	김도혁	2,424분

■ 골키퍼 제외

득점 TOP 3

1위	무고사	9골
2위	김현	7골
3위	아길라르	5골

도움 TOP 3

1위	아길라르	6도움
2위	네게바	4도움
3위	김도혁	3도움

주목할 기록

2520 뒤에서 2번째인 팀 롱패스, 아기자기한 축구의 증거

139 '왼발의 달인' 아길라르의 프리킥 전체 1위

성적 그래프

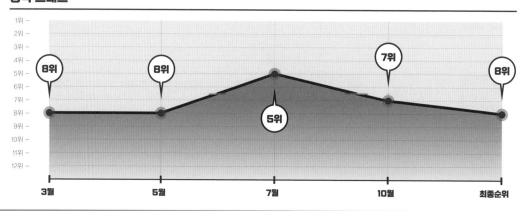

8위 (3월) — 8위 (5월) — 5위 (7월) — 7위 (10월) — 8위 (최종순위)

2022 시즌 스쿼드 운용 & 이적 시장 인앤아웃

IN

이명주_알 와흐다
이용재
_파지아노 오카야마
여름_서울
이동수_제주
홍시후_성남
이주용_전북 임대
민성준_임대복귀
박현빈 김성민
민경현
_신인

OUT

김현_수원FC
정산 임은수
_대전
구본철_성남
김연수_이랜드
유동규 최범경
김강국
_아산
김채운_ 아산 임대
이종욱_양주시민 임대
최원창_화성
최세윤_평택시민
김민석 함휘진
이제호
_계약해지
표건희 정성원
네게바
_계약만료

FW
무고사 | 송시우 | 이용재 | 김보섭
홍시후 | 김민석 | 이준석

MF
이명주 | 김도혁 | 정혁 | 아길라르
김준범 | 문창진 | 이동수 | 여름
이강현 | 민경현 | 박창환 | 박현빈

DF
김광석 | 강민수 | 강윤구
김대중 | 김준엽 | 델브리지
김창수 | 오반석 ⓒ | 오재석
이주용 | 김대경 | 김동민 | 김성민

GK
이태희 | 김동헌 | 민성준 | 김유성

ⓒ 주장　■ U-22 자원

인천유나이티드의 변화가 심상치 않다. 선수 영입 과정부터 '진짜 일 한 번 내보자'라는 의지가 느껴진다. 인천은 지난 시즌을 8위로 마치며 K리그1 '잔류왕' 딱지를 어느정도 떼는 데 성공했다. 하지만 작은 성과로 만족하지 않겠다고 선언했다. 2022 시즌에는 강등, 잔류와는 먼 나라인 파이널A로 진출하겠다고 말이다. 인천이 영입한 선수들이 맞느냐고 의심이 될 정도로 알찬 보강이 이뤄졌다. 먼저 국가대표 출신 베테랑 미드필더 이명주가 합류한 게 가장 쇼킹한 소식이고, 공격수 이용재와 홍시후, 중원의 여름과 이동수도 즉시 전력감이다. 왼쪽 측면에는 벤투 감독의 부름을 받았던 이주용까지 합류한다. 이 뿐 아니다. 주축 외국인 선수들인 무고사, 아길라르, 델브리지를 지켰고 오반석, 김광석, 정혁, 김창수, 강민수 등 경험 많은 베테랑 집토끼들을 모두 지켜냈다. 김현과 네게바의 이탈은 아쉽지만, 그 아쉬움을 모두 털어낼만한 공격적 투자로 새 시즌에 대한 기대감을 높였다. 이름값 높은 새 선수들이 대거 합류한만큼, 조성환 감독의 리더십이 이번 시즌 시험대에 오르게 된다. 동계 전지훈련 도중 코로나19 집단 감염이라는 위기를 맞이했다. 다행히도 큰 탈 없이 선수들이 회복하고, 부족하지만 전지훈련도 마쳐 시즌 준비에 차질이 없게 했다.

주장의 각오

오반석

"무엇보다 팬들이 강등 걱정을 하지 않는 한 해를 보내야 한다. 주장으로서 형들과 동생 사이에서 가교 구실을 잘해 팀 목표인 ACL 진출에 힘을 보태겠다."

2022 예상 베스트 11

FW   3-4-3

10 아길라르   9 무고사   11 이용재

MF

32 이주용   7 김도혁   5 이명주   34 오재석

DF

20 델브리지   3 김광석   26 오반석

GK

1 이태희

예상 순위

10

구단별 이적시장 성적

A

목표는 높게 잡았다. 하지만 많은 산을 넘어야, 목표 달성이 가능해 보인다. 인천은 '잔류왕' 딱지를 떼고, 파이널A 도전에 ACL 진출까지 노린다. 이명주, 이용재, 이주용, 여름 등 수준급 선수들이 가세해 불가능한 목표로 보이지는 않는다. 하지만 기존 선수들과 새 선수들이 빠른 시간 안에 어우러져야 한다. 시즌 개막 전 코로나19 집단 감염 악재도 있었다. 개막 후 초반 선수들의 컨디션이 불안정할 수 있다. 전력을 알차게 보강했지만, 상위권 후보팀들과 비교하면 아직 차이가 있다.

선수 영입이 가장 알차게 이뤄진 구단 중 하나다. 팀에 손실이 있는 이탈은 김현 정도인데, 즉시 전력감으로 이명주, 이용재, 여름, 이주용, 이동수, 홍시후가 합류했다. 양적, 질적 매우 풍성한 스쿼드를 구축할 수 있게 됐다. 백업까지 든든하다. 특히 전 국가대표 미드필더 이명주의 영입은 팀 수준을 한 차원 끌어올릴 '신의 한 수'가 될 수 있다는 평가다.

무고사

1992년 2월 26일 | 30세 | 몬테네그로 | 189cm | 81kg

FW

No.9

경력

부두치노스트 포드고리차(11~13)
▷믈라도스트 포드고리차(13~14)
▷카이저슬라우테른(14~15)
▷1860뮌헨(15~17)
▷셰리프 티라스폴(17~18)
▷인천(18~　)

K리그 통산기록

111경기 54득점 10도움

대표팀 경력

몬테네그로 대표팀 40경기 11득점

인천을 사랑하는 외국인 간판 스타. 최전방 공격수 무고사를 설명할 수 있는 문장이다. 실력도, 인성도 최고인 선수 중 하나다. 무고사는 2018년 합류 후, 인천의 공격을 책임지고 있다. 데뷔 시즌부터 19골을 몰아치며 강한 인상을 남겼고, 이후 두 시즌도 두자릿수 득점을 하며 늘 강등 경쟁을 하던 팀을 살렸다. 지난 시즌에는 코로나19 확진과 부친상 등 여파로 시즌 초반 부진해 아쉬움을 남겼지만 인천은 여전히 무고사를 신뢰하고 있다. 인천 프랜차이즈 역사상 최다 득점의 주인공이기도 하다. 큰 키로 공중볼에 강할 것 같은 느낌이지만, 실제로는 발도 잘쓰고 동료들과의 연계 플레이 능력도 매우 좋다. 골 결정력은 기본이고, 공격수가 가져야 할 여러 능력치를 고루 가지고 있는 유형의 선수다. 그리고 인천과 한국에 대한 애정이 매우 강하다. 자신의 활약에 타 팀에서 더 좋은 조건을 제시받기도 했지만, 인천 잔류를 선택한 의리파다. 득점에 성공하면 팬들과 함께하는 세리머니도 인상적이다. 이번 시즌 무고사는 더욱 위력적인 모습을 발휘할 가능성이 크다. 아길라르라는 수준급 공격 파트너가 건재하고, 전방에서 연계 능력이 좋은 이용재가 합류했다. 중원에서 정확한 침투 패스를 뿌려줄 이명주도 무고사의 도우미가 될 수 있다. 이전에는 무고사 혼자 외롭게 전방에서 싸웠다면, 이제는 그의 짐을 덜어줄 동료들이 많아졌다. 부상과 체력 문제만 없다면, 이번 시즌 20골 도전도 충분히 가능해 보인다.

2021시즌 기록

1	1,593(20) MINUTES 출전시간(경기수)	9 GOALS 득점	0 ASSISTS 도움	0

강점	수준 높은 연계 플레이와 골 결정력	특징	인천과 한국에 대한 엄청난 애정
약점	2% 부족한 파괴력	별명	파검의 피니셔

아길라르

1991년 11월 7일 | 31세 | 코스타리카 | 174cm | 79kg

MF

No.10

경력

CS에레디아노(12~18)
▷인천(18)
▷제주(19~20)
▷인천(20~)

K리그 통산기록

114경기 14득점 25도움

대표팀 경력

코스타리카 대표팀 20경기 2득점

아길라르는 장단점이 명확한 선수다. 어떻게 활용하느냐에 따라 팀의 구세주가 될 수도, 계륵이 될 수도 있다는 의미다. 먼저 아길라르의 강점은 공격쪽에서 나온다. 그의 왼발 킥은 강하고 정확하다. 프리킥과 코너킥 찬스에서 위력이 배가될 수 있고, 중거리슛 득점도 많이 나올 수 있다. 중원에서의 탈압박, 그리고 침투 패스 등도 좋다. 화려한 드리블 능력은 기본으로 장착돼있다. 전형적인 플레이메이커다. 다만, 자신의 축구에만 너무 집중한다는 단점도 있다. 수비 가담을 거의 하지 않는 스타일이고, 프리롤 역할을 원하다보니 팀 밸런스가 무너지기도 한다. 제주 시절 조성환, 최윤겸, 남기일 3명의 지도자가 아길라르를 중용하지 않은 이유는 모두 같았다. 공격에서 얻을 수 있는 플러스 요소보다 팀에 해가 되는 마이너스 요소가 더 많았다는 것이다. 다만, 아길라르는 지난 시즌 자신을 어떻게 활용하면 된다는 것을 인천 유니폼을 입고 증명했다. 크게 달라진 건 없었다. 아길라르의 매력은 역시 '닥공'이다. 아길라르를 살리기 위해서는 그 뒤를 받치는 미드필더들의 역할이 중요하다. 다행히 인천의 미드필더들은 아길라르와 상성이 맞는다. 활동량이 많은 이명주, 김도혁이 있어 아길라르가 마음 놓고 공격을 펼칠 수 있는 환경이 조성됐다. 아니면 아길라르를 왼쪽 윙포워드로 활용해도 나쁘지 않은 선택이 될 수 있다. 분명한 건, 지난 시즌 아길라르가 5골 6도움의 활약을 해줬기에, 인천이 강등 경쟁을 피할 수 있었다는 것이다.

2021시즌 기록

6	2,540(33) MINUTES 출전시간(경기수)	5 GOALS 득점	6 ASSISTS 도움	0

강점	정확한 킥 화려한 드리블 넓은 시야	특징	왼발의 달인
약점	빈약한 수비 가담	별명	중원의 마술사

이명주

1990년 4월 24일 | 32세 | 대한민국 | 176cm | 72kg

MF

No.5

경력

포항(12~14)
▷ 알 아인(14~17)
▷ 서울(17~18)
▷ 경찰(18~19)
▷ 서울(19)
▷ 알 와흐다(20~21)
▷ 인천(22~)

K리그 통산기록

152경기 27득점 27도움

대표팀 경력

17경기 1득점

생각지도 못했던 깜짝 손님, 그는 인천을 파이널A행으로 이끄는 마지막 키가 될까? 이명주의 인천 계약 소식이 전해지고, 엄청난 반향이 일었다. 그만큼 예상치 못한 이적이었다는 것. 그가 한국에 복귀하는 것 뿐 아니라 선택한 팀이 인천이라는 것도 많은 축구팬들을 놀라게 했다. 이명주는 국가대표 출신 중앙 미드필더다. 프로 데뷔 후에는 공격에서 두각을 나타냈지만, 선수 생활을 이어가며 수비적인 측면에서도 많은 발전을 이뤘다. 올해로 32세가 돼 베테랑 반열에 접어들고 있지만, 그의 활동량과 기술은 아직 어디로 가지 않았다. 부상도 자주 당하지 않고, 체력도 좋다. 어느 팀이든 이명주가 가세만 한다면 중원의 안정화를 기대해볼만 했는데, 행운의 주인공은 인천이 됐다. 이명주는 전 소속팀 알 와흐다와의 계약이 남아있었다. 하지만 외국인 쿼터 문제로 경기를 뛰지 못하는 상황이 이어지자 K리그 복귀를 타진했다. 시민구단 인천이 이명주를 붙잡는 일은 쉽지 않았다. 하지만 과감한 베팅과 정성을 다하는 전략이 통했다. 이명주는 인천에서 자신의 능력치를 마음껏 펼쳐낼 수 있을 전망이다. 먼저 조성환 감독이 기동력이 있고, 수비력까지 갖춘 이명주 같은 스타일의 선수를 선호한다. 이명주 중심의 전술이 만들어질 가능성이 높다. 수비력이 좋고 많이 뛰는 김도혁, 여름 등 중원 파트너들도 든든하다. 관건은 지난 시즌 알 와흐다에서 거의 뛰지 못해 경기 감각이 많이 떨어져 있다는 점. 새 동료들과 빠르게 호흡을 맞추며 살려내야 한다.

■ 사우디리그 기록

2021시즌 기록				
0	**388(5)** MINUTES 출전시간(경기수)	**0** GOALS 득점	**0** ASSISTS 도움	0

강점	최고 수준의 공격 전개와 엄청난 활동량	특징	밀집수비 격파 전문가 '중동도 문제없다' 미친 적응력
약점	늘 발목을 잡았던 수비력	별명	철인29호 (포항 시절 등번호를 빗댄 별명) 큰바위얼굴

오반석

1988년 5월 20일 | 34세 | 대한민국 | 190cm | 81kg

DF

No.26

26

경력

제주(11~18)
▷ 알 와슬(18~19)
▷ 전북(20)
▷ 인천(20~)

K리그 통산기록

242경기 7득점 1도움

대표팀 경력

2경기

국가대표 출신의 꽃미남 센터백 오반석. 그는 2020년 여름 전북을 떠나 인천에서 새로운 도전을 선택했다. 가까스로 팀의 잔류 드라마와 함께 한 오반석은 지난 시즌을 앞두고 인천으로 완전 이적을 선택했다. 베테랑 김광석과 함께 스리백 라인을 철통같이 지켜내며 시즌 중반까지의 인천의 상승세를 이끌었다. 큰 키를 바탕으로 한 공중볼 경쟁력이 탁월하다. 피지컬로 상대 공격수들을 압도하는 스타일이다. 그렇다고 빌드업시 패스나 발밑 기술이 나쁜 편도 아니다. 이변이 없다면 계속해서 인천의 주전 스리백으로 활약할 전망이다. 2022년은 오반석에게 또 다른 도전의 한 해가 될 수 있다. 먼저 지난해 말 결혼을 하며 가장으로서의 책임감이 생겼다. 그리고 새 시즌 주장이라는 중책을 맡았다. 지난 시즌 김도혁이라는 원클럽맨이 주장 역할을 잘해줬기에, 오반석 입장에서는 큰 부담일 수 있다. 여기에 인천은 이번 시즌을 앞두고 이명주, 이용재, 이주용, 여름 등 레벨 높은 선수들을 대거 영입했다. 구슬이 서 말이라도 꿰어야 보배가 된다. 이들이 한데 뭉쳐 시너지 효과를 내려면 주장의 역할을 매우 중요할 수밖에 없다. 오반석 개인으로도 절치부심 시즌을 준비해야 한다. 이제 곧 30대 중반의 나이에 접어들기에 부상, 체력 관리는 필수다. 지난 시즌에도 잘나가다 후반기 잔부상과 체력 저하 여파로 전반기만큼의 활약을 펼쳐보이지 못했다. 새 캡틴으로서 온전히 한 시즌을 치를 수 있는 힘이 필요하다.

2021시즌 기록

4	2,508(30) MINUTES 출전시간(경기수)	0 GOALS 득점	0 ASSISTS 도움	0

강점	압도적인 피지컬에서 나오는 수비 장악력	특징	남녀 모두 인정하는 K리그 대표 꽃미남
약점	많은 나이로 인한 잔부상과 체력 저하	별명	맥반석

김광석

1983년 2월 12일 | 39세 | 대한민국 | 182cm | 74kg

DF

No.3

경력

포항(02~05)
▷ 상무(05~06)
▷ 포항(06~20)
▷ 인천(21~)

K리그 통산기록

434경기 11득점 5도움

대표팀 경력

—

포항의 상징과도 같던 선수였다. 20년 가까이 포항에서 축구를 하다. 선수 생활 황혼기 어려운 결정을 했다. 인천으로의 이적. 포항에 있었다면 레전드 대우를 받으며 화려하게 선수 생활을 마무리할 수 있었다. 하지만 그의 뜻은 확고했다. 선수로서 자신의 가치를 인정받을 수 있는 곳에서 뛰기를 원했다. 그렇게 인천에서의 첫 시즌을 성공적으로 마쳤다. 인천은 김광석의 합류로 약점이던 수비 라인에 안정감이 생기며 지난 몇 시즌 자신들을 괴롭혔던 강등 경쟁에서 탈출할 수 있었다. 당연히 인천은 김광석의 활약에 화답했다. 2022년에도 재계약을 하며 인천에서의 그의 활약을 더 지켜볼 수 있게 됐다. 40세가 눈앞인 최고참. 하지만 그의 경기를 보면 나이를 의심케 할만큼 젊은 후배들과 비교해 밀리지 않는다. 지치지 않는 체력으로 지난 시즌 개막 라운드부터 27라운드까지 선발로 출전해 풀타임을 소화했다. 그라운드에서는 투지 넘치는 전사같이 보이지만, 프로 데뷔 후 434경기를 뛰며 퇴장을 단 한 차례도 당하지 않았다. 실력과 함께 많은 경험을 바탕으로 수비수에게 필요한 요령도 갖췄다는 의미다. 상대를 배려하는 자세도 있다. 매우 가치있는 기록이다. 지난 시즌 순항하다 종아리 부상으로 시즌 막판 팀을 이탈한 게 옥에 티였다. 흐르는 세월을 막을 수는 없다. 이번 시즌도 관건은 부상 방지다. 다치지만 않는다면 올해도 인천의 최후방 라인은 김광석이 계속해서 든든하게 지켜나갈 것이다.

2021시즌 기록

1	2,402(25) MINUTES 출전시간(경기수)	1 GOALS 득점	0 ASSISTS 도움	0
강점	나이를 무색하게 만드는 체력과 투지	특징	팀 최고참이자 군기 반장	
약점	어느덧 훌쩍 지나버린 세월 부상 걱정	별명	빅브라더	

MF

No.7

김도혁

1992년 2월 8일 | 30세 | 대한민국 | 173cm | 70kg
경력 | 인천(14~17) ▷ 경찰(18~19) ▷ 인천(19~)
대표팀 경력 | U-23 대표팀 1경기

인천의 프랜차이즈 스타 중 한 명이다. 인천팬들이 가장 사랑하는 선수이기도 하다. 김도혁은 2014년 인천 입단 이후 아산 무궁화 시절을 제외하고, 원클럽맨으로 활약중이다. 선수 본인도 인천에 대한 애정을 가감없이 드러낸다. 지난 시즌 K리그 통산 200 경기 출전 기록을 채우기도 했다. 화려하지는 않지만, 팬들과 지도자들이 좋아할 수밖에 없는 유형의 선수다. 중앙 미드필더로, 엄청난 활동량을 자랑한다. 쉴 새 없이 뛰며 상대 공격을 견제한다. 키와 체격이 큰 편이 아니라 수비에서 약점이 있지만, 한 발 더 뛰는 투지로 그 약점을 메운다.

2021시즌 기록					강점	약점
5	0	2,424(34) MINUTES 출전시간(경기수)	2 GOALS 득점	3 ASSISTS 도움	중원의 팔방미인	작은 체구로 인한 수비 한계

DF

No.32

이주용

1992년 9월 26일 | 30세 | 대한민국 | 180cm | 78kg
경력 | 전북(14~17) ▷ 경찰(17~18) ▷ 전북(18~21) ▷ 인천(22~)
대표팀 경력 | 5경기

스타 플레이어들이 즐비한 전북에서 그는 늘 백업이었다. 하지만 풀시즌을 뛰지 못하면서도 국가대표팀의 관심은 늘 받을 정도로 재능을 갖고 있는 자원이 바로 이주용이다. 벤투 감독의 부름을 받기도 했던 이주용이 출전 기회를 찾아 인천에 왔다. 1년 임대 이적이다. 지난 시즌 전북에서 리그 6경기 출전에 그쳤는데, 이번 시즌 인천에서는 붙박이 왼쪽 미드필로 출격할 예정이다. 이주용의 주포지션은 윙백이지만, 아마추어 시절 공격에도 두각을 나타냈던만큼 공-수 모두에서 인천 전력 업그레이드에 큰 도움이 될 전망이다.

2021시즌 기록					강점	약점
0	0	534(6) MINUTES 출전시간(경기수)	0 GOALS 득점	0 ASSISTS 도움	공-수 겸장	떨어진 경기 감각

DF

No.34

오재석

1990년 1월 4일 | 32세 | 대한민국 | 178cm | 75kg
경력 | 수원(10~11) ▷ 강원(12) ▷ 감바 오사카(13~20) ▷ 나고야(20) ▷ 인천(21~)
대표팀 경력 | 4경기, 2007 U-17 월드컵, 2009 U-20 월드컵, 2010 아시안게임, 2012 올림픽

2012 런던올림픽 동메달리스트로 어릴 적부터 촉망받는 유망주 풀백이었다. 국가대표로도 활약했다. 올림픽 후 일본에 진출, 감바 오사카에서 역대 4번째로 많은 출전을 한 외국인 선수로 이름을 남겼다. 일본 생활을 마무리하고 지난 시즌 인천에 합류했다. 가진 재능이 있어 인천의 스리백 라인을 든든하게 지켜줬지만, 선수 본인은 오랜만에 복귀한 K리그 적응에 어려움을 호소하기도 했다. 인천에서의 본격적인 새 도전은 이번 시즌부터라고 해도 무방하다. 지난 시즌에 이어 누 시즌 연속 부주장 색색을 맡았다. 수비 라인의 핵심 역할을 해줘야 한다.

2021시즌 기록					강점	약점
0	0	2,239(26) MINUTES 출전시간(경기수)	0 GOALS 득점	2 ASSISTS 도움	영리한 상황 판단력	백라인에 서기에 부족한 피지컬

FW

이용재

1991년 6월 8일 | 31세 | 대한민국 | 186cm | 78kg
경력 | 낭트(09~14)▶나가사키(14~15)▶교토(16~17)▶오카야마(18~21)▶인천(22~)
대표팀 경력 | 4경기 1득점, 2007 U-17 월드컵, 2011 U-20 월드컵,
2014 아시안게임

제대로 빛을 보지 못한 풍운아. 어린 시절부터 가능성을 인정받아 프랑스 낭트에서 프로 생활을 시작했다. 이후 슈틸리케 감독 당시 대표팀에도 합류했었고, 인천 아시안게임에서 금메달도 획득했다. 이후 일본에서 커리어를 이어갔지만, 이렇다 할 임팩트를 남기지는 못했다. 이제 K리그, 그리고 인천에서 새로운 도전에 나서게 됐다. 장신 스트라이커 김현을 잃은 인천 입장에서 이용재는 완벽한 대체 자원이다. 전방에 결정력이 좋은 무고사가 있기에, 연계 플레이가 능한 이용재의 합류는 궁합 측면에서 매우 긍정적인 영향력을 발산할 수 있다.

No.11

		2021시즌 기록			강점	약점
0	0	346(10) MINUTES 출전시간	2 GOALS 득점	0 ASSISTS 도움	능수능란한 연계 플레이	큰 키가 부끄러운 공중 장악력

■J리그 기록

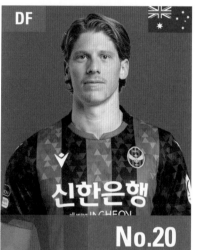

DF

델브리지

1992년 3월 15일 | 30세 | 호주 | 193cm | 87kg
경력 | 벤투라 카운티(13)▶새크라멘토 리퍼블릭(14)▶포틀랜드 팀버스(15)
▶신시내티(16~17)▶멜버른 시티(18~21)▶인천(21~)
대표팀 경력 | ―

인천의 아시아쿼터 자원. 지난 시즌을 앞두고 첫 선을 보였다. 시즌 초반에는 어색한 공기 탓인지 경기에 투입되면 허둥대기 일쑤였다. 하지만 기회를 얻고, 새 팀과 새 리그에 적응해나가며 자신의 존재감을 알렸다. 델브리지는 장신 수비수로 인천 스리백의 왼쪽 포지션을 담당한다. 큰 키를 바탕으로 한 공중 장악력이 좋고, 외국인 선수답게 발밑기술도 훌륭한 편이다. 크로스 능력도 좋고, 세트피스에서도 강점이 있다. 여러모로 활용도가 높다. 다만, 생각보다 느린 스피드가 단점이다. 올해까지 계약이 돼 있는 만큼, 강한 동기부여가 될 수 있는 시즌이다.

No.20

		2021시즌 기록			강점	약점
5	0	2,559(34) MINUTES 출전시간(경기수)	1 GOALS 득점	2 ASSISTS 도움	끊임없이 시도하는 오버래핑	공격력에 비해 아쉬운 수비력

GK

이태희

1995년 4월 26일 | 27세 | 대한민국 | 188cm | 87kg
경력 | 인천(14~)
대표팀 경력 | U-20 대표팀 11경기 11실점

인천 유스 출신의 원클럽맨. 팀에 대한 애정이 매우 많고, 실제 유스 출신 중 인천에서 가장 오래 뛰고 있는 선수이기도 하다. 험난한 주전 경쟁으로 오랜 시간을 버텨오다, 지난 시즌 처음으로 주전 자리를 따냈다. 아직 완벽한 넘버원 골키퍼라고 하기에는 부족함이 있지만, 지난 시즌 경험을 발판으로 새 시즌에는 더욱 믿음직한 플레이를 펼칠 것으로 기대를 모은다. 동물적인 반사 신경으로 경기 흐름을 바꾸는 세이브를 자주 연출해낸다. 자신과 경쟁하던 베테랑 정산이 대전으로 이적하며 이번 시즌 책임감이 더욱 막중해졌다.

No.1

		2021시즌 기록			강점	약점
0	0	2,345(26) MINUTES 출전시간(경기수)	78 SAVE 선방	35 LOSS 실점	동물적인 반사 신경	경기 운영과 안정감

MF

No.18

여름

1989년 6월 20일 | 33세 | 대한민국 | 175cm | 62kg

경력 | 광주(12~16) ▷ 상무(17~18) ▷ 광주(18~20) ▷ 제주(21)
▷ 서울(21) ▷ 인천(22~)

대표팀 경력 | –

여름에게 인천은 재도약의 새로운 장이 될 수 있을까. 여름 입장에서 2021시즌은 머릿속에서 지우고 싶을 것이다. 정들었던 광주를 떠나 야심차게 제주 이적을 선택했다. 시즌 초반 중용됐지만, 인상적인 활약을 보여주지 못하며 결국 주전 경쟁에서 밀렸다. 시즌 도중 그의 선택은 서울로의 이적. 하지만 서울에서도 경기력을 끌어올리는 건 여의치 않았다. 그렇게 1년을 아쉽게 보냈고, 2022시즌 새 출발을 인천에서 하게 됐다. 인천에서도 이명주, 김도혁 등과 치열한 경쟁을 펼쳐야 한다. 그가 가진 재능이라면, 조성환 감독과 합이 잘 맞을 수 있다.

2021시즌 기록					강점	약점
4	0	1,330(22) MINUTES 출전시간(경기수)	0 GOALS 득점	0 ASSISTS 도움	타의 추종을 불허하는 활동량	상대적으로 느껴지는 투박함

FW

No.19

송시우

1993년 8월 28일 | 29세 | 대한민국 | 174cm | 72kg

경력 | 인천(16~18) ▷ 상무(18~20) ▷ 인천(21~)

대표팀 경력 | –

그가 등장하면 '시우타임'이 시작된다. 송시우는 인천의 특급 조커다. 늘 후반 승부처에서 인상적인 골을 터뜨렸다. 전형적인 윙어로 빠른 발, 수준급 드리블 능력, 그리고 골 결정력까지 갖췄다. 측면을 파고들어 골 찬스를 만들어내는 능력이 훌륭하다. 공격이 풀리지 않을 때, 경기 중후반 득점이 필요할 때 선택할 수 있는 제 1옵션이라 해도 무방하다. 송시우는 지난 시즌 자신의 진가를 확실히 드러냈다. 리그 34경기를 뛰었는데, 프로 입단 후 한 시즌 최다 출전 기록이다. 이로 인해 인천과 3년 재계약에 성공했다. 2022시즌에도 '시우타임'은 계속 된다.

2021시즌 기록					강점	약점
3	1	1,616(34) MINUTES 출전시간(경기수)	4 GOALS 득점	2 ASSISTS 도움	엄청난 스피드와 저돌성	동료를 살리는 연계 플레이

MF

No.8

정혁

1986년 5월 21일 | 36세 | 대한민국 | 175cm | 68kg

경력 | 인천(09~12) ▷ 전북(13~15) ▷ 경찰(15~16) ▷ 전북(16~20)
▷ 경남(20) ▷ 인천(21~)

대표팀 경력 | –

인천에서 잘 성장했다. 능력을 인정 받아 리그 최강 클럽인 전북으로 이적했다. 전북에서 전성기를 보냈다. 하지만 세월을 거스를 수 없는 법. 점점 출전 시간이 줄어들 수밖에 없었다. 살 길을 찾아 나선 정혁을 받아준 팀은 친정 인천이었다. 정혁은 지난 시즌 도중 인천에 합류했고, 클래스가 다른 플레이를 선보이며 중원에 안정감을 더해줬다. 그 공로를 인정받아 인천과 1년 재계약에도 성공했다. 정혁의 가장 큰 강점은 중원에서 경기를 풀어내는 능력. 템포 조절에 능하다. 주진이 아닐지라도, 정혁의 역할이 필요한 순간들이 자주 찾아올 것이다.

2021시즌 기록					강점	약점
3	0	1,010(14) MINUTES 출전시간(경기수)	0 GOALS 득점	0 ASSISTS 도움	경험에서 우러나오는 경기 운영	어쩔 수 없는 체력의 한계

FW
No.37

홍시후

2001년 1월 8일 | 22세 | 대한민국 | 177cm | 70kg

경력 | 성남(20~21) ▷ 인천(22~)

대표팀 경력 | –

미래를 내다본 인천의 야심작. 성남에서 나름의 강한 인상을 남겼던 홍시후가 인천에 입단했다. 고교 졸업 후 2020시즌 성남에 합류, 첫 시즌부터 1군 무대에 데뷔하며 미래를 기대케 했다. 빠른 스피드로 측면을 휘저을 능력이 있는 선수다. 겁 없이, 저돌적으로 상대 진영을 파고든다. 물론, 프로 선수로 더 성장하려면 아직 갈 길이 멀기는 하다. 인천은 잠재력 있는 미드필더 구본철을 내주며 홍시후를 데려왔다. 새로운 스타로 키워보겠다는 의미다. U-22 카드 중 마땅한 경쟁자가 없다. 어느 정도 출전 기회가 돌아갈 것이다. 본인이 이 기회를 잡아야 한다.

2021시즌 기록					강점	약점
1	0	928(25) MINUTES 출전시간(경기수)	0 GOALS 득점	0 ASSISTS 도움	총알같은 스피드	부족한 골 결정력

MF
No.16

이동수

1994년 6월 3일 | 28세 | 대한민국 | 185cm | 72kg

경력 | 대전(16) ▷ 제주(17~19) ▷ 상무(19~21) ▷ 제주(21) ▷ 인천(22~)

대표팀 경력 | –

조성환 감독 품에 다시 안긴 애제자. 이동수가 인천에서 새 출발을 하게 됐다. 2016년 대전에서 프로데뷔한 후 엄청난 경기력으로 센세이션을 일으켰다. 당시 제주를 이끌던 조 감독이 이동수를 눈여겨봤고, 그를 영입해 핵심 선수로 활용했다. 그러던 사이 조 감독이 팀을 떠나게 됐고, 이동수 역시 상무에서 병역 의무를 수행했다. 지난 시즌 제주에 복귀했지만, 새로운 팀을 찾는 게 그에게 현실적인 선택이었다. 조 감독이 이동수를 다시 불렀다. 이동수도 응답했다. 자신의 철학을 잘 이해하는 수비형 미드필더의 가세, 조 감독에게 큰 힘이 될 듯 하다.

2021시즌 기록					강점	약점
1	0	567(12) MINUTES 출전시간(경기수)	0 GOALS 득점	0 ASSISTS 도움	중앙-측면 가리지 않는 멀티 능력	아쉬운 공격력

DF
No.4

강민수

1986년 2월 14일 | 36세 | 대한민국 | 186cm | 72kg

경력 | 전남(04~07) ▷ 전북(08) ▷ 제주(09) ▷ 수원(10) ▷ 울산(11~14)
▷ 상무(14~16) ▷ 울산(16~20) ▷ 부산(20~21) ▷ 인천(21~)

대표팀 경력 | 33경기, 2008 올림픽, 2010 월드컵

말그대로 산전수전 다 겪은 베테랑이다. 2004년 데뷔 후 군팀인 상무를 포함해 8개의 팀 유니폼을 입었다. 국가대표로 월드컵도 다녀왔다. 그렇게 세월이 흘렀지만, 수비 라인에서 그의 존재감은 여전하다. 울산에서 전성기를 보낸 강민수는 부산으로 둥지를 옮겼다. 하지만 지난 시즌 출전 기회를 잃었고, 시즌 도중 인천 이적이라는 결단을 내렸다. 공교롭게도 인천에는 울산 시절 만나면 으르렁댔던 포항 출신 베테랑 김광석이 먼저 와있었다. 그렇게 두 사람이 수비 라인 호흡을 맞추는 장면이 볼거리를 제공했다. 두 베테랑 덕에 수비 라인 안정감이 더해진 인천이다.

2021시즌 기록					강점	약점
1	0	1,455(17) MINUTES 출전시간(경기수)	0 GOALS 득점	0 ASSISTS 도움	산전수전 다 겪은 베테랑의 경험	부족한 파워

김보섭

FW | No.27

1998년 1월 10일 | 24세 | 대한민국 | 183cm | 74kg
경력 | 인천(17~19) ▷ 상무(19~21) ▷ 인천(21~)
대표팀 경력 | U-23 대표팀 2경기 1득점

인천 출신으로, 인천 팬들의 기대를 한 몸에 받은 공격수다. 2017년 입단 후 많은 기회가 주어지지는 않았지만, 공격진의 조커로서 간간이 자신의 존재를 알렸다. 지난 시즌에도 시즌 중반 군 복무를 마치고 돌아와, 후반기 15경기에 투입됐다. 조커로서 발전 가능성을 보였다. 고교 시절부터 뛰어난 득점 감각을 뽐낸 김보섭은 공격에 있어서는 타고난 자질을 갖춘 것으로 인정받는다. 슈팅과 돌파 능력을 두루 갖췄다. 다만, 자신의 확실한 강점이 없다는 게 약점이다. 자신과 비슷한 역할을 할 경쟁자 송시우가 있어, 더 열심히 시즌을 준비해야 한다.

2021시즌 기록					강점	약점
2	0	818(15) MINUTES 출전시간(경기수)	0 GOALS 득점	1 ASSISTS 도움	타고난 공격수로서의 센스	소극적인 플레이 스타일

김동헌

GK | No.21

1997년 3월 3일 | 25세 | 대한민국 | 186cm | 87kg
경력 | 인천(19~)
대표팀 경력 | -

인천이 키우는 유망주 골키퍼. 성골 유스 출신이다. 용인대에서 경험을 쌓은 후 인천에 입단했다. 2년 선배인 이태희가 있지만, 인천은 일찍부터 김동헌의 가능성을 알아보고 두 사람이 같이 성장해 나가는 그림을 그렸다. 실제 김동헌은 고교 선배인 이태희와 절친한 사이. 2019년 데뷔 시즌에는 1경기도 못뛰었지만, 2020시즌 3경기에 출전했고 지난 시즌은 13경기로 늘어났다. 베테랑 정산이 대전으로 떠남에 따라 이제 김동헌이 이태희에 이어 넘버투 역할을 해야 한다. 인천이 인정한 그의 동물적 반사 신경이 팀을 구해낼 경기가 점점 많아질 것이다.

2021시즌 기록					강점	약점
2	0	1,226(13) MINUTES 출전시간(경기수)	51 SAVE 선방	10 LOSS 실점	골키퍼로서 타고난 재능	어디로 튈 지 모르는 불안감

김동민

DF | No.47

1994년 8월 16일 | 28세 | 대한민국 | 180cm | 75kg
경력 | 인천(17~20) ▷ 상무(20~21) ▷ 인천(21~)
대표팀 경력 | -

인천에서 나고 자라, 인천대까지 다닌 인천 토박이. 데뷔 시즌부터 1군 경기에서 눈에 띄는 활약을 펼쳤다. 왼쪽 풀백으로 투지 넘치는 플레이를 선보이며 매 시즌 출전 경기수를 늘렸고, 2019시즌에는 무려 23경기를 뛰며 주전급 선수로 거듭났다. 이 활약을 인정받아 상무에 입대한 뒤, 지난해 말 인천에 복귀했다. 다만, 상무에서 두 시즌을 보내며 10경기밖에 치르지 못한 건 아쉬운 대목. 경기 감각이 많이 떨어졌을 가능성이 높다. 주포지션인 왼쪽 측면에 이주용이 임내토 영입돼 이번 시즌 팀튼 경쟁이 예상된다.

2021시즌 기록					강점	약점
0	0	96(1) MINUTES 출전시간(경기수)	0 GOALS 득점	0 ASSISTS 도움	좌-우 가리지 않는 포지션 소화 능력	기복이 심한 경기 내용

박건
신진호
임상협
강현무
심상민
신광훈
윤평국
박찬용
김용환
김륜성
박승욱
이수빈
고영준
이승모
정재희
이광혁
허용준
이호재
권기표
모세스
그랜트
완델손
팔라시오스

포항스틸러스

ACL 준우승의 영광은 잊어라. 도취되는 순간 강등이다.

포항 스틸러스

한국 프로축구의 역사를 논하기 위해서는 포항을 절대 빼놓을 수 없다. 한국에서 가장 오랜 역사를 지닌 프로 클럽으로서 강렬한 '검빨' 이미지를 앞세운 강인함의 대명사다. K리그의 터줏대감답게 외국인 선수 영입, 전용구장 건립, 유소년 시스템 정착, 클럽하우스 개장, 자체 명예의 전당 설립 등 '최초'라는 수식어가 붙는 업적도 많다. 하지만 찬란한 역사도 조금씩 옅어지고 2010년대 중반부터 긴 암흑기를 맞이한다. 모기업 포스코의 재정 악화에 따른 지원 축소, 프런트의 안일한 운영 등으로 명가의 위상을 잃어가고 있었다. 그러나 밤이 깊으면, 새벽이 찾아오기 마련이다. 2019시즌 중 지휘봉을 잡은 레전드 출신 김기동 감독이 나락으로 떨어질 뻔한 포항을 구해냈다. 2019시즌 4위에 이어 2020시즌 3위로 ACL 티켓을 따내며 명가의 자존심을 회복했다. 그렇게 다시 높은 곳으로 비상하는 듯 하던 포항은 2021시즌 다시 휘청거렸다. 전년도 3위의 주역 선수들이 이적 시장에서 대거 빠져나가며 전력이 급격히 약화된 탓이다. 김 감독의 리더십만으로는 리그 장기 레이스를 버티기 어려웠다. 결국 9위로 추락. 그나마 ACL에서 극적인 준우승을 거둔 덕분에 명예는 지킬 수 있었다. 빛과 어둠이 공존했던 2021년을 뒤로하고, 포항은 다시 명가 재건을 꿈꾼다.

구단 소개

정식 명칭	포항 스틸러스 축구단
구단 창립	1973년 4월 1일
모기업	포스코
상징하는 색	검은색, 빨간색
마스코트	쇠돌이, 쇠순이
레전드	박태하, 홍명보, 김기동
서포터즈	강철전사 등 7개 모임
온라인 독립 커뮤니티	강철전사

우승

K리그	5회(86, 88, 92, 07, 13)
FA컵	0회
AFC 챔피언스리그	0회
아시안 클럽 챔피언십	0회

최근 5시즌 성적

시즌	K리그	FA컵	AFC 챔스
2021시즌	9위	8강	준우승
2020시즌	3위	4강	–
2019시즌	4위	32강	–
2018시즌	4위	32강	–
2017시즌	7위	32강	–

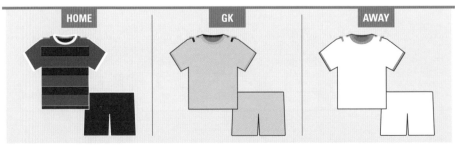

HOME　GK　AWAY

강철같은 의지와 불굴의 투혼으로 묵묵히 선수들을 받쳐주는

포항의 심장

김기동 | 1972년 1월 12일 | 50세 | 대한민국

K리그 전적
95전 41승 22무 32패

얼핏 보면 평범한 옆집 아저씨 같은 인상. 하지만 김기동 감독의 진면목은 강철의 심장과 용광로처럼 뜨거운 의지를 지닌 굳건한 리더다. 포항의 프랜차이즈 레전드 출신으로 현역 시절에는 철저한 자기 관리로 역대 K리그 최고령 선수, 최고령 출전 기록을 갖고 있는 말 그대로 '철인'이었다. 2019년부터 친정팀 포항의 지휘봉을 잡아 매년 좋은 성적을 내면서 지도력을 인정받고 있다. 2020 K리그 감독상을 받았고, 지난해에도 전력이 약화된 상황을 이겨내며 AFC 챔피언스리그 준우승의 업적을 달성했다. 사실 데뷔 후 이 정도로 꾸준하게 호성적을 냈다면, '꽃길'을 걸어야 정상이다. 하지만 김 감독은 여전히 가시밭길을 헤쳐나가고 있다. 지원은 부실하고, 힘겹게 키워놓은 핵심 전력들은 계속 빠져 나간다. 김기동 감독은 그래도 불평하지 않고, 어떻게든 해결책을 찾으려 애쓴다. 그 강한 의지가 아니었다면 포항은 벌써 무너졌을 것이다. 올해도 상황은 마찬가지. 오히려 더 나빠진 면도 있다. 과연 김 감독이 이번에도 가시밭길을 잘 헤쳐나갈 수 있을까.

선수 경력

포항	부천SK	포항

지도자 경력

U-23 대표팀 코치	포항 수석코치	포항 감독(19~)

주요 경력

2020시즌 K리그1 감독상

선호 포메이션	4-2-3-1	3가지 특징	능동적인 전술 변화	빼어난 융화력	헝그리 정신

STAFF

수석코치	코치	GK코치	피지컬코치	선수 트레이너	분석관	통역
김대건	이광재 이규용	박호진	주닝요 박효준	이종규 변종균 강동훈	이창주	기지용

2 0 2 1 R E V I E W

**다이나믹
포인트로 보는
포항의
2021시즌
활약도**

쓸쓸한 좌절과 짜릿한 영광을 동시에 맛본 시즌이었다. 추락은 이미 시즌 개막 전부터 어느 정도 예상됐던 부분이다. 전년도 3위를 이끈 핵심 멤버 중에서 팔로세비치, 일류첸코, 최영준, 김광석, 하창래 등의 이탈을 막지 못했기 때문. 그래도 임상협, 신진훈, 신진호 등 젊은 선수들을 영입한데다 강상우, 송민규 등을 지켜내 어느 정도 선에서는 순위가 유지될 것으로 기대됐다. 하지만 구단은 시즌 중 송민규까지 감독의 의지와 상관없이 팔아 버리는 기행을 저질렀다. 결과는 리그 9위. 힘겹게 잔류에 성공했다. 그나마 김 감독의 맞춤 전략 덕분에 단 기전 ACL에서 준우승을 차지했는데, 가히 기적 같은 일이라고 할 만하다.

| FW | | | | |
| 임상협 35,020 전체 22위 | 타쉬 6,712 전체 204위 | 이호재 4,565 전체 239위 | 권기표 2,669 전체 265위 | 팔라시오스 18,075 전체 99위 |

MF				
크베시치 13,782 전체 136위	김성주 2,126 전체 276위	오범석 3,725 전체 250위	이수빈 10,955 전체 159위	신진호 43,601 전체 8위
	고영준 15,145 전체 126위		이승모 15,226 전체 125위	

DF				
박승욱 12,150 전체 152위	강상우 41,926 전체 11위	그랜트 9,194 전체 173위	전민광 22,952 전체 63위	
이광준 8,370 전체 189위		신광훈 17,845 전체 101위	권완규 30,982 전체 41위	

| GK | | | | |
| 강현무 21,432 전체 69위 | | | | |

2021시즌 다이나믹 포인트 상위 20명 ■ 포인트 점수

포지션 평점

FW	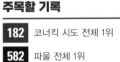
MF	
DF	
GK	

출전시간 TOP 3

1위	권완규	3,525분
2위	강상우	3,509분
3위	신진호	3,222분

■ 골키퍼 제외

득점 TOP 3

1위	임상협	11골
2위	송민규	7골
3위	강상우	4골

도움 TOP 3

1위	강상우	8도움
2위	신진호	7도움
3위	임상협	4도움

주목할 기록

| 182 | 코너킥 시도 전체 1위 |
| 582 | 파울 전체 1위 |

성적 그래프

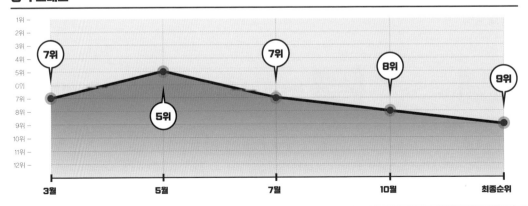

2022 시즌 스쿼드 운용 & 이적 시장 인앤아웃

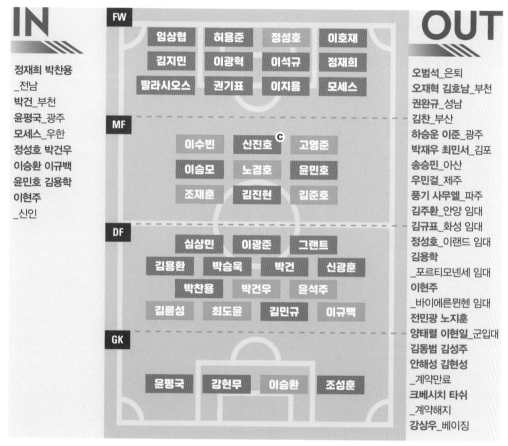

IN

정재희 박찬용
_전남
박건_부천
윤평국_광주
모세스_우한
정성호 박건우
이승환 이규백
윤민호 김용학
이현주
_신인

FW
임상협 / 허용준 / 정성호 / 이호재
김지민 / 이광혁 / 이석규 / 정재희
팔라시오스 / 권기표 / 이지용 / 모세스

MF
이수빈 / 신진호 ⓒ / 고영준
이승모 / 노경호 / 윤민호
조재훈 / 김진현 / 김준호

DF
심상민 / 이광준 / 그랜트
김용환 / 박승욱 / 박건 / 신광훈
박찬용 / 박건우 / 윤석주
김륜성 / 최도윤 / 김민규 / 이규백

GK
윤평국 / 강현무 / 이승환 / 조성훈

OUT

오범석_은퇴
오재혁 김호남_부천
권완규_성남
김찬_부산
하승운 이준_광주
박재우 최민서_김포
송승민_아산
우민걸_제주
풍기 사무엘_파주
김주환_안양 임대
김규표_화성 임대
정성호_이랜드 임대
김용학
_포르티모넨세 임대
이현주
_바이에른뮌헨 임대
전민광 노지훈
양태렬 이현일_군입대
김동범 김성주
안해성 김현성
_계약만료
크베시치 타쉬
_계약해지
강상우_베이징

ⓒ 주장   ■ U-22 자원

포항은 2021시즌 어려움을 겪었다. 전년도 리그 3위를 차지한 팀이 무려 6계단이나 곤두박질쳤기 때문이다. ACL 준우승은 특별한 영광이었지만, 이건 어디까지나 김기동 감독의 승부사 기질이 만들어낸 '깜짝 결과'로 봐야 한다. 포항이 2021시즌을 망친 가장 핵심적인 이유는 극심했던 전력 이탈 때문이었다. 달리 '전북 2중대'라는 비판을 받는 게 아니다. 한데 빠져나간 선수의 빈자리를 메워줄 정상급 선수를 데려오지 못했다. 감독에게 걸리는 부하가 클 수밖에 없는 상황. 영입한 주요 선수들이 2부 리그 출신인데, 갖고 있는 역량을 얼마나 1부 리그에서 발휘할 수 있느냐가 올 시즌 최대의 관전포인트라고 할 수 있다. 시즌 개막을 앞두고 부랴부랴 영입한 나이지리아 출신 공격수 모세스가 지난 시즌 타쉬가 포항에게 안긴 상처를 얼마나 빠르게 씻어줄 지도 관건이다. 임상협, 허용준, 정재희, 이광혁, 팔라시오스, 이승모, 고영준 등 2선 자원은 빵빵하기 때문에 숟가락을 들어 골을 떠먹을 수 있는 존재만 있다면 공격은 예상 외로 술술 풀릴 수 있다. 모세스 어깨가 무겁다. 하지만 전반적으로는 지속적인 포지션별 뎁스가 약화 현상이 되풀이 되고 있어 자칫 잘못하면, '잔류'가 지상과제인 시즌이 될 수도 있다는 점을 명심해야 한다.

주장의 각오

신진호

"다른 11개팀이 포항을 만날 때 '상대하기 쉽지 않은, 끈끈한 팀이구나' 그런 걸 느끼게 해주고 싶다. 개인적으로는 김기동 감독님의 전경기 풀타임에 도전한다."

2 0 2 2   예 상   베 스 트   1 1

FW   4-2-3-1

90 모세스

MF   7 임상협 (완델손)   16 이승모 (고영준)   27 정재희

6 신진호   17 신광훈

DF   2 심상민   20 박찬용   5 그랜트   14 박승욱 (김용환)

GK   1 윤평국 (강현무)

예상 순위

9

구단별 이적시장 성적

C+

지난해 포항은 ACL 준우승의 업적을 달성했지만, 리그 성적은 9위에 그치면서 '냉탕'과 '온탕'을 오갔다. 김기동 감독이 '없는 살림'에서도 자원을 짜내어 만든 결과물. 올해도 역시 힘겨운 레이스를 펼쳐야 할 운명이다. 최근 몇 년간 반복돼 본 핵심 선수 이탈 현상이 이번 겨울에도 이어졌기 때문이다. 권완규, 전민광의 이탈은 뼈아프다. 공백을 메우기 위해 전남, 부천 등 2부 리그에서 좋은 모습을 보인 선수들을 끌어 모았지만, 얼마나 효과적일지는 미지수. 외국인 선수 리스크도 여전하다. 이런 포항의 파이널A 재진입은 어려워 보인다. 순위 유지만 해도 감지덕지다.

핵심 선수들은 떠났지만, 그 자리를 메워줄 선수들의 영입은 글쎄? 감독의 플랜에 따라 선수를 주도적으로 영입하는 게 아니라 빈자리가 생기면 그제야 겨우 대안을 찾기 위해 움직인다는 인상을 지울 수 없다. 그나마 골키퍼 수비라인 등 가장 시급했던 구멍은 채워졌다. 지난해 외인 공격수로 재미를 보지 못했기 때문에 올해는 모세스 등 외인 선수에게 거는 기대가 더 크다.

신진호

1988년 9월 7일 | 34세 | 대한민국 | 177cm | 72kg

MF

No.6

경력

포항(11~13)
▷ 카타르SC(13~14)
▷ 알 사일리야(14~15)
▷ 에미리츠(15)
▷ 포항(15)
▷ 서울(16)
▷ 상무(16~17)
▷ 서울(18)
▷ 울산(19~20)
▷ 포항(21~)

K리그 통산기록

225경기 14득점 40도움

대표팀 경력

–

지난해 6년 만에 친정팀으로 돌아와 헌신적인 플레이로 ACL 준우승의 값진 결과를 이끌어냈다. 그 기여도를 인정한 김기동 감독은 올 시즌 주장의 임무를 신진호에게 맡겼다. 사실 신진호 외에는 마땅한 대안도 없다. 신진호는 캐릭터가 명확한 선수다. 남들이 뭐라고 해도 자신의 주관을 지켜낸다. 축구 스타일도 마찬가지다. 공격과 수비가 모두 가능한 멀티 자원으로 중원에서 활력을 불어넣는 역할인데, 상대가 누구든 자신의 역할은 끝까지 해낸다. 어느덧 30대 중반, 베테랑의 단계에 들어선 이후로 스타일이 다소 '순해졌다'는 평가가 있지만, 그라운드에서는 여전히 야수성이 살아있다. 지난해에는 팀 사정에 따라 수비형 미드필더와 공격형 미드필더를 오가며 헌신했는데, 본인은 공격을 더 선호한다고 밝혔다. 하지만 현재 포항의 사정을 감안하면 신진호는 또 지난해와 마찬가지로 멀티 플레이어 역할을 해야 할 것으로 보인다. 포항의 중원에서 신진호가 해줘야 할 역할이 무척이나 많다. 관건은 결국 체력 유지와 부상 방지다. 주장에 스쿼드의 핵심 역할을 해내면서 전경기에 나가야 한다. 실제로 김기동 감독은 신진호가 전경기에 나서주길 원하고 있다. 공개적으로 "사정 없이 활용하고 싶다"라며 신진호를 두루 활용하겠다고 밝혔다. 신진호는 "나 역시 전경기 출장에 도전하겠다"라고 화답했는데, 의지보다는 체력이 받쳐주고 다치지 말아야 한다. 만약 신진호가 다친다면 포항은 무너질 수도 있다.

2021시즌 기록

5	3,222(36) MINUTES 출전시간(경기수)	2 GOALS 득점	7 ASSISTS 도움	0

강점	악바리 근성에서 솟아나는 활동량	특징	올 시즌 포항 캡틴
약점	점차 떨어지는 신체 내구성	별명	신멜스

임상협

1988년 7월 8일 | 34세 | 대한민국 | 180cm | 73kg

FW

No.7

경력

전북(09~10)
▶부산(11~14)
▶상무(15~16)
▶부산(16~17)
▶수원(18~19)
▶제주(19)
▶수원(20)
▶포항(21~)

K리그 통산기록

332경기 74득점 25도움

대표팀 경력

1경기

김기동 감독이 작년에 발굴한 또 다른 히트상품이다. 잘생긴 외모로 데뷔 시절부터 주목받았던 임상협은 부산과 수원 등에서 뚜렷한 족적을 남겼지만, 30대에 들어서 급격히 입지를 잃어가고 있었다. 2019년과 2020년, 두 시즌 동안 K리그 공식 기록은 12경기 출전에 공격포인트 '제로'. 선수 커리어의 마지막처럼 보였다. 하지만, 김 감독의 콜을 받고 포항에 와서 '제2의 전성기'를 활짝 열었다. 처음부터 활약했던 건 아니다. 로테이션 자원 역할로 시즌을 시작했으나 점차 핵심 공격수로 자리를 잡았다. 특히 5월 18일 16라운드 수원전에서 커리어 두 번째 해트트릭을 기록하는 등 점점 더 좋아지는 모습을 보여줬다. 9월 25일 32라운드 제주전에서는 후반 교체 투입돼 43분에 리그 10호골을 터트리며 2014년 부산 시절 이후 7년만의 K리그 두 자릿수 골을 달성, '제2의 전성기'를 활짝 열어 젖혔다. 임상협의 특징은 얌전해 보이는 외모와 다른 거칠고 저돌적인 드리블과 돌파다. 특히 역습 상황에서 순간적인 침투로 골찬스를 만들거나 동료를 살려주는 플레이가 일품으로 손꼽힌다. 전역한 허용준과의 치열한 선의의 경쟁이 예상되지만, 주축 선수로 활약할 거라는 데에는 의심할 여지가 없다. 김기동 감독 역시 임상협의 역할에 큰 기대를 걸고 있다.

2021시즌 기록

4	2,253(36) MINUTES 출전시간(경기수)	11 GOALS 득점	4 ASSISTS 도움	0
강점	저돌적인 공간 돌파력	**특징**	작년이 커리어하이 시즌	
약점	팀 스타일에 좌우되는 기량	**별명**	골미남	

이승모

1998년 3월 30일 | 24세 | 대한민국 | 185cm | 70kg

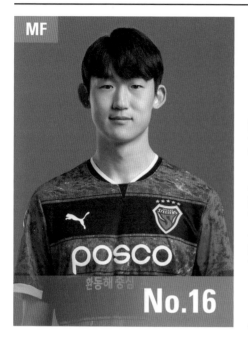

MF

No.16

경력

포항(17~18)
▷광주(18)
▷포항(19~)

K리그 통산기록

69경기 4득점 5도움

대표팀 경력

U-23 대표팀 11경기 1득점
2015 U-15 월드컵
2017 U-20 월드컵
2018 아시안게임

포항이 소중하게 길러낸 프랜차이즈 선수로 이상적인 피지컬에 안정적인 기본기, 뛰어난 축구센스 등 갖출 건 다 갖추고 있다. 덕분에 미드필더 전 지역을 소화할 수 있다. 아직은 많지 않은 나이라 경기장에서 때때로 주눅들거나 크게 자책하는 모습이 나올 때도 있지만, 언제나 자신이 해야 할 역할은 해내는 편. 이승모는 지난해 선수 커리어의 새로운 전기를 맞았다. 외국인 스트라이커가 실망스러운 모습만 보여주자 김기동 감독은 아예 이승모를 전방으로 끌어올려 변화를 시도했다. 이 방법이 선수와 팀 모두에 '윈-윈(win-win)'이었다. 이승모는 '폴스나인'의 역할을 훌륭히 수행해내며 동료들에게 공격 찬스를 제공했다. 물론, 본인 역시도 한층 적극적으로 공격에 나섰지만, 골은 기대만큼 많이 나오지는 못했다. 그래도 여전히 이승모는 올 시즌 많은 역할을 부여받을 것으로 예상된다. 확실한 스트라이커 역할을 해줄 선수가 여전히 눈에 띄지 않기 때문에 이승모가 '가짜 9번' 자리에서 활발한 움직임을 유지할 필요가 있다. 김 감독과 포항 동료들도 이로 인해 이승모에게 거는 기대감이 크다. 이승모 또한 자신에게 쏠린 이러한 기대감을 알고 있다. 그래서 올해는 '가짜 9번' 보다는 본격적인 스트라이커로서 성장을 노리고 있다. 보다 과감한 슛 선택으로 득점력을 높이는 게 선결 과제라고 볼 수 있다. 일단 본인의 의욕 자체는 대단히 뜨겁다. 경험도 붙어 기대해볼 만 한 시즌이다.

2021시즌 기록

1	2,301(35) MINUTES 출전시간(경기수)	1 GOALS 득점	2 ASSISTS 도움	0

강점	탄탄한 기본기에서 나오는 기술과 축구센스	특징	폴스나인에 특화된 캐릭터
약점	수비력과 여린 마음	별명	승모근

신광훈

1987년 3월 18일 | 35세 | 대한민국 | 178cm | 73kg

DF

No.17

경력

포항(06~07)
▷전북(08~10)
▷포항(10~14)
▷경찰(15~16)
▷포항(16)
▷서울(17~18)
▷강원(19~20)
▷포항(21~)

K리그 통산기록

381경기 11득점 30도움

대표팀 경력

5경기
2007 U-20 월드컵
2008 올림픽
2010 아시안게임

지난해 세 번째로 돌아온 친정팀의 후방을 든든히 책임져줬다. 신광훈이 없는 포항의 수비라인은 상상하기조차 어렵다. 우측 후방에서 기민하고 폭 넓은 움직임으로 공수에 걸친 기여도가 컸다. 여러모로 팀내 비중이 큰 베테랑 중의 베테랑. 일단 신광훈의 가장 큰 장점은 역시 터프함이라고 할 수 있다. '들소'라는 별명에 걸맞게 묵직하게 자기 자리를 지키다가 한번 발동이 걸리면 저돌적으로 상대 진영을 향해 돌진한다. 동료들 입장에서는 더할 나위 없이 든 든하지만, 상대 입장에서는 웬만해서는 만나고 싶지 않은 인물인 셈이다. 더구나 무작정 저돌성만 앞세우는 유형도 아니다. 평소에는 차분한 성격으로 동료들을 이끌어가는 역량도 뛰어나다. 그래서 경기 중에 순간적인 흐름의 변화를 포착해 수비진을 움직이는 역할도 하는 모범적인 선수라고 할 수 있다. 올 시즌은 책임이 더욱 무겁다. 포항의 전력 보강이 원활하다고 볼 수 없기 때문에 수비라인이 더욱 견고히 버텨줘야 하는 상황이다. 관건은 체력이다. 워낙 타고난 체력이 뛰어난 편이지만, 30대 중반을 넘어서면서 확실히 전에 비해 금세 지치는 모습이 나오고 있다. 사실 지난 시즌에도 체력 문제는 조금씩 노출됐다. 결국 김기동 감독은 시즌 후반 신광훈의 위치를 중앙으로 조정해 이 문제를 보완했다. 체력적인 부담이 줄어들자 팀 기여도는 늘어났다. 올해도 일단 작년 후반처럼 중앙에서 시즌을 치르게 될 전망이다.

2021시즌 기록

9	2,930(33) MINUTES 출전시간(경기수)	1 GOALS 득점	0 ASSISTS 도움	1

강점	별명에 걸맞는 저돌력	특징	전술 이해도가 높은 야전사령관
약점	이제 꺾인 30대	별명	들소

팔라시오스

1993년 2월 13일 | 29세 | 콜롬비아 | 183cm | 75kg

FW

No.82

경력

파트리오타스(12~14)
▷아틀레티코(14~16)
▷레알SC(16~17)
▷알리안사(17~18)
▷아틀레티코 우일라(19)
▷안양(19)
▷포항(20~)

K리그 통산기록

85경기 17득점 12도움

대표팀 경력

－

지난해 팀 기여도는 형편없었다. 포항 이적 첫 시즌인 2020년과 비교할 때 출전 경기수와 출전 시간은 비슷(25경기-26경기, 1,671분-1,645분)했지만, 공격 포인트는 10개나 줄어들었다.(5득점 6도움 → 1득점 0도움) 제 몫을 하지 못한 가장 큰 원인으로는 집중력 저하에 있다. 팀 합류 시점부터 늦게 도착하는 바람에 훈련 페이스에 엇박자가 났다. 타고난 힘과 유연성, 스피드를 앞세운 돌파력은 여전히 독보적이었지만, 섬세한 플레이를 제대로 수행하지 못하는 바람에 부진이 시즌 내내 이어지고 말았다. 그나마 FA컵이나 ACL에서는 어느 정도 활약을 해줬지만, 워낙 리그에서 부진해 실망감을 안겼다. 본인 역시 이런 긴 부진으로 마음고생이 심했다고 한다. 2021시즌 첫 골이 10월 3일, 33라운드 광주전에서 간신히 터졌는데, 이때 무척이나 격하게 김기동 감독을 비롯한 동료들과 기쁨을 나누기도 했다. 그만큼 본인 역시 간절했다는 증거다. 팔라시오스는 비록 지난해 부진했지만, 올 시즌에는 팀에서 매우 중요한 역할을 해줘야 한다. 여전히 최전방 공격수 보강이 더딘 상황이라 팔라시오스에게 거는 기대가 크다. 골을 넣으면 좋겠지만, 적어도 본인의 장점인 스피드와 돌파력으로 상대 수비 진영을 흔들어 놓고, 크로스를 올리는 것만 잘해도 팀에는 큰 도움이 될 수 있다. 포항과 3년 계약의 마지막 해인 만큼, 더욱 의욕적인 플레이가 기대된다.

2021시즌 기록

2	1,645(26) MINUTES 출전시간(경기수)	1 GOALS 득점	0 ASSISTS 도움	1
강점	근육, 돌파, 크로스	**특징**	3년 계약 마지막 시즌	
약점	들쑥날쑥한 기량	**별명**	빨라시오스	

GK

No.31

강현무

1995년 3월 13일 | 27세 | 대한민국 | 185cm | 78kg
경력 | 포항(14〜)
대표팀 경력 | U-23 대표팀 7경기 9실점

포항 유스 포철고를 거쳐 2014년 데뷔 이래 계속 포항에서만 활약 중인 프랜차이즈 스타다. 원래는 포항의 주전 골키퍼지만, 지난해 후반 발목 부상에 따른 수술로 인해 올 시즌에는 중반쯤 돼야 돌아올 전망이다. 물론 회복이 빠르면 복귀 시기도 앞당겨질 수 있다. 현재 재활은 순조롭게 진행 중이다. 강현무의 가장 큰 장점은 최정상급 반사 신경과 민첩성이다. 또한 킥 능력도 좋아 빠른 역습 상황에서 진가를 발휘할 때도 많다. 발목 부상으로 이런 장점이 다소 약화될 수는 있지만, 복귀하면 포항 전력에는 분명 큰 도움이 된다.

2021시즌 기록					강점	약점
1	0	2,547(27) MINUTES 출전시간(경기수)	78 SAVE 선방	28 LOSS 실점	특급 반사신경	공중볼 처리

FW

No.27

정재희

1994년 4월 28일 | 28세 | 대한민국 | 174cm | 70kg
경력 | 안양(16〜18) ▷ 전남(19〜20) ▷ 상무(20〜21) ▷ 전남(21) ▷ 포항(22〜)
대표팀 경력 | -

정재희는 지난 시즌 특별한 기록을 남겼다. 김천 소속으로 K리그2 우승을 경험한 뒤 원 소속팀인 전남으로 돌아와 다시 FA컵 우승컵을 들어 올린 것이다. 국내 유일의 '두 팀에 걸쳐 더블을 한 선수'로 등극한 것. FA컵 결승전에서의 맹활약으로 MVP까지 수상했다. 공격수 보강이 시급했던 포항 김기동 감독의 레이더망에 안 걸려들 수가 없었다. 정재희는 빠른 스피드를 앞세워 치고 달리는 스타일의 정수를 보여주는 윙 포워드다. 포항에서도 측면에서 공격에 활기를 불어넣어줄 것으로 기대된다. 전술적으로 포항에 잘 어울리는 스타일이다.

2021시즌 기록					강점	약점
0	0	1,631(25) MINUTES 출전시간(경기수)	4 GOALS 득점	3 ASSISTS 도움	스피드 그리고 스피드	높이

■K리그2 기록

FW

No.8

허용준

1993년 1월 8일 | 29세 | 대한민국 | 184cm | 75kg
경력 | 전남(16〜18) ▷ 인천(19) ▷ 포항(20) ▷ 상무(20〜21) ▷ 포항(22〜)
대표팀 경력 | 1경기

다재다능한 측면 공격수로 지난해 김천 상무의 K리그2 우승 주역이었다. 리그와 컵대회를 합쳐 총 18경기에 나왔는데, 10개의 공격포인트(7골, 3도움)를 달성한 점에서 알 수 있듯이 결정력이 상당히 뛰어난 편. 과거에는 장단점의 차이가 명확했다. 개인기와 드리블, 패스, 슈팅 등 다방면에 장점이 있지만 스피드가 느리고 활동 범위가 적으며, 골 욕심을 앞세운다는 평을 받았다. 하지만 김천에서 뚜렷한 성장세를 보이며 단점을 많이 극복했다. 전역 후 복귀한 포항에서는 일단 로테이션 멤버로 시즌을 맞이하게 될 가능성이 크다.

2021시즌 기록					강점	약점
5	0	1,529(18) MINUTES 출전시간(경기수)	7 GOALS 득점	3 ASSISTS 도움	골 결정력	느린 스피드

■K리그2 기록

GK

윤평국

1992년 2월 8일 | 30세 | 대한민국 | 189cm | 85kg
경력 | 인천(13~14) ▷ 상무(15~16) ▷ 광주(17~21) ▷ 포항(22~)
대표팀 경력 | −

지난해 광주에서 후반기에 좋은 모습을 보여준 덕분에 골키퍼 보강이 시급하던 포항이 2대1 트레이드로 영입했다. 원래 포항의 주전 골키퍼는 강현무인데, 지난 시즌말 발목 부상으로 수술을 받고 현재 재활 중이라 윤평국이 당분간 주전 골키퍼로 나서야 한다. 무서울 정도로 빠른 반응 속도가 장점이다. 덕분에 도저히 막기 어려울 것 같은 슛도 쉽게 막아내는 명장면을 종종 만들어내곤 한다. 하지만 안정성 면에서는 좋은 평가를 받지 못하고 있다. 의외로 쉬운 슛을 놓치곤 한다. 올 시즌 초반에 안정감을 보이면 포항의 주전 수문장이 될 수도 있다.

No.1

2021시즌 기록					강점	약점
2	0	1,064(11) MINUTES 출전시간(경기수)	34 SAVE 선방	14 LOSS 실점	동물적인 반응속도	반복되는 실수

DF

그랜트

1994년 1월 23일 | 28세 | 호주 | 191cm | 82kg
경력 | 포츠머스(12~13) ▷ 스토크시티(13~15) ▷ 퍼스글로리(15~20) ▷ 포항(21~)
대표팀 경력 | −

올해로 포항에서 두 번째 시즌을 맞는 장신 중앙 수비수로 팀내 비중이 월등히 커졌다. 이적, 전역 등의 이유로 수비진에 변화가 불가피한 상황에서 장신에 왼발을 쓰는 중앙 수비수 그랜트가 많은 역할을 해줘야 하기 때문이다. 그랜트는 지난해 로테이션으로 16경기 밖에 안나왔지만, 그럼에도 2골·1도움으로 공격적인 성향도 보여줬다. 세트 플레이에서 득점 옵션이 될 수도 있다는 증거다. 간혹 지나치게 흥분하거나 무리한 드리블을 하는 경우가 있는데, 이 부분만 자제하면 훨씬 좋은 활약을 펼칠 듯하다.

No.5

2021시즌 기록				강점	약점
7	1	1,370(16) MINUTES 출전시간(경기수)	2 GOALS 득점	1 ASSISTS 도움	왼발을 쓰는 중앙 수비수	가끔씩 나오는 과격함

DF

박찬용

1996년 1월 27일 | 26세 | 대한민국 | 188cm | 80kg
경력 | 에히메(15~16) ▷ 레노파(17) ▷ 카마타마레(18) ▷ 경주(19) ▷ 전남(20~21) ▷ 포항(22~)
대표팀 경력 | −

포항이 권완규의 이적 공백을 메우기 위해 지난해 말 일찌감치 영입한 수비수다. 뛰어난 신체조건을 앞세운 공중볼 처리 능력이 좋고, 투지도 넘친다. 지난해 K리그2에서 클리어링 4위(116개), 공중볼 경합 24위(108회)를 기록했다. 동계훈련에서 박찬용을 지켜본 김기동 감독은 "일찍부터 눈여겨본 선수다. 실제 보니 발 기술도 좋아 수비형 미드필더까지 소화할 수 있을 것 같다"라고 호평하고 있다. 앞으로 발전 가능성이 큰 선수다. 다만 올해 K리그1에 처음으로 나선다는 점을 불안 요소로 볼 수 있다.

No.20

2021시즌 기록				강점	약점
4	0	2,995(33) MINUTES 출전시간(경기수)	0 GOALS 득점	2 ASSISTS 도움	강력한 피지컬	K리그1 데뷔시즌

■ K리그2 기록

FW

No.90

모세스

1991년 2월 7일 | 31세 | 나이지리아 | 185cm | 75kg

경력 | 기모 IF(09) ▶ 시리우스(10~15) ▶ 소드라(16) ▶ 시리우스(17~19) ▶ 알 아인(19) ▶ 그림스비타운(19~20) ▶ MAIF(20) ▶ 우한(21) ▶ 포항(22~)

대표팀 경력 | –

포항이 이적시장 막판에 힘겹게 영입한 중앙 공격수. 나이지리아 출신의 모세스는 스웨덴 이중국적자로 커리어의 대부분을 스웨덴에서 보냈다. 지난해에는 중국 갑급리그 우한 선전으로 이적해 상당한 두각을 드러냈다. 31경기에서 19골, 1도움을 기록하며 팀의 리그 우승에 큰 기여를 했다. 일단 모세스의 가장 큰 장점은 단단한 피지컬과 빠른 스피드를 들 수 있다. 또한 슈팅 타이밍도 빨라 수비하기 어렵다는 평가를 받는다. 확실한 포워드가 부족한 포항의 고민을 해결해 줄 수 있는 캐릭터. 단, 리그 및 팀 플레이 적응이 우선이다.

2021시즌 기록					강점	약점
3	0	2,144(31) MINUTES 출전시간(경기수)	19 GOALS 득점	2 ASSISTS 도움	빠른 슛 타이밍	동료들과의 조화

■ 중국 2부 기록

FW

No.18

이호재

2000년 10월 14일 | 22세 | 대한민국 | 191cm | 85kg

경력 | 포항(21~)

대표팀 경력 | –

이미 널리 알려져 있는 것처럼 '캐논 슈터' 이기형 전 인천 감독의 아들로 '축구인 2세'다. 아버지를 따라 뉴질랜드에서 자라 축구를 시작해 국내로 돌아온 케이스. 외국인 선수에 뒤지지 않는 뛰어난 신체 조건과 부친을 빼닮은 강력한 슈팅이 장점이다. 자질과 가능성이 상당히 뛰어나다는 평가를 받고 있다. 프로데뷔 시즌인 지난해 241분만 뛰면서도 2골을 넣으며, 감각이 살아있음을 보여줬다. 출전 시간이 늘어나면 충분히 두 자릿수 득점도 가능한 정통 스트라이커로 공격수가 부족한 팀 상황상 올해 더 많은 활약이 기대된다.

2021시즌 기록					강점	약점
1	0	241(15) MINUTES 출전시간(경기수)	2 GOALS 득점	0 ASSISTS 도움	용병급 피지컬	미약한 경험치

MF

No.11

고영준

2001년 7월 9일 | 21세 | 대한민국 | 168cm | 69kg

경력 | 포항(20~)

대표팀 경력 | U-20 대표팀 7경기 1골

포항 유스 시스템에서 성장한 '성골 포항맨'. 포철고 졸업 후 곧바로 프로 무대에 입성해 벌써 세 번째 시즌을 맞이하고 있다. 데뷔 시즌에는 122분을 소화했는데, 지난해에는 이보다 10배 이상 출전시간이 늘어났다. 그만큼 빠르게 프로 무대에 적응해 자신의 입지를 굳혔다는 뜻이다. 여전히 22세 이하에 해당돼 올해도 꾸준히 경기에 투입될 것으로 보인다. 최대 장점은 뛰어난 드리블과 공간 돌파력, 단점은 작은 체구와 부족한 체력이다. 하지만 체력은 늘릴 수 있고, 피지컬은 기술로 커버할 수 있다. 리오넬 메시가 좋은 예다.

2021시즌 기록					강점	약점
2	0	1,366(32) MINUTES 출전시간(경기수)	3 GOALS 득점	2 ASSISTS 도움	뛰어난 테크닉	작은 사이즈

MF

No.4

이수빈

2000년 5월 7일 | 22세 | 대한민국 | 180cm | 70kg

경력 | 포항(19) ▷ 전북(20) ▷ 포항(21〜)

대표팀 경력 | U-23 대표팀 2경기

돌이켜보면 2020년 전북으로 임대된 시간이 너무나 아쉽다. 포항 유스 포철고를 졸업하고 2019년에 프로에 데뷔했을 때는 엄청난 임팩트를 보이며 기대를 모았지만, 전북에 임대돼 1년을 사실상 허송세월로 보내며 폼이 떨어졌다. 그나마 지난해 다시 친정으로 돌아와 신진호와 투볼란치로 자주 호흡을 맞추며 폼이 올라왔다. 중앙에서 움직임이 좋고, 무엇보다 뛰어난 축구센스와 넓은 시야로 패스를 잘 뿌린다. 중거리 슈팅 능력도 상당히 괜찮은 편이다. 몸싸움에서 다소 밀리는 면이 있는데, 극복하지 못할 단점은 아니다.

2021시즌 기록					강점	약점
4	0	**1,197(24)** MINUTES 출전시간(경기수)	**0** GOALS 득점	**1** ASSISTS 도움	축구 지능과 시야	몸싸움

MF

No.22

이광혁

1995년 9월 11일 | 27세 | 대한민국 | 169cm | 60kg

경력 | 포항(14〜)

대표팀 경력 | U-23 대표팀 3경기

포항 팬들에게 '아픈 손가락'같은 존재. 성골 유스 출신으로 2014년부터 계속 포항을 지킨 원클럽맨이다. 뛰어난 드리블 능력과 축구 센스, 빠른 스피드에다 '반대발 윙어'라는 장점도 갖춘 재능 덩어리. 하지만 피지컬이 재능을 받쳐주지 못하는 대표적인 케이스다. 잦은 부상으로 인해 프로 8시즌 동안 30경기 이상을 소화한 적이 단 한 번 뿐이다. 작년에도 동계훈련 말미 연습경기에서 왼쪽 아킬레스건을 다쳐 1년 내내 재활만 했다. 결국 강한 의지로 복귀했는데, 몸상태만 잘 유지하면 팀 전력에 분명한 도움이 될 선수다.

2021시즌 기록					강점	약점
0	0	**0(0)** MINUTES 출전시간(경기수)	**0** GOALS 득점	**0** ASSISTS 도움	기술 반대발 윙어	부상 이력

DF

No.14

박승욱

1997년 5월 7일 | 25세 | 대한민국 | 184cm | 78kg

경력 | 부산교통공사(19〜21) ▷ 포항(21〜)

대표팀 경력 | -

K3 리그에서 출발해 점점 성장해나가는 진화형 선수다. 부산교통공사 시절 같은 영남권의 포항과 연습경기를 하다가 김기동 감독의 레이더망에 포착돼 지난 시즌 중반에 포항으로 픽업됐다. 7월 24일 21라운드 서울전에서 후반 교체 투입돼 1부리그 데뷔전을 치렀다. 첫 경기부터 안정감 있는 수비를 보여주며 김 감독의 눈이 틀리지 않았다는 것을 입증했고, 단숨에 핵심 수비수로 도약했다. 특히 ACL 4강 베스트11에도 뽑히는 등 성공 신화를 쓴 입지전적인 인물이다. 올해도 팀의 핵심 수비수로 뛸 전망이다.

2021시즌 기록					강점	약점
5	0	**1,692(19)** MINUTES 출전시간(경기수)	**1** GOALS 득점	**0** ASSISTS 도움	수비 안정감	느린 순발력

DF

No.2

심상민

1993년 5월 21일 | 29세 | 대한민국 | 172cm | 70kg

경력 | 서울(14~16) ▷이랜드(16) ▷서울(16~18) ▷포항(19~20)
▷상무(20~21) ▷포항(21~)

대표팀 경력 | U-23 대표팀 31경기, 2013 U-20 월드컵, 2016 올림픽

화려하진 않아도 팀 기여도는 월등히 높은 유형의 살림꾼이다. 2020년 5월 25일 상무에 입대 후 거의 전경기를 풀타임 출전하며 팀을 파이널A로 이끌었다. 김천으로 연고지를 옮긴 지난해에는 초대 주장을 맡아 K리그2 우승의 주역이 됐다. 폼과 기량이 정점으로 올라와 있어 올해도 포항의 왼쪽 풀백 자리에서 많은 출전 시간을 기록할 것으로 예상된다. 강상우 사가로 시끌시끌했을 때에도, 심상민이 있기에 안심할 수 있다고 할 정도다. 올해 팀의 부주장이다. 리더십도 훌륭한 선수라는 증거다. 김기동 감독의 신뢰가 두텁다.

2021시즌 기록					강점	약점
0	0	190(2) MINUTES 출전시간(경기수)	0 GOALS 득점	0 ASSISTS 도움	강철 체력과 빠른 발	대인수비

FW

No.77

완델손

1989년 3월 31일 | 33세 | 브라질 | 172cm | 60kg

경력 | 바이아 지 페이라(11) ▷RN(12) ▷미네이루(13) ▷RN(13) ▷톰벤시FC(14~16)
▷대전(15~16) ▷제주(16) ▷고이아넨시(17~18) ▷포항(17) ▷전남(18) ▷포항(19)
▷칼바SC(20~21) ▷포항(22~)

대표팀 경력 | -

2017년과 2019년에 이어 세 번째로 포항 스쿼드에 합류했다. 완델손은 2019년 포항에서 거의 커리어의 정점을 찍었다 해도 과언이 아닐 정도로 좋은 활약을 펼쳤다. 당시 38경기에 나와 15골-9도움을 기록하며 '기동타격대의 돌격대장' 역할을 톡톡히 해낸 바 있다. 올 시즌을 앞두고 핵심 선수들이 또 빠져나간 포항이 다시 완델손을 부른 것은 바로 이 때의 활약을 기대하고 있기 때문이다. 측면에서 강력한 왼발 킥과 스피드로 많은 득점 기회를 만들어낼 수 있는 선수다. 다만 지난해 십자인대 파열 부상을 당했고, 나이도 적지 않아 과연 2019시즌만큼 활약해 줄지는 미지수다.

2021시즌 기록					강점	약점
0	0	0(0) MINUTES 출전시간(경기수)	0 GOALS 득점	0 ASSISTS 도움	빼어난 왼발 킥	부상 리스크

DF

김용환

1993년 5월 25일 | 29세 | 대한민국 | 175cm | 67kg

경력 | 인천(14~18) ▷포항(19~20) ▷상무(20~21) ▷포항(21~)

대표팀 경력 | U-23 대표팀 5경기, U-20 월드컵

김천에서 지난해 말 제대해 포항으로 돌아왔다. 프로 경력만큼 폭넓은 경험을 쌓았고, 대표팀 경력도 있다. 폼이 좋을 때는 확실히 제 몫을 해주는 풀백 요원이다. 하지만 폼이 안 좋을 때는 공수에 걸쳐 심각할 정도로 문제점을 노출하는 스타일이다. 한 마디로 기복이 너무 크다. 타고난 피지컬과 스피드, 오버래핑 등 자신만의 무기를 갖고 있지만, 축구 센스가 다소 떨어지고, 순간 상황 변화에 대한 대처 능력에도 약점이 있다. 시즌 초반에 얼마나 안정적인 모습을 보여주느냐에 따라 주선 확보 여부가 컬칭될 진망이다.

No.13

2021시즌 기록					강점	약점
1	0	190(2) MINUTES 출전시간(경기수)	0 GOALS 득점	0 ASSISTS 도움	스피드와 체력	아쉬운 판단력

뮬리치
김영광
권순형
박수일
박용지
정석화
이재원
안진범
김현태
이시영
이지훈
최지묵
권완규
마상훈
이종성
최필수
구본철
강의빈
조상준
박지원
전성수
김민혁(MF)
김민혁(DF)

성남 F C

강등싸움은 2년이면 충분, 까치의 돌풍을 기대하시라

성남 FC

K리그 전통명가를 논할 때 빼놓을 수 없는 팀이다. 지금은 전북 현대에 최다 우승팀 자리를 내주긴 했으나, K리그 역대 7회 우승 은 성남의 화려한 경력을 말해주고도 남는다. 국가대표급 선수들 이 모이는 스타군단. 그래서 그 누구보다 강한 전력을 자랑했던 팀이 바로 성남FC였다. 1990년대와 2000년대, 두 번이나 리그 3 연패를 달성한 성남의 지금 모습은 많이 바뀌었다. 모기업이었던 통일그룹의 지원중단으로 해체 위기에 놓인 성남은 2013년 10월 성남 시민구단으로 재창단해 지금에 이르렀다. '시민구단 성남'은 2부리그 강등을 경험하는 등 전체적으로 힘겨운 여정을 걷던 중 '초보감독' 김남일 감독에게 부활의 키를 맡기는 파격을 택했다. 2002년 한일월드컵 4강 주역으로 스타의 삶을 살았던 김남일 감 독은 2020년 부임 첫 해부터 화려함보다는 실리성에 초점을 맞 춘 축구로 팀의 극적인 잔류를 이끌어내며 지도력을 인정받았다. 성남은 2021시즌에도 2020시즌과 비슷한 컨셉과 내용으로 똑같 은 10위를 차지하며 끝끝내 강등 전쟁에서 살아남았다. 상대적으 로 부족한 예산을 떠올리면 더욱 값진 성과다. 어느덧 김남일 감 독 부임 3년차를 맞이한 성남은 지난 2년의 시행착오와 경험을 발판 삼아 올해는 더 높은 곳을 바라본다.

구단 소개

정식 명칭	성남시민 프로 축구단
구단 창립	1989년 2월 18일
모기업	시민구단
상징하는 색	검은색, 흰색
마스코트	까오, 까비
레전드	신태용, 고정운, 사샤, 이상윤, 김두현
서포터즈	블랙리스트
온라인 독립 커뮤니티	로열 블랙

우승

K리그	7회(93, 94, 95, 01, 02, 03, 06)
FA컵	3회(99, 11, 14)
AFC 챔피언스리그	1회(10)
아시안 클럽 챔피언십	1회(95)

최근 5시즌 성적

시즌	K리그	FA컵	AFC 챔스
2021시즌	10위	16강	–
2020시즌	10위	4강	–
2019시즌	9위	32강	–
2018시즌	2위(2부)	32강	–
2017시즌	4위(2부)	8강	–

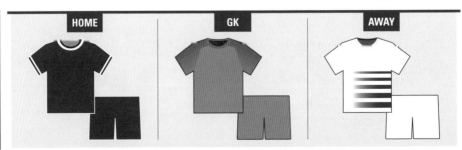

HOME   GK   AWAY

3년차

지략이라는 것이 폭발한다

김남일 | 1977년 3월 14일 | 45세 | 대한민국

<table>
<tr><td>K리그 전적</td></tr>
<tr><td>65전 18승 18무 29패</td></tr>
</table>

밖에서 보기엔 '강등권팀에서 허우적대는 초보감독'으로 비춰질지 모른다. 하지만 그 안에서 감독 김남일은 변화하고 진화하고 있다. 전지훈련지에서 만난 김남일 감독은 "한번은 거울을 보는데 내가 봐도 내 표정이 보기 싫더라"고 고백했다. 그날 이후로 코치, 선수들에게 웃으며 다가가기 위해 노력한단다. 선수들 앞에서도 무게 잡을 것 같은 인상이지만, 필요할 때는 자신을 낮출 줄 안다. 지난해 여름 권경원과 계약할 때, 올시즌을 앞두고 마상훈과 재계약을 할 때 그랬다. 이를 두고 혹자는 '김남일 페로몬'이라고 부른다. 김남일 감독은 "다른 건 없다. 진실되게 다가가 솔직하게 말한다"고 비결을 말했다. 지난 2년간 시즌 중간중간에 초보 감독의 한계를 보여줬던 김남일 감독은 "경기가 루즈했던 게 사실"이라고 셀프고백한 뒤 "올시즌에는 더 다이나믹한 축구를 펼칠 것"이라고 예고했다. 선수들의 심리상태를 생각해 목표를 따로 설정하지 않았던 그는 올시즌은 6강이라는 분명한 목표를 설정해뒀다. 3년 계약의 마지막 시즌, 승부를 본다는 각오다.

선수 경력

전남	폐예노르트	엑셀시오르	수원	비셀고베	톰 톰스크	인천	전북	교토상가

지도자 경력

장쑤 쑤닝 코치	한국 대표팀 코치	전남 코치	성남 감독(20~)

주요 경력

2002, 2006, 2010 월드컵 대표	2018 월드컵 대표팀 코치

선호 포메이션	3-5-2	**3가지 특징**	선수를 끌어당기는 매력 (aka.페로몬)	변함없는 카리스마	코치진의 의견을 수용하는 자세

STAFF

수석코치	코치	GK코치	피지컬코치	선수 트레이너	분석관	통역
정경호	이태우 남궁웅	백민철	한상혁	강훈 이강훈 김한결	이승민	최혁순

2 0 2 1 R E V I E W

다이나믹 포인트로 보는 성남의 2021시즌 활약도

역사에 가정은 없다지만, 만약 지난시즌 성남이 뮬리치를 영입하지 않았다면 어땠을까. 203cm의 거인 체구에서 뿜어져나오는 파워와 예상 밖 빠른 발을 지닌 뮬리치 덕에 성남은 기적과도 같이 잔류를 할 수 있었다. 여기에 2020시즌 도중 나상호(현 FC서울)를 임대 영입해 소위 대박을 쳤던 김남일 감독이 지난시즌에는 권경원(현 감바오사카)이라는 '현역 국대 수비수'를 임대로 데려와 수비진에 무게감을 키운 것도 신의 한 수였다. 올해 불혹이 된 베테랑 골키퍼의 김영광의 '미친 활약'까지 더해져 '척추라인이 건재한 팀은 쉽게 무너지지 않는다'는 축구계 격언을 몸소 증명했다.

FW
이종민 4,979 전체 230위
뮬리치 43,636 전체 6위
부쉬 4,771 전체 236위
박용지 6,263 전체 214위

MF
김민혁 14,770 전체 131위
권순형 10,454 전체 162위
이규성 18,450 전체 94위
이스칸데로프 16,187 전체 115위
이종성 13,149 전체 143위
안진범 10,535 전체 161위

DF
이시영 8,593 전체 183위
이태희 19,580 전체 86위
마상훈 24,583 전체 56위
리차드 15,922 전체 118위
안영규 12,483 전체 149위
이창용 18,138 전체 97위
박수일 18,740 전체 92위
최지묵 9,000 전체 176위
권경원 16,663 전체 112위

GK
김영광 14,940 전체 129위

2021시즌 다이나믹 포인트 상위 20명　■ 포인트 점수

포지션 평점

포지션	평점
FW	⚽
MF	⚽⚽
DF	⚽⚽⚽
GK	⚽⚽⚽⚽

출전시간 TOP 3

1위	이규성	2,493분
2위	이태희	2,189분
3위	마상훈	2,070분

■ 골키퍼 제외

득점 TOP 3

1위	뮬리치	13골
2위	마상훈, 박수일	3골
3위	권경원, 최지묵 外 10명	1골

도움 TOP 3

1위	박수일, 이스칸데로프	4도움
2위	김민혁, 이시영, 이규성	2도움
3위	권경원, 안진범 外 3명	1도움

주목할 기록

77	경고 전체 1위
13	김영광 최다 클린시트 공동 2위

성적 그래프

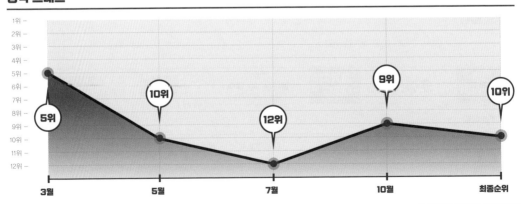

3월 5위 / 5월 10위 / 7월 12위 / 10월 9위 / 최종순위 10위

2022 시즌 스쿼드 운용 & 이적 시장 인앤아웃

IN

뮬리치_완전이적
권완규_포항
이지훈 곽광선
_광주
김현태_안산
조상준_수원FC
엄승민_전북 임대
강의빈_부천
구본철_인천
최필수_부산
김민혁_전북
이종성_수원 임대
임선영 전성수
_임대복귀
박지원 양시후
장효준 장영기
_신인

OUT

홍시후_인천
이태희_대구
전종혁_부산
권경원_감바오사카
김근배_김포
안영규_광주
이창용_안양
부쉬 이스칸데로프
리차드 임선영
박정수 김기열
김민우 여성해
_계약만료
이중민 전승민
_전남 임대
박태준_이랜드 임대
홍현승_아산 임대
이규성_임대복귀
서보민_이랜드

FW
| 뮬리치 | 박용지 | 전성수 |
| 박지원 | 엄승민 | 조상준 |

MF
김민혁	정석화	이재원
안진범	권순형 Ⓒ	김현태
구본철	강재우	이종성

DF
박수일	최지묵	권완규	강의빈
장영기	장효준	조성욱	양시후
마상훈	이시영	이지훈	김민혁

GK
| 김영광 | 최필수 | 허자웅 | 정명제 |

Ⓒ 주장　■ U-22 자원

임대보다는 완전영입에 초점을 맞춰 스쿼드를 구성했다. 여기에 잠재력을 지닌 선수들도 합류시켜 미래까지 염두에 뒀다. 변화는 있다. 수비진만 봐도 지난시즌 핵심 자원인 권경원, 이창용, 리차드, 안영규가 계약만료 등의 이유로 팀을 떠나고 권완규, 김민혁, 강의빈 등이 합류해 새로운 조합을 구성해야 한다. 하지만 기본 틀은 유지했다. 지난시즌 전경기를 소화한 베테랑 골키퍼 김영광, 김남일의 페르소나 마상훈, 국가대표로 깜짝발탁된 최지묵, 신임주장 권순형, 존재감도 거대한 뮬리치 등과는 계약을 연장하며 스쿼드에 안정감을 더했다. 양 윙백인 이시영과 박수일의 스피드를 극대화하는 전략으로 지난시즌 약점이었던 경기 속도를 높일 계획이다. 부상으로 아쉬운 한해를 보낸 미드필더 김민혁이 2선에서 플레이메이커 역할을 잘해준다면 팀이 확실히 힘을 받을 수 있다. 뮬리치는 물론 최전방에서 상대 수비진이 '알아도 못 막는' 파괴력을 발휘해야 한다.

주장의 각오

권순형

"학창시절 우승을 밥 먹듯이 했는데, 프로에선 타이틀이 없다. 은퇴 전에 꼭 타이틀을 얻고 싶다. 리그는 쉽지 않겠고, FA 컵을 노려보겠다."

2 0 2 2 예 상 베 스 트 1 1

FW **3-5-2**
- 8 뮬리치
- 9 박용지

MF
- 13 김민혁
- 14 정석화
- 66 박수일
- 7 권순형
- 2 이시영

DF
- 34 최지묵
- 92 김민혁 (마상훈)
- 3 권완규

GK
- 41 김영광

예상 순위

12

구단별 이적시장 성적

B⁻

냉정한 예측은 피할 길이 없다. 강등된 광주FC와 자리를 맞바꾼 팀이 하필 국대급 자원을 대거 보유한 '레알 김천'이라니…. 지난시즌 기준, 연봉 총액이 성남보다 더 낮은 팀은 광주뿐이었다. '성적은 예산순이 아니'라고 외치고 싶지만, 스쿼드의 양과 질은 철저히 예산을 따를 수밖에 없는 구조다. 한 가지 희망이 있다면, 성남이 지난 2년간 시행착오를 통해 한층 단단해졌다는 것, 그리고 3년차를 맞이한 김남일 감독이 올해만큼은 확실한 목표(6강) 설정을 했다는 것이다. 뮬리치가 작년 이상의 대박을 터뜨려주면 하위권 판도가 달라질 수 있다.

K리그1에서 가장 낮은 예산으로 팀을 운영하는 성남이 권완규(전 포항), 김민혁(전 전북), 이렇게 K리그에서 실력을 인정받은 'FA 대어' 수비수를 모두 품었다는 것만으로도 칭찬해야 한다. 다만 다른 포지션에 영입된 선수들이 6강에 도선하는 팀에 어울리는 레벨이라고 보기엔 어렵다. 베스트일레븐의 무게감은 딱히 지난 시즌 대비 늘어난 것 같지 않다.

뮬리치

1994년 10월 3일 | 28세 | 세르비아 | 203cm | 105kg

FW

No.8

경력

노비 파자르(12)
▷1860뮌헨(14~16)
▷로얄 엑셀 무스크롱(16~17)
▷하포엘 에이커(17~18)
▷하포엘 텔 아비브(18~19)
▷브네이 예후다(19)▷NS무라(19~20)
▷벨레주 모스타르(20~21)
▷성남(21~)

K리그 통산기록

36경기 13득점

대표팀 경력

세르비아 U-21 대표팀 3경기 1득점

뮬리치가 K리그 입성 첫 해 '대박'을 칠 수 있었던 이유는 지난 경력을 찾아보면 알 수 있다. 세르비아 내에서도 2m 장신 공격수로 유명했던 뮬리치는 세르비아에서 프로 경력을 시작해 10년 동안 독일, 벨기에, 이스라엘, 슬로베니아, 보스니아 등 다양한 리그를 겪었다. 어느 리그에서도 확실하게 인정을 받지 못했지만, 이런 경험은 처음 밟아보는 아시아 무대에 적응하는데 도움이 됐다. 사실, 뮬리치는 비슷한 시기에 입단한 루마니아 연령별 대표 출신 부쉬에 비해 상대적으로 덜 주목받던 선수였다. 하지만 부쉬가 적응에 애를 먹는 시기, 뮬리치는 데뷔 3번째 경기에서 빠르게 데뷔골을 터뜨리며 붙박이 주전으로 자리매김했다. 4월 10일 광주전에서 경고 한 장의 존재를 까마득히 잊어버리고 유니폼 상의를 벗는 세리머니를 펼치며 퇴장을 당하는 촌극을 벌였지만, 단순 해프닝으로 끝났다. 해당 경기에서 멀티골을 폭발하며 센세이션을 일으킨 뮬리치없이 성남의 공격이 성립할 수 없었던 탓이다. 광주전에서 역습 상황에서 상대 수비진을 가볍게 제치는 빠른 발로 멀티골을 넣은 뮬리치는 시즌 내내 다양한 매력을 뽐냈다. 크로스를 헤더(3월 14일 수원FC전)로 넣는가 하면, 시원시원한 중거리포(5월 22일 제주전)를 터뜨리기도 했다. 감각적인 발리(5월 29일 수원FC전)와 날카로운 프리킥(9월 19일 인천전)을 선보였다. 데뷔 시즌, 뮬리치가 넣은 골은 13골로, 전체 5위를 기록했다. 팀 득점의 약 38%를 홀로 책임졌다. 유효슈팅(50개)은 리그 전체를 통틀어 가장 많았다. 51.7분당 1개의 유효슛을 기록했다. 참고로 득점왕 주민규는 약 75.6분당 1개의 유효슛을 만들었다. 시즌 도중 연장 계약을 체결한 뮬리치는 '자가격리 이슈가 있으니 예정보다 일찍 복귀할 수 있느냐'는 구단의 요청에 흔쾌히 응하며 1월초 합류해 몸을 만들었다. 이런 외인 또 없다.

2021시즌 기록

6	2,587(36) MINUTES 출전시간(경기수)	13 GOALS 득점	0 ASSISTS 도움	0

강점	압도적인 체구 의외의 빠른 발	특징	첩보영화 주인공같은 외모에 어울리지 않는 순박함과 성실함
약점	예상만큼 파괴적이지 않은 헤더	별명	뮬황 (뮬리치 황제)

김영광

1983년 6월 28일 | 39세 | 대한민국 | 183cm | 87kg

GK

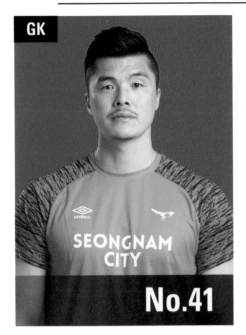

SEONGNAM CITY

No.41

경력

전남(02~06)
▷울산(07~13)
▷경남(14)
▷이랜드(15~19)
▷성남(20~)

K리그 통산기록

556경기 667실점

대표팀 경력

17경기 15실점
2004 올림픽
2006 아시안게임
2006 · 2010 월드컵

김영광의 시간은 거꾸로 간다. 코치를 해도 이상하지 않을 불혹이 된 올해도 성남 골문을 지킨다. 지난 시즌 K리그1 38경기 전 경기에 출전해 성남의 극적인 잔류를 이끌었고, 개인적으로는 베스트일레븐 골키퍼 부문 후보에 오른 활약을 인정받아, 재계약을 선물받았다. 심지어 연봉이 올랐단다. 그 정도로 김남일 감독의 신임이 대단하다. 나이, 이름값 떼고 실력만 봐도 그럴 수밖에 없다. 2020년 6회에 불과했던 클린시트(무실점경기) 기록이 2021년 13회로 두 배 이상 늘었다. 오직 조현우(울산, 15회)만이 김영광보다 더 많은 무실점을 경험했을 뿐이다. 2021년 11월 27일 잔류를 건 광주FC와의 승점 6점짜리 맞대결에서 상대의 슈팅을 '4연속 선방'한 건 지난 시즌 활약의 백미였다. 권경원, 마상훈 등 후배 수비수들과 꾸준히 소통하며 '어떻게 하면 상대 공격수를 질식시킬 수 있는지'를 고민하고 또 고민했다. 그 결과 성남은 하위스플릿 6개팀 중 2번째로 낮은 최소실점(46)을 기록하며 잔류에 성공했다. "5년 전과 현재의 골격근과 지방량이 비슷하다"는 김영광의 철저한 자기관리는 후배들에게 귀감이 된다. 행동하지 않는 베테랑은 인정받기 어려운 법이란 걸 김영광은 누구보다 잘 안다. 2016~2019년 서울 이랜드에서 105경기 연속 출전 기록을 세웠던 김영광은 올해도 38경기 전경기 출전을 목표로 달린다. 현재 K리그 개인통산 556경기(*K리그2 포함)로, 이르면 내년 600경기를 돌파할 것으로 예상되는 김영광은 김병지가 보유한 K리그 통산 최다출전 기록(706경기)에 도전한다.

2021시즌 기록

3	3,654(38) MINUTES 출전시간(경기수)	83 SAVE 선방	46 LOSS 실점	0

강점	동체시력과 자기관리 카리스마	특징	두 딸과 팬 앞에선 한없이 프렌들리함
약점	거스를 수 없는 나이	별명	글로리 킴 가자매아빠

권순형

1986년 6월 16일 | 36세 | 대한민국 | 176cm | 73kg

MF

SEONGNAM CITY

No.7

경력

강원(09~11)
▶제주(12~13)
▶상무(14~15)
▶제주(15~19)
▶성남(20~)

K리그 통산기록

325경기 19득점 29도움

대표팀 경력

U-17 대표팀 6경기 2득점

김영광과 함께 시즌 종료 후 재계약을 맺으며 프로 14번째 시즌을 맞이한다. 2020년 제주에서 성남으로 이적한 권순형의 성남 커리어는 2020시즌과 2021시즌으로 나뉜다. 2020시즌 선수 생명을 위협하는 아킬레스건을 다치며 7경기 출전에 그쳤다. 부상에서 복귀한 지난시즌 전반기에는 '뒤에서 묵묵히 응원하는 조연'에 가까웠다. 두 '임대생' 이규성, 이종성 중심으로 중원이 꾸려졌다. 이규성의 컨디션 난조 등의 이유로 여름에 중원에 변화가 필요한 시점에 권순형이 떠올랐다. '준비된 베테랑'은 8월 21일 전북전을 시작으로 주전을 꿰찼다. 3-5-2 전술에서 스리백을 보호하는 수비형 미드필더 위치에서 빌드업에 관여하고 중원 장악에 힘썼다. 평소 후배들 사이에서 아낌없이 조언하고 편하게 대해주는 '교회형'답게 피치 위에서도 선수들을 독려하며 든든한 존재감을 과시했다. 권순형-권경원-김영광으로 이어지는 척추라인이 잔류싸움의 핵심이었다고 해도 과언이 아니다. 권순형은 16경기에 출전해 골을 넣지 못했다. 2009년 데뷔 후 K리그에서 1골도 넣지 못한 시즌은 강원에서 프로데뷔한 2009년, 제주에 몸담은 2013년, 그리고 지난해까지 3번뿐이다. 강력한 중거리 슈팅 능력을 앞세워 9년 연속 득점 기록을 세우지 못한 것은 아쉬울 테지만, 에이징 커브와 팀의 요구에 따라 어쩔 수 없이 스타일을 바꿔야했다. 권순형은 다른 롤을 맡겨도 충분히 수행할 수 있단 걸 입증했다. 올시즌, 또 다른 변화가 찾아왔다. 주장 완장을 달게 된 권순형은 "선수단을 원팀으로 만드는 데 기여하겠다"고 각오를 밝혔다.

2021시즌 기록

1	1,182(16) MINUTES 출전시간(경기수)	0 GOALS 득점	0 ASSISTS 도움	0

강점	파워풀한 중거리포 경기 운영	특징	기대고 싶은 착한 교회오빠 스타일
약점	기동성	별명	꽃미남 캐논슈터

박수일

1996년 2월 22일 | 26세 | 대한민국 | 178cm | 68kg

MF

No.66

경력

대전(18~19)
▷성남(20~)

K리그 통산기록

99경기 4득점 16도움

대표팀 경력

_

아무도 찾아주지 않던 선수가 이제는 모두가 찾는 선수로 성장했다. 본인 스스로 "용됐다"고 말한다. 안동고-광주대를 나온 박수일은 2017년 프로 입문에 실패해 내셔널리그 소속인 김해시청에 입단했다. 김해시청에서 선보인 활약을 바탕으로 2018년 2부 소속인 대전에 입단하며 프로데뷔의 꿈을 이뤘지만, 오피셜 발표가 나지 않을 정도로 주목을 받진 못했다. 하지만 빠르게 두각을 드러내며 첫 해 9개 도움으로 K리그2 도움왕을 차지하는 기염을 토했다.

2년차 때 큰 임팩트를 남기지 못한 박수일은 2020년 성남으로 이적한 뒤 출전 기회를 잡지 못했다. 그러다 지난 시즌 주포지션이 아닌 레프트 윙백으로 나서 커리어하이인 3골 4도움을 폭발하며 김남일 감독의 눈도장을 확실히 찍었다. 특히 강등 싸움이 치열해진 9월 이후에만 2골 2도움을 올리며 팀의 잔류에 기여했다. 박수일의 코너킥과 마상훈 등의 헤더는 성남의 주요 공격 루트였다. 박수일이 롤모델로 삼은 선수는 리버풀의 트렌트 알렉산더아놀드다. 공격수 뺨치는 과감한 전진과 날카로운 크로스를 빼닮고 싶다는 이유에서다. 지난 시즌 후반기 박수일의 플레이에선 분명 알렉산더아놀드의 향기가 풍겼다. 박수일은 흔히 말하는 '치달'형 풀백(또는 윙백)에 그치지 않고 바깥쪽에서 안쪽으로 파고드는 움직임도 날카롭다. 전술적으로 활용 가치가 높다. '눈물 젖은 빵'을 먹으며 생긴 간절함과 타고난 활동량이 더해져 얼마나 성장할지 가늠하기가 쉽지 않다. 일단 지난 시즌 활약이 '반짝'이 아니란 것부터 증명해야 한다.

2021시즌 기록

4	1,544(24) MINUTES 출전시간(경기수)	3 GOALS 득점	4 ASSISTS 도움	0

강점	화끈한 오버래핑 날카로운 크로스	**특징**	'내셔널리그→2부→1부' 인생역전 드라마
약점	세밀한 플레이	**별명**	성룡 (외모가 닮았다)

김민혁

1992년 2월 27일 | 30세 | 대한민국 | 187cm | 73kg

DF

No.92

경력

사간도스(14~19)
▷ 전북(19~21)
▷ 성남(22~)

K리그 통산기록

62경기 3득점

대표팀 경력

U-23 대표팀 6경기
2014 아시안게임

성남은 올해 '더블 김민혁'을 구축했다. 기존에 있던 공격형 미드필더 김민혁에 또 다른 김민혁을 더했다. 둘은 공교롭게 1992년생 동갑내기다. 수비수 김민혁은 2014년 인천 아시안게임에서 한국의 금메달을 뒷받침한 선수로, 2014년부터 2019년까지 일본 사간도스에서 활약했다. 2019년 전북으로 이적해 홍정호와 함께 전북의 리그 3연패 및 FA컵 1회 우승에 일조했다. 2021시즌 K리그1 MVP 홍정호 옆에서 살림꾼 역할을 하는 '언성 히어로'였다. 특유의 사교적인 성격으로 동료들의 세리머니에 앞장서는 등 분위기 메이커 역할을 잘한다는 평가를 받았다. 권경원, 리차드, 이창용, 안영규 등의 동시 이탈로 수비진 보강을 꾀하던 성남이 FA 신분이 된 김민혁 영입에 뛰어든 배경이다. 리그 6강 이상과 FA컵 우승을 원하는 성남은 풍부한 경험과 화려한 우승 이력을 지닌 선수에 덤으로 '동기부여 전문가'까지 얻은 셈이 됐다. 단, 어디까지나 김민혁이 전북 시절 퍼포먼스를 재현한다는 전제를 했을 때의 이야기다. 지난시즌 말미 무릎 부상을 당했던 김민혁은 뒤늦게 선수단에 합류한 만큼 체력을 얼마나 빨리 끌어올리고, 얼마나 빠르게 팀에 적응하느냐가 중요하다고 할 수 있다. 포항에서 실력을 입증한 권완규, 1월 터키 전지훈련을 통해 국가대표팀에 깜짝발탁된 최지묵, 김남일의 페르소나 마상훈, 잠재력 풍부한 신성 강의빈, 재임대된 베테랑 이종성 등과는 또 다른 스타일이기 때문에 기대가 되는 건 사실이다.

2021시즌 기록

4	2,012(21) MINUTES 출전시간(경기수)	1 GOALS 득점	0 ASSISTS 도움	0
강점	대인마크 파이팅	**특징**	마우스피스 일본어 통역 가능	
약점	안정감	**별명**	세리머니 장인	

FW

No.9

박용지

1992년 10월 9일 | 30세 | 대한민국 | 183cm | 74kg

경력 | 울산(13~14) ▷ 부산(14~15) ▷ 성남(15~16) ▷ 인천(17~18) ▷ 상무(18~19)
▷ 대전(20) ▷ 성남(21~)

대표팀 경력 | U-23 대표팀 9경기 3득점

'어게인 2019'는 결과적으로 성공하지 못했다. 박용지는 2019년 상주 상무(현 김천 상무)에서 12골을 터뜨리며 '커리어 하이'를 찍었다. 당시 인연을 맺은 정경호 코치의 러브콜에 지난해 성남에 새 둥지를 틀 만해도 기대가 컸다. 뮬리치가 최전방에서 버텨주고 박용지가 빈 공간을 파고드는 그림을 그렸다. 하지만 박용지는 전반기 꾸준한 출전 기회에도 2% 부족한 모습으로 일관했다. 서서히 주전에서 밀려나 6월 이후 단 9경기 출전에 그쳤다. 박용지, 부쉬, 홍시후 등의 동반 부진은 성남이 '뮬리치 원맨팀'이 되는 주된 요인이었다. 올시즌엔 그 짐을 나눠 짊어져야 한다.

2021시즌 기록					강점	약점
4	0	**1,115(20)** MINUTES 출전시간(경기수)	**1** GOALS 득점	**0** ASSISTS 도움	상대 수비 뒷공간 침투	골 결정력

MF

No.13

김민혁

1992년 8월 16일 | 30세 | 대한민국 | 182cm | 70kg

경력 | 서울(15) ▷ 광주(16~17) ▷ 포항(18) ▷ 성남(18~19) ▷ 상무(19~20)
▷ 성남(21~)

대표팀 경력 | -

2021년, 성남의 에이스가 되리라 기대를 모았다. 2선과 3선을 오가며 플레이메이킹을 하고 마무리 패스를 찔러줄 '테크니션' 유형은 사실상 김민혁밖에 없었다. 4월 21일 인천전에서 시즌 첫 골을 넣을 때만 해도 분위기가 좋았다. 하지만 6월 6일 전북전에서 다이렉트 퇴장한 뒤 서서히 존재감을 잃어갔다. 잔류전쟁이 절정에 이른 11월초 부상을 당해 2021시즌을 아쉬움 속에 조기에 마무리해야 했다. 2022년에도 '미드필더 김민혁'의 중요성은 굳이 설명할 필요가 없을 것 같다. 김남일 감독은 김민혁이 기복, 부상없이 한 시즌을 풀로 소화해주길 누구보다 바랄 거다.

2021시즌 기록					강점	약점
2	1	**1,584(21)** MINUTES 출전시간(경기수)	**1** GOALS 득점	**2** ASSISTS 도움	창의성 공격 조립	잦은 부상

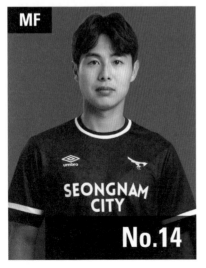

MF

No.14

정석화

1991년 5월 17일 | 31세 | 대한민국 | 171cm | 62kg

경력 | 부산(13~17) ▷ 강원(19~20) ▷ 성남(21~)

대표팀 경력 | U-23 대표팀 6경기 3골

지난시즌 전반기 빈공에 시달리던 성남이 선택한 반전카드 중 하나였다. 올 초 강원 소속으로 K4리그 포천시민구단으로 임대돼 사회복무요원으로 병역을 이행해오던 정석화가 군 면제 판정으로 소집해제되자 빠르게 영입에 나섰다. 2선의 측면과 중앙 등 다양한 포지션을 소화할 수 있는 다재다능함과 일대일 돌파로 공격의 활로를 뚫어줄 수 있는 능력과 K리그 200경기 이상(214경기)을 소화한 경험을 믿었다. 지난시즌에는 다소 아쉬움을 남겼지만, 일대일이 되는 드리블러는 언제나 활용가치가 있다. 측면에 활기를 불어넣어줄 것이다.

2021시즌 기록					강점	약점
0	0	**649(10)** MINUTES 출전시간(경기수)	**0** GOALS 득점	**0** ASSISTS 도움	2선 올포지션 소화 스피드	2% 아쉬운 결정력

FW

No.15

이재원

1997년 2월 21일 | 25세 | 대한민국 | 173cm | 66kg

경력 | 성남(19~)

대표팀 경력 | –

'살림꾼'이란 표현이 잘 맞는다. 압도적인 활동량으로 미드필드진에 활력을 불어넣는다. 압박, 맨마킹 등 수비력을 장착해 수비에도 적잖은 기여를 한다. 있을 때 눈에 띄지 않지만, 없으면 티 나는, 유형이라고 볼 수 있다. 제주 U-18팀과 경희대 시절까지 공격수로 활약한 만큼 득점 능력도 장착했다는 평이다. 2020년 7월 전북 원정에서 선보인 벼락같은 중거리포는 이재원의 숨은 능력을 끄집어낸 장면이다. 2019년 성남에 입단해 지난시즌 3년차를 맞은 이재원은 불의의 십자인대 부상으로 시즌을 눈물과 함께 보냈다. 올시즌 키워드는 '재기'다.

2021시즌 기록					강점	약점
0	0	**156(4)** MINUTES 출전시간(경기수)	**0** GOALS 득점	**0** ASSISTS 도움	중원 압박과 많은 활동량	부상 후유증

MF

No.22

안진범

1992년 3월 10일 | 30세 | 대한민국 | 174cm | 69kg

경력 | 울산(14)▷인천(15)▷안양(16~18)▷상무(18~19)
▷인천(20)▷성남(21~)

대표팀 경력 | U-17 대표팀 11경기, 2009 U-17 월드컵

청소년 대표팀 시절 모르는 이가 없는 '천재'였다. 드리블, 테크닉이 좋고, 전방으로 찌르는 패스가 일품이다. 대중 앞에선 수줍어하지만, 선수들 사이에선 '인싸'로 통한다. 포텐을 폭발하진 못했지만, 2014년 울산에서 프로데뷔해 8년째 K리그 무대를 꾸준히 누비고 있다. 2020년 인천에서 아쉬운 시즌을 보낸 안진범은 지난해 성남에서 부활 가능성을 선보였다. 특히 후반기에는 권순형 등과 함께 중원에서 핵심적인 역할을 소화했다. 11월 27일 광주전에서 선보인 환상적인 오버헤드킥은 팀의 잔류를 사실상 쐐기박은 골이라 더 의미가 있었다. 시즌 후 재계약을 선물받았다.

2021시즌 기록					강점	약점
1	0	**1,126(17)** MINUTES 출전시간(경기수)	**1** GOALS 득점	**1** ASSISTS 도움	테크닉 장착 인싸력	공격 기여도

MF

No.6

김현태

1994년 11월 14일 | 28세 | 대한민국 | 187cm | 74kg

경력 | 전남(17)▷안산(18)▷파주시민(19~20)▷안산(20~21)▷성남(22~)

대표팀 경력 | –

K리그2 무대에선 꽤 실력을 인정받는 자원이다. 현대축구가 요구하는 '장신 수비형 미드필더'로 분류된다. 신장 187cm에서 우러나오는 공중볼 장악 능력이 뛰어나고 몸 싸움에 능하다. 3선에서 좌우, 대각선으로 벌려주는 패스도 빼어나다. 김남일식 빌드업에 최적화된 자원이라고 볼 수 있다. 일단은 주장 권순형의 백업을 맡을 것으로 예상되지만, 김현태가 필요한 시기가 반드시 찾아올 것이다. 그 기회를 잡느냐에 올 시즌 김현태의 운명이 달렸다. 중앙수비수 출신답게 상황에 따라선 최후방에 위치할 수도 있다.

2021시즌 기록					강점	약점
4	0	**1,554(20)** MINUTES 출전시간(경기수)	**0** GOALS 득점	**0** ASSISTS 도움	센터백 활용 가능 공중볼과 몸싸움	부족한 1부리그 경험

■ K리그2 기록

FW

No.33

전성수

2000년 7월 13일 | 22세 | 대한민국 | 181cm | 70kg

경력 | 성남(19) ▶ 강릉시청(20~21) ▶ 성남(22~)

대표팀 경력 | –

육상선수 출신이다. 여기에 중거리 슈팅 능력을 겸비해 역습 상황이나 지공 상황에서 모두 능력을 발휘할 수 있는 자원이다. 풍기는 외모, 시원시원한 중거리 슈팅은 흡사 성남을 거쳐 국가대표팀 공격수가 된 황의조를 연상케 한다. 전성수는 2019년 계명고를 졸업하자마자 성남에 입단했다. 경험을 쌓고자 2020년 K4리그 양평FC, 지난해 K3리그 강릉시민축구단으로 연속해서 임대를 떠났다. 결정은 옳았다. 두 시즌 연속 영플레이어상을 수상하며 자신감을 쌓았다. 더 단단해져서 돌아온 전성수는 금세 김남일 감독의 눈에 띄었다. 22세이하 주력 카드로 낙점받아 전지훈련에서 간판 공격수 뮬리치의 투톱 파트너로 급부상했다. 올시즌 깜짝활약을 기대해도 좋을 것이다.

2021시즌 기록					강점	약점
2	0	**1,187(16)** MINUTES 출전시간(경기수)	**4** GOALS 득점	**1** ASSISTS 도움	묵직한 중거리 슛	부족한 경험, 부족한 힘

■ K리그3 기록

DF

No.2

이시영

1997년 4월 21일 | 25세 | 대한민국 | 172cm | 70kg

경력 | 성남(18) ▶ 광주(19) ▶ 이랜드(20) ▶ 성남(21~)

대표팀 경력 | U-23 대표팀 3경기, 2018 아시안게임

자카르타–팔렘방 아시안게임 금메달 멤버. 현재 스쿼드에 있는 성남 유스 출신 중 대표격이다. 2018년 성남에서 프로데뷔한 이시영은 경험을 쌓기 위해 광주, 이랜드에서 2년 연속 임대로 뛰었다. 임대 시절 부상 등의 이유로 충분한 경기에 출전하지 못했던 그는 지난해 성남으로 돌아와 K리그1 무대에 성공적으로 안착했다. 빠른 스피드와 얼리 크로스 등의 능력을 앞세워 11월 전후 '닥주전'으로 자리매김했다. 좌측의 박수일과 함께 양 측면에서 든든한 존재감을 과시했다. 성남이 이태희를 대구로 떠나보냈단 건 이시영을 믿는다는 말과 다르지 않다.

2021시즌 기록					강점	약점
3	0	**1,599(23)** MINUTES 출전시간(경기수)	**0** GOALS 득점	**2** ASSISTS 도움	얼리 크로스 유스부심	터질 듯 터지지 않는 포텐

DF

No.18

이지훈

1994년 3월 24일 | 28세 | 대한민국 | 176cm | 69kg

경력 | 울산(17~18) ▶ 인천(19) ▶ 수원FC(20) ▶ 광주(21) ▶ 성남(22~)

대표팀 경력 | –

현대고 출신으로 2017년 울산에서 프로데뷔했다. 울산에서 자리를 잡지 못한 이지훈은 이후 인천, 수원FC를 거쳐 2021년 광주에 새 둥지를 틀었다. K리그1 무대에서 33경기를 뛰며 이름 석자를 알렸다. 광주와 잔류싸움을 펼친 성남도 이지훈의 진가를 알아봤다. 이태희가 떠난 윙백 포지션을 맡을 수 있는 적임자라고 판단했다. 헌신성과 활동량을 특히 높게 평가했다는 후문. 이지훈은 탄천에 열정을 불어넣겠단 각오다.

2021시즌 기록					강점	약점
4	0	**2,818(33)** MINUTES 출전시간(경기수)	**0** GOALS 득점	**0** ASSISTS 도움	투쟁심 활동량	안정감 공격 기여도

DF

No.34

최지묵

1998년 10월 9일 | 24세 | 대한민국 | 178cm | 70kg

경력 | 성남(20~)

대표팀 경력 | −

"머리칼이 쭈뼛 서는 것 같았다." 김남일 감독은 2022년 1월 국가대표팀의 터키 전훈 명단에 최지묵이 발탁됐다는 소식을 전해들은 순간 심경을 이렇게 떠올렸다. 데뷔 시즌인 2020년부터 지켜본 선수라 만감이 교차한 것 같았다. 최지묵은 풀백이라기엔 공격력이 아쉽고, 센터백이라기엔 수비력이 아쉬운 선수로 여겨졌다. 하지만 지난시즌 꾸준한 출전 기회를 받고 여름에 합류한 권경원의 튜터링을 받으며 급속도로 성장해 대표팀에 입성하는 기염을 토했다. 크나큰 동기부여를 안고 임하는 3번째 시즌도 스리백의 왼쪽 수비수를 담당할 예정이다.

2021시즌 기록					강점	약점
3	0	**1,779(22)** MINUTES 출전시간(경기수)	**1** GOALS 득점	**0** ASSISTS 도움	풀백과 센터백 소화 가능 안정감	부족한 제공권

DF

No.3

권완규

1991년 11월 20일 | 31세 | 대한민국 | 183cm | 76kg

경력 | 경남(14) ▷인천(15~16) ▷포항(17~18) ▷상무(18~19) ▷포항(20~21) ▷성남(22~)

대표팀 경력 | −

2021년 경력 최고의 시간을 보냈다. 포항에서 주전 센터백으로 자리매김했다. 아시아 챔피언스리그 결승 무대를 밟았다. FA로 풀린 권완규를 두고 다양한 팀들이 손을 내밀었다. 권완규는 "가능성있는 팀"이라고 느낀 성남을 최종적으로 택했다. '연봉 대박'을 친 사연이 화제를 모았지만, 권완규의 진가를 아는 축구인들은 충분히 해볼만한 투자라고 입을 모았다. 높이에 대한 아쉬움은 적극적인 대인마크와 빠른 상황판단으로 메운다. 센터백과 오른쪽 측면수비로 모두 뛸 수 있어 활용가치가 높다. K리그 최정상 센터백이란 자신감으로 똘똘 뭉쳐있다.

2021시즌 기록					강점	약점
7	0	**3,525(37)** MINUTES 출전시간(경기수)	**1** GOALS 득점	**0** ASSISTS 도움	멀티 수비수 스피드	제공권

DF

No.5

마상훈

1991년 7월 25일 | 31세 | 대한민국 | 183cm | 79kg

경력 | 강원(12) ▷빅뱅쫄라(13) ▷전남(14~16) ▷빅뱅쫄라(16~17) ▷수원FC(18) ▷상무(18~19) ▷성남(20~)

대표팀 경력 | U−23 대표팀 1경기

김남일 감독은 지난해부로 계약이 끝난 마상훈과 재계약을 체결하기 위해 그의 결혼식에 찾아갔다. 그 자리에 참석한 마상훈의 부모에게 '상훈이 재계약 잘 부탁드린다'고 말하며 고개를 숙였다. 소위 '김남일 페로몬'에 이끌려 여러 러브콜을 뿌리치고 성남과의 동행을 이어가게 됐다. 2012년 프로에 데뷔해 근 10년 가까이 이렇다 할 임팩트를 남기지 못했던 마상훈은 지난시즌 경력 최고인 31경기에 나서 무려 3골을 넣었다. 구단 내부에선 '32살인데 매년 성장한다'고 평가한다. 수비수 중엔 조유민(4골)이 유일하게 마상훈보다 더 많은 골을 넣었다.

2021시즌 기록					강점	약점
5	0	**2,372(31)** MINUTES 출전시간(경기수)	**3** GOALS 득점	**0** ASSISTS 도움	타점 높은 헤더 투쟁심	부상 위험 노출 빌드업

MF No.16

이종성

1992년 8월 5일 | 30세 | 대한민국 | 187cm | 72kg

경력 | 수원(11) ▶ 상무(12) ▶ 수원(14) ▶ 대구(15) ▶ 수원(16~20) ▶ 성남(21~)

대표팀 경력 | U-23 대표팀 5경기

이종성이 성남에서 한 시즌 더 임대로 뛴다. 지난시즌 큰 기대를 모으며 수원에서 임대해왔지만, 부상으로 많은 시간 출전하지 못해 아쉬움을 남겼다. 이종성은 스리백의 오른쪽 수비수 혹은 수비형 미드필더 포지션을 오가며 활약할 전망이다. 새롭게 영입한 김민혁, 권완규와 재계약을 맺은 마상훈, 최지묵 등에 초점이 맞춰져 있지만, '임대생' 이종성의 의외로 중책을 맡을 가능성을 배제할 수 없다. 이종성의 연륜과 무게감은 그를 더욱 특별하게 만든다. 상대팀들은 세트피스 상황에서 이종성을 예의주시해야 한다. 그가 언제 어디서 튀어오를지 모르니 말이다.

2021시즌 기록					강점	약점
8	0	1,676(26) MINUTES 출전시간(경기수)	1 GOALS 득점	0 ASSISTS 도움	대인마크 전진패스	카드 트러블

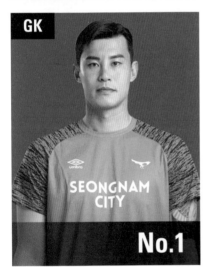

GK No.1

최필수

1991년 6월 20일 | 31세 | 대한민국 | 190cm | 85kg

경력 | 안양(14~17) ▶ 상무(17~18) ▶ 안양(19) ▶ 부산(19~21) ▶ 성남(22~)

대표팀 경력 | -

K리그에 정상급 골키퍼 중 1991년생들이 많다. 울산 조현우, 서울 양한빈, 수원 노동건과 양형모, 경남 손정헌 등이 1991년생이다. 최필수는 이들과 견줘도 손색없는 최고의 유망주였다. U-19 대표팀과 대학 선발팀을 거쳤다. 190cm의 이상적인 체격을 지닌 최필수는 뛰어난 순발력을 지녔다는 평이다. 그는 2014년 FC안양 소속으로 프로에 데뷔했다. 2017~2018년 상무 소속으로 1부리그를 경험한 뒤 2019년 부산으로 이적했다. 지난시즌 2부에서 20경기를 뛴 최필수는 전종혁과 트레이드로 성남으로 이적했다. 올 시즌 대선배 김영광과 함께 성남의 강등을 막는다.

2021시즌 기록					강점	약점
0	0	1,945(20) MINUTES 출전시간(경기수)	61 SAVE 선방	31 LOSS 실점	뛰어난 순발력	부족한 1부 경험 (총 32경기)

■K리그2 기록

FW No.28

박지원

2000년 11월 1일 | 22세 | 대한민국 | 166cm | 63kg

경력 | ▶ 성남(22~)

대표팀 경력 | -

올 시즌 전성수와 함께 성남의 U-22 카드로 활용될 유력후보. '작고 빠른' 유형의 전형이다. 고등학교 3학년 때 100m를 11초대 후반으로 주파했다. 뒷공간 침투가 일품이다. 대학 시절 '안익수 감독이 이끄는 선문대의 38번' 하면 다 알아줬다. 주로 좌측 윙어로 나서지만, 중앙 공격형 미드필더에서도 뛸 수 있다. 그렇다고 '공 없이 앞만 보고 무작정 달리는' 스타일은 아니다. 방향 전환, 볼 소유 능력도 갖춰 다양하게 활용될 수 있다. 박지원은 성남 유스인 풍생고에서 '대선배' 황의조의 플레이를 보며 성장했다. 기본적으로 성남에 대한 애단심을 장착했다. 프로 첫 해 목표는 '최소 7골'이다.

2021시즌 기록					강점	약점
0	0	0(0) MINUTES 출전시간(경기수)	0 GOALS 득점	0 ASSISTS 도움	빠른 스피드	왜소한 체격

디노
케빈
이정협
김대원
한국영
김동현
황문기
김영빈
서민우
윤석영
임창우
고무열
유상훈
이광연
신창무
김대우
박상혁
김원균
정승용
강지훈
김정호
양현준
송준석
코바야시
츠베타노프

강원FC

'최용수 생존 매직' 봤지? 올 시즌은 출발부터 기대해!

강원 FC

코로나19 확진, 교통사고 등 온갖 악재에도 1부에 살아남은 것만으로도 강원에는 유의미한 2021년이었다. 지난해 K리그의 피날레는 강원의 몫이었다. 과거의 역사만 놓고 보면 가능성은 '0%'였지만 4분 만에 3골을 터트리는 보고도 믿기지 않는 기적으로 잔류에 성공했다. 강원은 그렇게 힘을 키워가고 있다. '병수볼'이 역사 속으로 사라졌고, '독수리' 최용수 감독이 지난 시즌 막판 지휘봉을 잡았다. 행정가로 변신한 이영표 대표가 공을 들인 작품이라 올해 그 시너지에 기대가 모아진다. 강원은 2017년 승격 후 줄곧 파이널 A와 B의 경계에서 오락가락하다 지난해는 11위로 떨어졌다. 더 이상 추락할 곳은 없다. 추락한다면 강등 뿐이다. 최저점을 찍고 반등할 일만 남았다는 강원은 2022년을 '명문구단 도약의 원년'으로 삼고 있다. 이 대표의 "축구를 잘하는 것이 최고의 마케팅이다"라는 현실적인 철학도 유효하다. 최 감독은 단 4경기 지휘하면서 '할 수 있다'는 믿음을 선수단에 심어줬고, 이제 제대로 꿈을 펼칠 일만 남았다. 이 대표와 최 감독은 현역 시절 선후배 관계에서 구단 행정의 대표와 현장 지도자로 만났지만 눈빛만 봐도 통할 정도로 끈끈한 소통을 유지해 오고 있다. 강원의 당면 과제는 파이널A 진입이지만 내심 ACL 진출도 노리고 있다.

구단 소개

정식 명칭	강원도민 프로 축구단
구단 창립	2008년 10월 19일
모기업	도민구단
상징하는 색	주황색
마스코트	강웅이
레전드	김영웅, 백종환
서포터즈	나르샤
온라인 독립 커뮤니티	그레이트유니온

우승

K리그	0회
FA컵	0회
AFC 챔피언스리그	0회
아시안 클럽 챔피언십	0회

최근 5시즌 성적

시즌	K리그	FA컵	AFC 챔스
2021시즌	11위	4강	–
2020시즌	7위	8강	–
2019시즌	6위	8강	–
2018시즌	8위	32강	–
2017시즌	6위	16강	–

HOME   GK   AWAY

지는 걸 끔찍이 싫어하는 지독한 승부사
강원의 힘 '독수리'

최용수 | 1973년 9월 10일 | 49세 | 대한민국

K리그 전적
261전 124승 67무 70패

한창 FC서울이 잘 나갈 때 최강희 전 전북 감독이 최용수 감독에게 붙여준 별명이 있다. '부잣집 도련님'이다. FC서울 프랜차이즈 스타인 최 감독은 사령탑으로도 승승장구했다. K리그와 FA컵 우승을 거머쥐었고, ACL에서는 준우승을 차지했다. 데얀, 몰리나, 아드리아노, 하대성 등 당대 K리그 최고의 선수들이 최 감독과 함께했고, '밀당의 대가'인 그의 리더십도 그라운드를 현란하게 물들였다. 세상에 영원한 것은 없다. '서울 원클럽맨'의 역사도 바뀌었다. 국내에서 두 번째 선택한 구단은 강원이었다. 사실 강등될 수 있는 절체절명의 위기에 팀을 맡는다는 것은 그야말로 무모한 도전이었다. 주변의 열에 아홉은 반대를 했지만 그는 "초심으로 돌아간다"는 말을 남기고 강원의 지휘봉을 잡았다. 승부사인 그는 마지막 순간 강원을 수렁에서 건져냈고, '최용수 매직'이라는 숱한 찬사도 받았다. 물론 이제 '프롤로그'를 썼을 뿐이다. 진정한 승부는 올해부터다. "미래가 보이는 구단을 만들고 싶다"는 최 감독의 눈빛이 반짝이고 있다.

선수 경력

안양	제프 유나이티드	교토 퍼플상가	주빌로 이와타	서울

지도자 경력

서울 코치	서울 감독	장쑤 쑤닝 감독	서울 감독	강원 감독(21~)

주요 경력

2013 AFC 올해의 감독상	2012 K리그 올해의 감독상

선호 포메이션	3-5-2	**3가지 특징**	밀당의 대가	타고난 승부근성	안정된수비를 바탕으로 한 공격 전개

STAFF

수석코치	코치	GK코치	피지컬코치	선수 트레이너	분석관	통역
김성재	하대성 이정열 정인환	김태수	바우지니	전명구 김정훈 이민협	김정훈 전곤재	이환

2 0 2 1　R E V I E W

다이나믹 포인트로 보는 강원의 2021시즌 활약도

돌발변수가 워낙 많아 베스트일레븐을 제대로 가동하지 못한 것이 악재였다. 그나마 가장 큰 수확은 팀내 최다인 9골을 기록한 김대원의 연착륙이다. 그러나 스트라이커 포지션의 고민은 깊었다. 야심차게 영입한 실라지는 기대를 밑돌았고, 고무열은 악전고투했지만, 부상으로 끝내 시즌을 마치지 못했다. 이정협이 수혈됐지만, 2% 부족했다. 중원은 한국영의 고군분투가 또 빛을 발했다. 뛸 수 있는 몸상태가 아니었지만, 최후까지 부상 투혼을 발휘했다. 서민우와 황문기의 성장도 눈여겨볼만하다. 다만 마티야는 실패작이었다. 임채민이 리드한 수비라인은 비교적 견고했다. '언성히어로' 김영빈은 살림꾼으로 제몫을 다했다. 반면, 붙박이가 없는 골키퍼 자리는 불안했다.

FW
- 고무열 17,436 전체 105위
- 실라지 8,385 전체 188위
- 이정협 6,761 전체 203위
- 김대원 35,198 전체 21위

MF
- 마티야 3,980 전체 245위
- 김동현 15,401 전체 122위
- 김대우 13,654 전체 138위
- 한국영 24,466 전체 57위
- 조재완 16,003 전체 117위
- 황문기 19,912 전체 81위
- 서민우 13,132 전체 144위
- 신창무 8,769 전체 180위

DF
- 김영빈 29,988 전체 43위
- 츠베타노프 4,891 전체 234위
- 아슬마토프 16,963 전체 110위
- 윤석영 18,165 전체 96위
- 임채민 20,074 전체 80위
- 신세계 13,075 전체 145위
- 임창우 23,531 전체 59위

GK
- 이범수 19,067 전체 90위

2021시즌 다이나믹 포인트 상위 20명 ■ 포인트 점수

포지션 평점
- FW ⚽⚽
- MF ⚽⚽⚽
- DF ⚽⚽⚽⚽
- GK ⚽

출전시간 TOP 3

1위	김영빈	3,119분
2위	한국영	2,705분
3위	임채민	2,564분

■ 골키퍼 제외

득점 TOP 3

1위	김대원	9골
2위	고무열	6골
3위	조재완	4골

도움 TOP 3

1위	김대원	4도움
2위	고무열	3도움
3위	실라지, 조재완, 임창우	2도움

주목할 기록

450	팀 최소 파울 전체 1위
124	최용수 K리그 현역 감독 다승 1위

성적 그래프

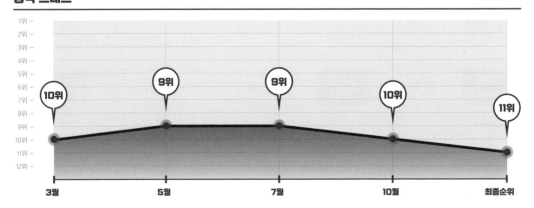

3월 10위 · 5월 9위 · 7월 9위 · 10월 10위 · 최종순위 11위

2022 시즌 스쿼드 운용 & 이적 시장 인앤아웃

IN

디노_로젠보리
유상훈 김원균
_서울
코바야시_이랜드
케빈_플로브디프
박희근 권석주
이지우 김주성
최인규 김현규
홍성무 강의찬
홍석환 김해승
우병철 최성민
_신인

OUT

임채민_선전
이호인_아산
이범수_전북
신세계_수원FC
이병욱_김포
송승준_충주시민
신재욱_한국철도
정지용_화성 임대
안경찬 허강준
_계약만료
실라지 마티야
아슐마토프
_계약해지

FW 디노 이정협 김대원
박상혁 박경배 우병철 고무열

MF 한국영 김동현 ⓒ 황문기 신창무
김대우 양현준 김현규 코바야시

DF 서민우 김영빈 윤석영
임창우 김원균 정승용
강지훈 츠베타노프 송준석 케빈

GK 유상훈 이광연 김정호

ⓒ 주장 ■ U-22 자원

취약 포지션이었던 위, 아래의 보강이 눈에 띈다. 골키퍼 자리에 이범수를 내보내는 대신 최 감독과 서울 시절 오랫동안 함께한 유상훈이 둥지를 틀었다. 유상훈은 최 감독이 떠난 후 주전에서 밀려났지만 강원에서 재회해 반전을 노리고 있다. 최전방에는 불필요한 외국인 선수들을 깔끔하게 정리한 후 몬테네그로 출신 장신 공격수 디노 이슬라모비치를 수혈했다. 디노가 데얀처럼 K리그에 제대로 뿌리를 내린다면 강원의 고개숙인 화력은 만개할 수 있다. 고무열이 돌아오는 여름에는 공격 옵션도 다양해진다. 김대원도 다각도로 활용할 수 있다. 한국영이 버티고 있는 중원은 안정감이 있다. 한국영, 서민우, 김대우의 호흡은 경험까지 더해지면서 업그레이드 됐다. 스리백 전술의 핵인 좌우측 윙백에는 정승용과 임창우가 기대의 중심에 서 있다. 스리백은 최 감독이 가장 공을 들이는 포지션이다.

주장의 각오

김동현

"프로에서 처음 주장을 맡아 얼떨떨하다. 최용수 감독님께서 선택해주신 만큼 책임감을 갖고 팀을 더 잘될 수 있는 방향으로 이끌고 가겠다."

2 0 2 2 예 상 베 스 트 1 1

FW   **3-5-2**

17 김대원   9 디노

MF

5 김대우   21 코바야시

22 정승용   19 강지훈

8 한국영

DF

2 김영빈   4 서민우   14 임창우

GK

1 유상훈

예상 순위

11

강원은 지난해 기적적으로 잔류에 성공했다. 한 시즌 내내 악재가 쏟아졌지만 뛰어난 위기관리 능력으로 강등은 모면했다. 지난 시즌 막판 지휘봉을 잡아 급한 불을 끈 최용수 감독이 온전한 첫 시즌을 맞는다. 이번 시즌 목표는 6강을 내걸었다. 공격과 골키퍼 포지션은 보강이 됐지만 임채민이 빠진 수비라인은 걱정이 태산이다. 중원의 핵인 한국영이 얼마나 버텨줄지도 물음표다. 중심축이 제대로 역할을 하면 대반전을 노릴 수 있다. 반면 시즌 초반부터 흔들린다면 또 다시 힘겨운 강등 싸움을 벌여야 할 운명이다.

구단별 이적시장 성적

B

외국인 선수들을 공격적으로 정리한 것은 눈에 띈다. 계약기간이 남았지만, 원만하게 해결했다. K리그와 궁합이 좋은 몬테네그로 출신 스트라이커와 아시아쿼터로 경험이 풍부한 미드필더, 여기에 스웨덴 청소년 대표 출신 센터백을 수혈하며, 안정감을 확보했다. 케빈은 임채민의 빈자리를 최소화해줄 자원이다. 강원은 골키퍼도 서둘러 보강하며, 최후방의 불안을 해소했다. 스리백 전술의 핵인 좌.우측 윙백 카드가 다양하지 않은 것은 고민이다.

한국영

1990년 4월 19일 | 32세 | 대한민국 | 183cm | 73kg

MF

No.8

경력

쇼난 벨마레(10~13)
▷ 가시와 레이솔(14)
▷ 카타르SC(14~16)
▷ 알 가라파(16)
▷ 강원(17~)

K리그 통산기록

111경기 6득점 6도움

대표팀 경력

41경기
2007 U-17 월드컵
2014 월드컵

너무 성실해서 탈이다. 뇌진탕 후유증도 있었고, 오른쪽 발목 인대까지 부분 파열됐다. 웬만한 선수라면 일찌감치 손을 들었을 상황이지만 그는 달랐다. 만신창이 몸을 이끌고 뛰고 또 뛰었다. 결국 땀은 거짓말을 하지 않았다. 그의 발끝에서 기적의 잔류를 이끌어내며 비로소 마지막에 웃었다. 한국영의 진가다. 뛰는 양이 많기로 유명한 그는 팀에는 보배같은 존재다. 혹사 논란은 딴 세상 이야기다. 헌신, 절제, 희생이 몸에 뱄다. 전술적으로는 수비형 미드필더에서 활약하지만 공격력도 나쁘지 않다. 탈압박과 패싱력은 여전히 진화하고 있다. 지난 시즌 1,616차례 패스를 시도해 성공률은 89.2%에 달한다. 인터셉트는 경기당 2.7개, 태클은 0.7개다. 서른이 넘어 축구에 새로운 눈을 떴다는 기분 좋은 평가도 받고 있다. 강원에는 없어서는 안될 존재. 최대의 적은 상대가 아니다. 몸을 사리지 않는 플레이에 늘 부상에 노출돼 있다. 올 시즌 초반은 철저하게 '안전 모드'다. 최용수 감독이 '한국영 관리'에 들어갈 정도로 완전한 회복을 바라고 있다. 한국영은 후반 30분부터는 내 무대라는 생각으로 축구를 한다. 그만큼 체력에 자신이 있을 뿐 아니라 대비도 철저히 한다. 경험까지 더해지면서 플레이에 여유와 관록도 느껴진다. 그렇다고 매번 직진 페달을 밟다가는 다시 멈출 수 있다. 완급 조절도 필요하고, 자신도 아낄 줄 알아야 한다. 한국영 같은 유형의 선수가 2~3명만 더 있다면 그 팀은 우승도 가능하다. 한국영은 그라운드의 뜨거운 감자다. 강원 힘의 원천도 한국영의 플레이에서 시작된다.

2021시즌 기록

4	2,705(31) MINUTES 출전시간(경기수)	1 GOALS 득점	0 ASSISTS 도움	0

강점	못 말리는 투혼 본능 공격력도 배가	특징	경기가 종착역을 향해 갈수록 더 강해지는 체력
약점	지나친 직진 본능에 부상 위험도 높음	별명	지우개

유상훈

1989년 5월 25일 | 33세 | 대한민국 | 194cm | 87kg

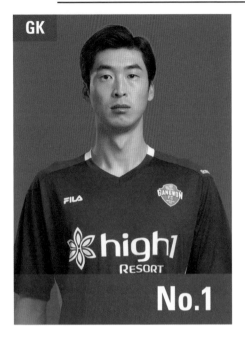

GK

No.1

경력

서울(11~16)
▷상무(17~18)
▷서울(18~21)
▷강원(22~)

K리그 통산기록

135경기 164실점

대표팀 경력

유니버시아드 대표팀 4경기 3실점

특수 포지션인 골키퍼는 부상 공백 등 변수가 없는 한 웬만해선 주전 자리가 바뀌지 않는다. 하지만 지난해의 강원은 3명의 골키퍼가 리그에서 모두 출전 시간이 있을 정도로 엎치락뒤치락했다. 확실하게 눈도장을 찍은 선수가 없었고, 51실점이 기록이 말해주듯 뒷문은 허술했다. 인연의 끈이 참 무섭다. 최용수 감독은 서울 사령탑 시절 유상훈을 애지중지했다. 특히 페널티킥에 특화된 골키퍼라는 찬사를 받으며 극적인 승리를 꽤 선물했다. 하지만 최 감독이 없는 곳에선 설자리가 없었다. 그는 지난해 K리그에서 단 2경기 출전에 그쳤고, 최 감독의 러브콜에 다시 손을 맞잡았다. 출전에 목말라 있던 유상훈으로서는 변화가 필요했고, 마지막 기회를 잡은 셈이다. 나이로는 강원에서 '맏형'이지만 그는 서열을 잊었다. 어떻게든 감독의 기대에 보답을 해야한다는 생각 뿐이다. 목표도 단순, 명확하다. 자신이 나서는 경기에선 승점을 꼭 챙기고 싶은 바람이다. 서울에서 양한빈과의 경쟁에서 막판 밀리긴 했지만 기량만 놓고 보면 큰 흠이 없다. 큰 키를 바탕으로 공중볼 장악 능력이 뛰어나고, 반응 속도 또한 누구에게도 뒤지지 않는다. 팔까지 길어 골키퍼로는 최적의 신체조건을 갖췄다 활동 반경도 넓은 편이다. 하지만 감독의 성향에 따라 편차가 있는 것은 결정적인 실수 부분이다. 워낙 몸놀림이 크다 보니 벤치에선 불안감을 숨길 수 없다. 하지만 최 감독은 단점보다는 장점이 훨씬 많다는 것을 누구보다 잘 알고 있다. 기대치에 부응한다면 강원의 후방은 더 단단해진다. 예전의 유상훈이라면 충분히 커버 가능하다.

2021시즌 기록

0	193(2) MINUTES 출전시간(경기수)	4 SAVE 선방	3 LOSS 실점	0

강점	뛰어난 반사 신경, 제공권 장악	특징	페널티킥 위기가 기회인 선방의 대명사
약점	큰 움직임에 따른 불안감	별명	PK 달인

김대원

1997년 2월 10일 | 25세 | 대한민국 | 171cm | 65kg

FW

No.17

경력
대구(16~20)
▶강원(21~)

K리그 통산기록
137경기 20득점 17도움

대표팀 경력
U-23 대표팀 16경기 3득점

대구에서 강원으로 둥지를 옮긴 것은 신의 한수였다. 전과 후가 달랐다. 김대원의 아킬레스건은 결정력이었다. 강원에 오면서 이 문제의 매듭을 풀었다. 대구에서 5시즌동안 11골을 터트린 그는 지난 시즌 9골을 작렬시키며 팀내 최다골을 기록. 전환점을 맞았다. 득점뿐만 아니라 도움도 4개로 팀내 최다다. 이같은 활약을 앞세워 벤투호에도 호출됐다. 비록 A매치 데뷔전을 치러지는 못했지만 새해 터키 전지훈련에 소집돼 A대표팀에 첫 선을 보였다. 업그레이드 된 결정력으로 공격 옵션도 다양해졌다. 김대원하면 역시 스피드다. 공격 전환시 빠른 발을 앞세워 순식간에 적진을 유린한다. 드리블 능력과 방향 전환도 뛰어나다. 역습에 최적화된 무서운 무기고, 여기에 결정력까지 장착하면서 세컨드 스트라이커에도 손색이 없다. 스리백을 신봉하는 최용수 감독의 3-5-2 시스템에도 활용도가 높다. 하지만 기록에 비해 이름값에서 무게가 떨어지는 부분은 다시금 보완해야 한다. 정상급 선수는 기복이 없어야 한다. 평균적인 활약을 펼쳐야 믿고, 역할을 맡길 수 있다. 김대원은 이 부분에서 약점이 있다. 최고와 최저의 차이가 너무 크다. 되는 날 맞닥뜨리면 정말 운이 없는 것이다. 어떤 수비수라도 방어하기가 쉽지 않다. 반면 컨디션이 안 좋을 때는 그라운드에 묻혀 있다. 중거리 슈팅 능력도 보유하고 있지만 이 또한 널뛰기를 한다. 그래도 오늘보다 내일이 더 기대되는 전천후 플레이어다. 결정력만큼 매 시즌 단점을 보완해 나간다면 대기만성형으로 한국 축구의 주춧돌이 될 수 있다. 강원에서 일단 그 가능성을 확인했다.

2021시즌 기록

0	2,351(33) MINUTES 출전시간(경기수)	9 GOALS 득점	4 ASSISTS 도움	0

강점	폭발적인 스피드	특징	결정력 한계, 강원에서 훌훌 털어
약점	기복있는 플레이	별명	김대원스타

서민우

1998년 3월 12일 | 24세 | 대한민국 | 183cm | 75kg

MF

No.4

경력

강원(20~)

K리그 통산기록

32경기 1득점 1도움

대표팀 경력

—

최용수 감독의 황태자로 떠오르는 분위기다. 2020년 강원에 입단할 때만해도 미약한 존재였다. 김병수 전 감독의 영남대 애제자라는 것 외에 특별하게 내세울 게 없었다. 지난해부터 서서히 두각을 나타내기 시작하더니 동계훈련 미디어캠프에서 최 감독의 옆자리에 불쑥 앉았다. 올시즌 '붙박이 주전'을 예약했다는 이야기가 곳곳에서 들린다. 미드필더인 그는 공격과 수비, 어디에서든 플레이가 가능하다는 것이 최 감독의 구상이다. 골키퍼 빼고 어느 포지션에도 투입이 가능하다. 나이에 걸맞지 않은 캐릭터로도 유명세를 타고 있다. 역사와 철학에 심취해 늘 책을 가까이 한다. 말에서도 그 흔적이 묻어난다. 선수로서 더 많은 경기에 출전하고, 더 많은 스포트라이트를 받고 싶은 건 당연하다고 하면서도 부연하는 말에서 독특한 향기를 풍긴다. "온실 속의 화초보다는 들에서 찬바람, 비바람을 맞으며 성장하는 게 인생의 관점에서 볼 때도 좋지 않을까 생각한다. 잔잔한 바다에서는 훌륭한 뱃사공이 만들어지지 않는다. 고난이 있으면 견뎌내야 한다." 무명에서 기대주로 떠오른 가장 큰 힘은 축구지능이 뛰어나다는 점이다. 상대의 전술에 따라 위치선정이 탁월하고, 공수에 윤활유 역할을 톡톡히 하고 있다. 수비시에도 효과적인 파울로 상대의 맥을 끊는다. 신념도 확실하다. 단순한 출전 기회에서 만족하지 않는다. 거시적인 성장에 초점을 맞추고 있다. 발전 가능성도 높다. 기술, 전술적인 이해도 등 흡입력도 빠르다. 다만 여전히 설익었다는 평가도 공존하지만 스타성은 충분해 보인다.

2021시즌 기록

| 5 | 1,365(23) MINUTES 출전시간(경기수) | 1 GOALS 득점 | 0 ASSISTS 도움 | 0 |

| 강점 | 멀티 플레이어, 발전 가능성 | 특징 | 역사와 철학 서적을 통해 축구를 이해 |
| 약점 | 설익은 플레이 | 별명 | 서교수 |

김영빈

1991년 9월 20일 | 31세 | 대한민국 | 184cm | 79kg

DF

No.2

경력

광주(14~17)
▷상무(18~19)
▷광주(19)
▷강원(20~)

K리그 통산기록

211경기 10득점 3도움

대표팀 경력

1경기

'언성 히어로'다. 벤투 국가대표팀 감독이 눈여겨볼 정도로 진가는 입증됐다. 감격의 A매치 데뷔전도 치렀다. 이름 석자가 널리 알려지진 않았지만 팬이라면 엄지를 세울 수밖에 없는 존재다. 팀에서는 최다시간 출전으로 묵묵히 제 몫을 했다. 최고의 장점은 역시 빌드업 능력이다. 벤투 감독이 발탁한 이유이기도 하다. 수치도 리그 정상급이다. 지난 시즌 무려 1,975회 패스를 시도했고, 성공률은 88%에 달한다. 그렇다고 수비력이 떨어지는 것이 아니다. 수비는 기본이다. 하지만, 중앙 수비수치고는 작다. 스피드가 뛰어난 선수에게 약점을 보이며, 몸싸움도 빈틈을 보인다. 그런 단점을 위치 선정으로 극복하고 있다. 삶 자체가 축구다. 자기관리가 뛰어나 2014년 프로 데뷔 이후 한 시즌만을 제외하고 매년 20경기 이상 출전했다. 어떤 감독이 와도, 어떤 변화가 일어나더라도 입지는 굳건하다. 지도자라면 사랑할 수밖에 없는 선수다. 올해는 강원 수비라인의 리더이자 중심이다. 그의 어깨가 더 무겁다. 동료들과의 호흡도 찰떡이다. 웬만해선 자신의 성격을 드러내지 않는다. 이야기하는 것보다 듣는 것을 선호하고, 선후배들의 신뢰도 듬뿍 받고 있다. 팀보다 위대한 선수는 없다는 점을 한순간도 잊지 않는다. 어느덧 베테랑 반열이다. 그렇다고 홀로 모든 것을 감내하지 않는다. 자신의 단점도 주변 동료들이 충분히 커버할 수 있다고 믿고, 매 경기 할 수 있는 모든 것을 쏟아부을 뿐이다. 강원이 대도약의 해를 연출한다면 그의 이름은 빠지지 않을 것이다.

2021시즌 기록

12	3,119(33) MINUTES 출전시간(경기수)	3 GOALS 득점	1 ASSISTS 도움	0
강점	수준급 빌드업 능력, 성실의 대명사	특징	늦은 나이에 계속 별을 보는 대기만성형	
약점	센터백 치고는 작은 신장	별명	서장훈	

FW

No.18

이정협

1991년 6월 24일 | 31세 | 대한민국 | 186cm | 76kg

경력 | 부산(13) ▶ 상주(14~15) ▶ 부산(15) ▶ 울산(16) ▶ 부산(17) ▶ 쇼난 벨마레(18) ▶ 부산(19~21) ▶ 경남(21) ▶ 강원(21~)

대표팀 경력 | 25경기 5골

주연보다 조연으로 더 빛나는 스트라이커. 슈틸리케 감독 시절 A대표팀에 발탁된 것도 이런 이유에서다. 최전방에서 상대 수비수를 유린하면서 동료들을 받쳐주는 연계플레이가 돋보인다. 볼이 없는 상황에도 부지런히 적진을 누비며, 위치 선정도 뛰어나다. 퍼스트터치도 수준급이다. 그래도 골을 넣는 것은 공격수의 첫 번째 임무다. 이정협의 결정력 빈곤은 최대 약점이기도 하다. 지난해 7월 강원에 둥지를 튼 이후 1골-1도움에 그쳤다. 출전 경기를 감안해도 떨어져도 너무 떨어진다. 슈팅력도 예리하지 않다. 다만 첫 술에 배부를 순 없다. 올해가 강원에서 두 번째 시즌이다.

2021시즌 기록					강점	약점
3	0	1,083(18) MINUTES 출전시간(경기수)	1 GOALS 득점	1 ASSISTS 도움	세밀한 연계 플레이	골 결정력 빈곤

FW

No.10

고무열

1990년 9월 5일 | 32세 | 대한민국 | 186cm | 80kg

경력 | 포항(11~15) ▶ 전북(16~17) ▶ 경찰(18~19) ▶ 전북(19) ▶ 강원(20~)

대표팀 경력 | 2경기

악재가 한꺼번에 쏟아졌다. 교통사고에 이은 코로나 확진, 그리고 무릎 외측 인대까지 파열되며 일찍 시즌을 접었다. 강원이 방황을 한 데는 그의 부재도 영향이 있었다. 악조건 속에서도 6골-3도움을 기록한 것은 강원에서 그의 위치를 보여준다. 워낙 큰 부상이라 시즌 초반 함께하지 못한다. 더 빠를 수도 있지만 6월 복귀로 가닥을 잡고 있다. 공격적인 재능이 뛰어나 다양한 옵션으로 활용할 수 있다. 저돌적인 돌파는 전매특허고, 발기술과 함께 결정력도 향상됐다는 평가를 받고 있다. 다만 고통의 재활 기간을 어떻게 헤쳐 나오냐에 따라 올 시즌과 미래의 성패가 달렸다.

2021시즌 기록					강점	약점
2	0	1,615(24) MINUTES 출전시간(경기수)	6 GOALS 득점	3 ASSISTS 도움	저돌적인 돌파 멀티형	부상 회복 여부

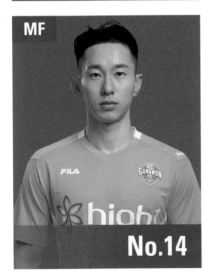

MF

No.14

신창무

1992년 9월 17일 | 30세 | 대한민국 | 170cm | 70kg

경력 | 대구(14~17) ▶ 상주(18~19) ▶ 대구(19~20) ▶ 강원(21~)

대표팀 경력 | -

승강PO로 결혼까지 미뤘다. 다행히 잔류에 성공한 후 결혼에 골인하며 신부에게도 큰 선물을 선사했다. 왼발로는 뭐든 가능하다. 중거리 슈팅과 빠른 발을 앞세운 돌파, 패싱력 등 다재다능한 플레이를 펼친다. 멀티플레이어로 자리잡은 이유다. 중앙은 물론 측면에도 설 수 있다. 다만 반대발의 능력치는 다소 떨어진다. 수비력에는 의문부호가 달린다. 윙백으로 포진하기에는 한계가 있다는 평가가 있다. 그래도 경험은 무시할 수 없다. 올 시즌이 8번째 시즌이다. 가장이 된 만큼 각오도 새롭다. 더 처절하게 부딪혀 살아남는 것이 신창무의 길이다.

2021시즌 기록					강점	약점
1	0	816(19) MINUTES 출전시간(경기수)	1 GOALS 득점	1 ASSISTS 도움	다재다능한 왼발	수비력은 의문부호

MF

No.6

김동현

1997년 6월 11일 | 25세 | 대한민국 | 182cm | 75kg

경력 | 광주(18) ▷ 성남(19~20) ▷ 강원(21~)

대표팀 경력 | U-23 대표팀 18경기, 2020 올림픽

도쿄올림픽을 누볐지만 여전히 미완의 대기다. 지난 시즌 초반에는 큰 기대를 한 몸에 받으며 꾸준히 그라운드를 누볐지만 후반기에는 동력이 떨어졌다. 최용수 체제에선 어떻게 살아남을까. 물음표가 앞선다. 기본적으로 갖고 있는 기술과 센스가 있다. 개인기는 물론 킥과 슈팅이 뛰어나고, 시야도 넓은 편이다. 하지만 중앙 미드필더로 필수적으로 갖춰야 할 피지컬은 약한 편이다. 그래도 나이가 무기다. 어린 나이라 충분히 반전할 수 있는 가능성이 있다. 차근차근 자신의 장점을 극대화하면서 단점을 보완해 나간다면 한국영과 함께 시너지를 낼 수 있다.

2021시즌 기록					강점	약점
5	0	1,717(23) MINUTES 출전시간(경기수)	1 GOALS 득점	0 ASSISTS 도움	탄탄한 기본기	피지컬

MF

No.88

황문기

1996년 12월 8일 | 26세 | 대한민국 | 175cm | 69kg

경력 | 아카데미카 코임브라(15~20) ▷ 안양(20) ▷ 강원(21~)

대표팀 경력 | U-17 대표팀 3경기

승강PO 피날레 골의 주인공이다. 포르투갈 2부에서 5시즌 활약한 그는 처음으로 1부에서 활약하며 경험을 축적하고 있다. 승강PO를 포함해 32경기에 출전했다는 것은 그만큼 활용 가치가 높다는 것을 방증한다. 중원에서 도전적인 경기 운영과 볼 배급이 장점이다. 지난 시즌 패스 성공률은 80%로 준수한 수치를 기록했다. 강한 승부욕과 함께 투지도 뛰어나다. 수비형과 공격형 미드필더를 모두 소화할 수 있다. 여전히 가야할 길이 많이 남았다. 주전으로 발돋움하기 위해서는 여우같이 완급 조절할 수 있는 능력도 키워야 한다. 분명 더 큰 꿈을 꿀 수 있는 나이다.

2021시즌 기록					강점	약점
4	0	1,543(30) MINUTES 출전시간(경기수)	1 GOALS 득점	1 ASSISTS 도움	도전적인 경기 운영	완급 조절

DF

No.7

윤석영

1990년 2월 13일 | 32세 | 대한민국 | 182cm | 79kg

경력 | 전남(09~13) ▷ QPR(13~16) ▷ 동커스터(13~14) ▷ 찰튼(15~16) ▷ 브뢴뷔(16) ▷ 가시와 레이솔(17) ▷ 서울(18) ▷ 강원(19) ▷ 부산(20) ▷ 강원(21~)

대표팀 경력 | 13경기, 2009 U-20 월드컵, 2010 아시안게임, 2012 올림픽, 2014 월드컵

설명이 필요없는 베테랑 수비수다. 왼쪽 풀백에서의 활약이 팬들의 뇌리에 깊게 박혀있지만 팀에서의 롤은 다르다. 중앙수비와 측면을 넘나든다. 최용수 감독의 스리백에선 왼쪽에 위치해 중앙과 왼쪽을 동시에 커버하며 수비 능력치를 극대화한다. 워낙 영리한 선수다. 단단한 체격조건을 바탕으로 스피드가 뛰어나고, 체력도 왕성하다. 다만 중요한 순간마다 부상이 자주 찾아와 마음고생을 많이 했다. 그래도 지난 시즌에는 승강PO를 포함해 33경기나 소화했다. 수비수임에도 불구하고 한 시즌 파울이 9개에 불과하다는 것은 동전의 양면이지만 그래도 눈여겨 볼 부분이다.

2021시즌 기록					강점	약점
1	0	2,408(31) MINUTES 출전시간(경기수)	1 GOALS 득점	1 ASSISTS 도움	영리한 플레이	부상에 자주 노출

MF

No.23

임창우

1992년 2월 13일 | 30세 | 대한민국 | 184cm | 79kg

경력 | 울산(11~13) ▶ 대전(14) ▶ 울산(15) ▶ 알 와흐다(16~20) ▶ 강원(21~)

대표팀 경력 | 6경기, 2011 U-20 월드컵, 2014 아시안게임

성공적인 컴백이었다. 1년 가까이 실전 경험이 없어서 걱정이 컸지만 이름값은 했다. 재계약에도 성공하며 더 안정적인 시즌을 맞게 됐다. 멀티 능력이 있지만 수비에 쓰임새가 더 많다. 스피드도 있고, 기술도 뒤지지 않는 전천후 플레이어다. 묵묵히 팀에 헌신하는 스타일이라 지도자들의 신뢰 또한 높다. 제공권에선 다소 아쉬움이 있지만 이젠 경험으로 커버해야 할 위치다. 인천아시안게임 금메달 결승골의 주인공답게 간간이 해결사 역할도 하고 있다. 세트피스에서 집중력이 뛰어나다. 올 시즌에는 스리백의 오른쪽에서 위치해 후방을 책임질 것으로 보인다.

2021시즌 기록					강점	약점
4	0	2,588(28) MINUTES 출전시간(경기수)	1 GOALS 득점	2 ASSISTS 도움	멀티형 수비 자원	제공권

DF

No.66

김원균

1992년 5월 1일 | 30세 | 대한민국 | 186cm | 76kg

경력 | 서울(15) ▶ 강원(15~16) ▶ 서울(17~21) ▶ 강원(22~)

대표팀 경력 | -

6년 만에 다시 최용수의 품에 안겼다. FC서울과 계약이 만료돼 FA로 풀린 그의 손을 '옛 스승' 최용수 감독이 잡았다. 베테랑 센터백으로 활용가치가 높다. 살인적인 일정에 대비해 수비 뎁스 강화에 초점이 맞춰졌다. 다부진 체격에 큰 키를 백분 활용, 공중볼 장악에 강점이 있다. 빌드업과 수비라인 리딩 능력도 나쁘지 않다. 반면 치명적인 실수로 경기를 헌납할 때도 간혹 있다. 비교적 파울이 많아 카드 관리가 필요하다. 반대로 그만큼 투지가 살아있다. 강원과의 궁합은 좋다. 임대 시절, 재평가를 받을 만큼 빼어난 활약을 펼쳤다. 센터백 품귀다. 제2의 도약을 노릴 만하다.

2021시즌 기록					강점	약점
4	0	1,485(19) MINUTES 출전시간(경기수)	0 GOALS 득점	0 ASSISTS 도움	제공권 장악	치명적인 실수

DF

No.22

정승용

1991년 3월 25일 | 31세 | 대한민국 | 182cm | 83kg

경력 | 서울(10) ▶ 경남(11) ▶ 서울(12~15) ▶ 강원(16~19) ▶ 포천시민(20~21) ▶ 강원(21~)

대표팀 경력 | U-20 대표팀 13경기 2득점, 2011 U-20 월드컵

지난 시즌 막판 병역의무를 이행한 후 복귀했다. 운명의 장난처럼 최용수 감독을 다시 만났다. 냉정하게 얘기하면 서울에선 활용가치가 적은 카드였다. 제자는 세월이 흘러 30살을 훌쩍 넘었다. 두 시즌 만의 복귀에 기대가 높다. 스리백 전술의 핵은 양쪽 윙백이다. 선이 굵은 플레이를 펼치는 그는 왼쪽 윙백 한 자리를 이미 예약했다. 공격수 출신답게 스피드와 드리블이 수준급이다. 개인기가 뛰어나 상대 선수 1, 2명은 쉽게 제칠 수 있다. 중거리 슈팅 능력도 보유하고 있다. 풀백은 공격에 한계가 있다. 윙백은 또 다르다. 골과 도움, 꽤 많은 공격포인트도 기대해 볼 만하다.

2021시즌 기록					강점	약점
0	0	125(3) MINUTES 출전시간(경기수)	0 GOALS 득점	0 ASSISTS 도움	숨겨진 공격 본능	1부 리그 실전 감각

GK

No.32

이광연
1999년 9월 11일 | 23세 | 대한민국 | 184cm | 85kg
경력 | 강원(19~)
대표팀 경력 | 4경기 1실점, 2019 U-20 월드컵

최용수 감독이 지휘봉을 잡은 후 시즌 막판 비로소 출전 기회를 얻었다. U-20 월드컵 준우승 신화의 주인공으로 이미 유명세를 탔지만 팀에서는 전혀 다른 환경이다. 주전 경쟁은 늘 힘겹다. 반사 신경과 민첩성은 뛰어나지만 키가 크지 않은 골키퍼라 아무래도 제공권에는 허점이 있다. 게다가 한 번 무너지면 대책이 없다. 산 너머 산이다. 이범수가 떠나고 또 다른 경쟁자를 만났다. 무려 10살 많은 유상훈이다. 더 혹독해진 경쟁에서 살아남아야 출전 기회를 얻을 수 있다. 그나마 미소를 잃지 않는 성격은 터닝 포인트가 될 수 있다. 희망의 끈을 유지해야 기회가 온다.

2021시즌 기록					강점	약점
1	0	**309(4)** MINUTES 출전시간(경기수)	**7** SAVE 선방	**7** LOSS 실점	뛰어난 반사 신경	작은 신장에 따른 제공권

FW

No.9

디노
1994년 1월 17일 | 28세 | 몬테네그로 | 190cm | 88kg
경력 | 호로닝언(14~16) ▶ 트렐레보리(17) ▶ 외스테르순드(18~19)
▶ 로젠보리(20~22) ▶ 강원(22~)
대표팀 경력 | 몬테네그로 대표팀 8경기

스웨덴 태생이지만 부모의 영향으로 몬테네그로로 국적을 선택했다. A매치 8경기에 출전했다. 최용수 감독은 서울에서 같은 몬테네그로 출신 데안과 찰떡궁합을 과시했다. 유럽 선수들과는 호흡이 잘 맞는 편이다. 올 시즌 유로파 컨퍼런스리그 5경기에 출전해 4골을 터트릴 정도로 골 감각은 갖추고 있다. 장신 공격수답게 제공권에도 강점이 있다. 북유럽 특유의 피지컬을 자랑하는 만큼 몸싸움에도 능하다. 가장 큰 관건은 K리그 적응 여부다. 아무리 뛰어난 기량을 갖춰도 적응에 실패하면 공염불이다. 유럽 밖에선 첫 선수 생활이라 시간도 필요해 보인다. 뿌리만 내린다면 강원으로선 최고의 무기가 될 수 있다.

2021시즌 기록					강점	약점
3	0	**1,479(21)** MINUTES 출전시간(경기수)	**6** GOALS 득점	**2** ASSISTS 도움	탁월한 제공권 피지컬	K리그 적응 여부

■ 2020-2021시즌 노르웨이 1부 기록

MF

No.19

강지훈
1997년 1월 6일 | 25세 | 대한민국 | 177cm | 64kg
경력 | 강원(18~20) ▶ 상무(20~21) ▶ 강원(21~)
대표팀 경력 | U-23 대표팀 2경기, 2017 U-20 월드컵

지난해 11월말 김천 상무에서 전역해 강원으로 복귀했다. 하지만 승강PO를 비롯해 경기에는 나서지는 못했다. 김천의 역사적 홈 첫 골의 주인공이기도 한 그는 '소양강 아자르'로 불릴 정도로 팬들의 사랑을 듬뿍 받고 있다. 빠른 스피드를 앞세워 종횡무진 그라운드를 누비는 그는 완급 조절과 함께 축구 센스도 뛰어나다. 일찌감치 병역을 해결한 만큼 이제 날개를 펼 일만 남았다. 착실하게 동계훈련을 소화한 그는 오른쪽 윙백의 한 자리를 예약할 정도로 기세가 좋다. 물론 2년 가까운 공백에 따른 동료들과의 호흡은 실전을 통해 계속해서 채워나가야 한다.

2021시즌 기록					강점	약점
3	0	**1,162(16)** MINUTES 출전시간(경기수)	**2** GOALS 득점	**1** ASSISTS 도움	빠른 스피드 방향전환	2년간의 공백 누수

■ K리그2 기록

MF

No.5

김대우

2000년 12월 2일 | 22세 | 대한민국 | 179cm | 80kg
경력 | 강원(21~)
대표팀 경력 | -

신인 가운데 가장 먼저 자리를 잡았다. 첫 선발 출전에서 공격포인트를 기록하며 단번에 눈길을 사로잡았고, 22세 이하 카드로 아낌없는 사랑을 받았다. 올 시즌에는 더 큰 활약이 기대된다. 한국영 바로 옆에서 주전으로 뛸 가능성이 높다. 자신의 장점을 백분 활용하면 신형 엔진이 될 수 있다. 지칠 줄 모르는 활동량을 자랑하는 그는 시야가 넓고, 패싱력도 준수하다. 패기로 중무장한 자신감도 플레이 곳곳에 배어 있다. 공수 연결 고리로 역할을 할 자질을 갖추고 있다. 피지컬에도 힘이 느껴진다. 다만 아직 어린 나이인 만큼 경기에 따라 기복은 있다.

		2021시즌 기록			강점	약점
2	0	**847(21)** MINUTES 출전시간(경기수)	**2** GOALS 득점	**1** ASSISTS 도움	공수 연결 고리	기복 있는 플레이

DF

No.3

케빈

2000년 9월 29일 | 22세 | 스웨덴 | 189cm | 81kg
경력 | 미웰뷔 AIF(19) ▷ 프레마드 아마게르(20) ▷ 보테프 플로브디프(21~22) ▷ 강원(22~)
대표팀 경력 | 스웨덴 U-20 대표팀 2경기

강원 최용수 감독이 찾은 강원 수비의 '마지막 퍼즐'. 풀네임은 케빈 회그 얀손이다. 역대 4번째로 K리그에 입성한 스웨덴 국적 선수다. 189cm 장신으로 공중볼 장악과 대인 방어가 뛰어나다는 평가다. 올시즌을 앞두고 팀을 떠난 임채민의 역할을 대신할 자원으로 꼽힌다. 중앙 미드필더를 소화할 수 있어 활용도가 높다. 최용수식 스리백의 가운데 자리에 위치해 빌드업을 도맡거나, 수원 수비수 불투이스처럼 주로 쓰는 발이 왼발이어서 스리백의 왼쪽 수비로 나설 전망이다. 관건은 K리그 적응력이다. 케빈은 2000년생, 상대적으로 어린 나이에 유럽을 떠나 한국 무대에 도전장을 내밀었다. 얼마나 빠르게 최용수 감독의 스타일과 K리그 스타일에 적응하느냐가 중요하다.

		2021시즌 기록			강점	약점
5	0	**1,172(18)** MINUTES 출전시간(경기수)	**0** GOALS 득점	**2** ASSISTS 도움	공중볼 능력 중앙 미드필더 소화 가능	K리그 적응 여부

■불가리아 1부 기록

MF

No.21

코바야시

1992년 4월 24일 | 30세 | 일본 | 182cm | 72kg
경력 | 도쿄 베르디(11~12) ▷ 주빌로 이와타(12~16) ▷ SC 헤렌벤(16~19) ▷ 바슬란트 베베런(19~20) ▷ 알코르(20~21) ▷ 이랜드(21) ▷ 강원(22~)
대표팀 경력 | 일본 대표팀 8경기 1득점

수술대에 오른 한국영 4월 복귀 예정이라 기대감이 더 높다. 일본 국가대표 출신으로 J리그는 물론 네덜란드와 벨기에, 카타르에서 뛴 경험이 풍부한 미드필더다. 1부와 2부는 다르지만 지난해 7월 서울이랜드에서 둥지를 틀면서 K리그 분위기도 어느 정도 익혔다. 넓은 시야를 바탕으로 한 창의적인 패스와 경기 조율 능력을 겸비한 플레이메이커다. 빠른 전술 이해도와 스피드가 강점이고, 왼발 킥력도 뛰어나다. 공격형은 물론 수비형도 소화할 수 있는 다재다능한 미드필더다. J리그에서 뛴 최용수 감독과는 일본어로 의사소통이 가능해 강원 적응에는 큰 문제가 없을 것으로 보인다. 최 감독은 공격형 미드필더로 기용할 계획을 세우고 있다.

		2021시즌 기록			강점	약점
2	0	**535(8)** MINUTES 출전시간(경기수)	**0** GOALS 득점	**1** ASSISTS 도움	넓은 시야 경기 조율 능력	K리그1 적응 여부

■K리그2 기록

정승현
구성윤
조규성
박지수
권창훈
명준재
김지현
문지환
고승범
권혁규
한찬희
정현철
이영재
하창래
송주훈
유인수
김한길
김주성
강윤성
강정묵
지언학
서진수
정동윤
연제운

김천상무프로축구단

수사불패, 한계를 뛰어 넘는 '한계 없는 축구'

김천 상무

스페인에 레알마드리드가 있다면 K리그에는 '레알김천' 김천상무가 있다. 김천은 K리그 유일의 '군팀'이다. 상무구단은 매년 2~3차례에 걸쳐 선수단 절반이 바뀌는 특수 상황을 겪는다. 그 탓에 과거 광주를 연고로 하던 시절에는 K리그1과 K리그2를 오가는 불안정한 상태였다. 하지만, 현재는 얘기가 다르다. 상주 시절이던 2017년 김태완 감독이 지휘봉을 잡은 뒤 확실히 자리를 잡았다. 김 감독은 2002년 팀에 합류한 뒤 코치-수석코치를 거쳐 사령탑에 올랐다. 그는 '군팀 스페셜리스트'로 팀을 이끌었다. 팀은 180도 달라졌다. 돌풍을 넘어 최상위권을 위협하는 수준으로 뛰어 올랐다. 실제로 2020년 K리그1 4위를 차지하며 구단 사상 최고 성적을 냈다. 이제는 김천의 유니폼을 입고 새 역사에 도전한다. 상무는 2021년 상주를 떠나 김천에 새 둥지를 틀었다. 한국프로축구연맹의 연고지 이전 정책에 따라 K리그1에서 K리그2로 자동 강등됐다. 김천의 이름을 달고 새롭게 태어났지만, 실력은 그대로였다. K리그2 무대에서도 최고의 퍼포먼스를 선보였다. 2~4라운드 로빈 27경기에서 단 1패만 기록하는 압도적 경기력을 펼쳤다. K리그2 강등 1년 만에 K리그1 무대로 복귀했다. '제 자리'로 돌아온 김천은 더욱 막강해진 스쿼드로 2022시즌 최고의 성적에 도전한다.

구단 소개

정식 명칭	김천 상무 프로 축구단
구단 창립	2020년 10월 22일
모기업	시민구단
상징하는 색	빨간색, 짙은 남색
마스코트	슈웅
레전드	박동진, 정재희, 허용준
서포터즈	–
온라인 독립 커뮤니티	–

우승

K리그	1회(21) *2부리그 기록
FA컵	0회
AFC 챔피언스리그	0회
아시안 클럽 챔피언십	0회

최근 5시즌 성적

시즌	K리그	FA컵	AFC 챔스
2021시즌	1위(2부)	8강	–
2020시즌	4위	16강	–
2019시즌	7위	4강	–
2018시즌	10위	32강	–
2017시즌	11위	8강	–

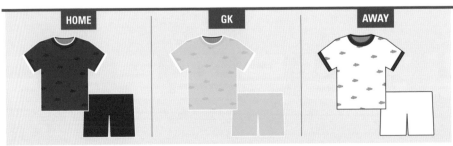

HOME   GK   AWAY

온화한 카리스마로 선수 성장을 이끄는
'**미다스의 손**'

김태완 | 1971년 6월 1일 | 51세 | 대한민국

K리그 전적
156전 50승 35무 71패

김태완 감독보다 '군팀'의 특성을 잘 이해하는 지도자는 없을 것이다. 그는 2002년 상무 소속으로 지도자의 길에 접어들었다. 이후 20년 동안 상무에서 지도자 생활을 이어오고 있다. 그는 코치-수석코치를 거쳐 2017년 팀을 이끌었다. 시련도 있었다. 사령탑 데뷔 첫해 K리그1 11위에 머물며 승강 PO를 거쳤다. 가까스로 K리그1 잔류에 성공한 김 감독은 이후 매년 성적을 끌어 올렸다. 비결은 크게 두 가지다. 첫 번째는 다양한 전술과 유연한 대응이다. 그는 4-3-3 포메이션을 즐겨 사용하지만, 상황에 따라 스리백을 오간다. 그의 이름 앞에 '펩태완(펩 과르디올라 맨시티 감독+김태완)'이란 수식어가 붙는 이유다. 두 번째는 선수들을 하나로 묶는 리더십이다. 김 감독은 선수들이 군대에서 행복하게 축구하며 성장할 수 있도록 무대를 마련한다. 매년 업그레이드되는 '행복축구'는 이제 김천의 핵심 철학이다. 지난해 K리그2 무대를 장악하고 다시 K리그1 무대로 돌아온 김 감독은 '한계 없는 축구'에 도전한다. "예전에는 '파이널A 진출', '잔류' 등을 목표로 했다. 경험을 통해 이런 목표는 그렇게 크지 않다는 것을 안다. 내 스스로 한계를 두지 않고 우승팀과도 경쟁할 수 있는 팀을 만들고 싶다."

선수 경력

한일은행축구단	상무축구단	대전 시티즌

지도자 경력

광주상무불사조 코치	상주상무피닉스축구단 코치&감독 대행	상주상무프로축구단 코치&수석코치	상주상무프로축구단 감독	김천상무프로축구단 감독(21~)

주요 경력

2021 K리그2 우승

선호 포메이션	4-3-3	3가지 특징	다양한 전술과 유연한 대처	군팀 스페셜리스트	선수들의 의지를 끌어 올리는 동기부여

STAFF

수석코치	코치	GK코치	피지컬코치	선수 트레이너	분석관
성한수	김치우 신상우	곽상득	심정현	구성훈 김영효	김민혁

2 0 2 1   R E V I E W

다이나믹 포인트로 보는 김천의 2021시즌 활약도

시작은 미약했지만, 끝은 창대했다. 김천은 지난 시즌 초반 K리그2 경기 스타일에 크게 당황했다. 1라운드 로빈 9경기에서 3승 2무 4패를 기록하는 데 그쳤다. 하지만, 시행착오는 딱 9경기면 충분했다. 적응을 마친 김천은 막강한 힘을 자랑했다. 정승현–우주성으로 이어지는 수비 라인은 견고했다. 시즌 중반 '국가대표' 박지수까지 합류해 '철옹성'을 쌓았다. 공격진도 탄력을 받았다. 박동진–조규성–허용준으로 이어지는 스리톱은 상대 수비를 날카롭게 흔들었다. 오현규, 정재희 등은 빠른 발을 활용해 상대 뒷공간을 노렸다. 김천은 지난해 36경기에서 승점 71점(20승11무5패)을 쌓으며 압도적 1위를 기록했다. K리그1 다이렉트 직행권 역시 당연한 결과였다.

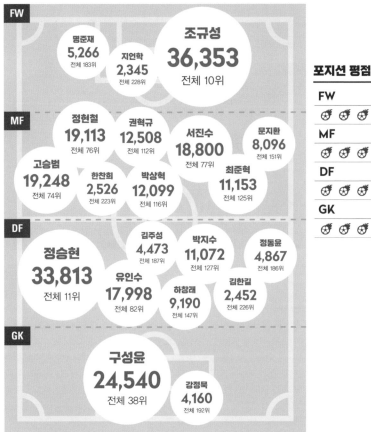

FW
명준재 5,266 전체 183위
지언학 2,345 전체 228위
조규성 36,353 전체 10위

MF
정현철 19,113 전체 76위
권혁규 12,508 전체 112위
서진수 18,800 전체 77위
문지환 8,096 전체 151위
고승범 19,248 전체 74위
한찬희 2,526 전체 223위
박상혁 12,099 전체 116위
최준혁 11,153 전체 125위

DF
정승현 33,813 전체 11위
김주성 4,473 전체 187위
박지수 11,072 전체 127위
정동윤 4,867 전체 186위
유인수 17,998 전체 82위
하창래 9,190 전체 147위
김한길 2,452 전체 226위

GK
구성윤 24,540 전체 38위
강정묵 4,160 전체 192위

2021시즌 다이나믹 포인트 상위 20명 ■ 포인트 점수

포지션 평점

FW

MF

DF

GK

출전시간 TOP 3

1위	정승현	2,799분
2위	우주성	2,038분
3위	조규성	1,862분

■골키퍼 제외

득점 TOP 3

1위	박동진	9골
2위	조규성, 허용준	7골
3위	정승현	5골

도움 TOP 3

1위	서진수, 오현규, 허용준	3도움
2위	고승범, 조규성 外 4명	2도움
3위	권혁규, 정재희 外 13명	1도움

주목할 기록

60	득점 전체 1위
26	득실차 전체 1위

성적 그래프

● 2부 리그 성적

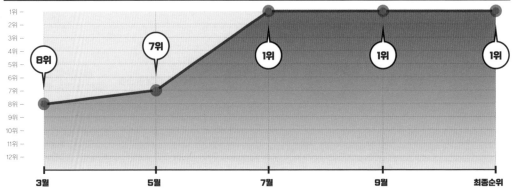

8위 / 7위 / 1위 / 1위 / 1위
3월 / 5월 / 7월 / 9월 / 최종순위

2022 시즌 스쿼드 운용 & 이적 시장 인앤아웃

IN

권창훈_수원
강윤성_제주
김지현_울산
이영재_수원FC

OUT

강지훈 김동민
김용환 박동진
박지민 심상민
오현규 우주성
이정빈 정원진
정재희 허용준
_전역

FW
명준재　조규성　김지현
김경민　지언학

MF
권창훈　한찬희　서진수
문지환　최준혁　권혁규　김민석
이영재　고승범　박상혁　정현철

DF
유인수　김한길　정승현 ⓒ
송주훈　김주성　박지수
하창래　연제운　정동윤　강윤성

GK
구성윤　강정묵　황인재　김정훈

ⓒ 주장　■ U-22 자원

김천은 올 시즌 더욱 막강한 스쿼드를 뽐낸다. 파이널A는 물론, 막강한 4강 후보로 꼽힌다. 지난해 팀의 핵심으로 활약했던 정승현, 구성윤, 조규성 등 '국가대표 라인업'이 건재하다. 지난해 중반 합류한 고승범, 문지환, 송주훈, 한찬희 등도 적응을 마쳤다. 김태완 감독은 지난 시즌 중반 일찌감치 신구조화를 테스트하며 손발을 맞췄다. 여기에 새로 합류한 신병 4명이 힘을 보탠다. '전천후 미드필더' 권창훈은 역대급 커리어로 관심을 모은다. 공격 전반과 중원 조율이 가능한 만큼 김천에 더 많은 옵션을 제공할 수 있다. 김지현, 이영재, 강윤성도 알토란 역할을 할 것으로 기대된다. 다만, 시즌 초반 변수를 넘어야 한다. 김천 선수들은 지난 시즌을 마친 뒤 훈련소에 재입소했다. 4주 훈련을 마친 뒤 복귀했다. K리그 팀들 중 가장 늦은 1월 10일에야 동계훈련을 시작했다. 그나마도 일부 선수가 국가대표 팀에 합류해 '완전체'로 훈련한 시간이 길지 않다. 또한, 9월에는 정승현 등 14명이 전역한다. 선수단 변화가 이뤄지는 시기를 어떻게 대처하느냐가 매우 중요하다.

주장의 각오

정승현

"우리 군인 선수들은 일주일 중에 경기장 가는 날이 가장 설렌다. 모든 걸 쏟아넣겠다. 상무팀 최고 성적이 4위인데, 그 이상 우승을 목표로 하겠다."

2 0 2 2   예 상   베 스 트   1 1

예상 순위

5

'레알김천'이 뜬다. 시작도 전부터 관심이 뜨겁다. 김천은 지난해 정승현, 구성윤, 조규성, 박지수 등 국가대표 라인업을 앞세워 K리그2 우승을 차지했다. 올해는 '역대급 스펙' 권창훈까지 합류했다. 공격, 미드필더, 수비, 골키퍼까지 어디 하나 빈 틈 없는 최강 스쿼드다. 파이널A는 물론이고 ACL진출 마지노선인 3위권까지 넘볼 수 있다. 다만, '여름 고비'를 잘 넘겨야 한다. 정승현 등 기존 멤버 14명이 9월 전역한다. 선수들이 교체되는 시기를 어떻게 버티느냐가 매우 중요하다.

김천상무의 9월

김천상무에는 구조적 위기가 잠재돼 있다. '군팀' 특성상 매년 2~3차례에 걸쳐 선수가 들어오고 나간다. 조직력이 흔들릴 수밖에 없는 시기가 있는 셈이다. 축구는 결국 11명이 합을 맞춰야 승리할 수 있다. 김태완 감독이 "보물을 꿰지 못하는 팀이 되지 않도록 노력하고 있다"고 말했을 정도. 특히 정승현 구성윤 조규성 등 9월 7일 전역 예정자는 현재 김천의 핵심이다. 이들의 빈자리를 어떻게 잘 채우느냐가 올 시즌 김천의 순위를 가를 '키 포인트'가 될 것이다.

정승현

1994년 4월 3일 | 28세 | 대한민국 | 188cm | 74kg

DF

No.15

경력

울산(15~17)
▷ 사간도스(17~18)
▷ 가시마 앤틀러스(18~20)
▷ 울산(20)
▷ 김천(21~)

K리그 통산기록

101경기 8득점

대표팀 경력

9경기
2016 올림픽

정승현은 청소년 시절부터 기본기 좋은 센터백으로 관심을 모았다. 적극적인 수비와 높이(188cm)에서 뿜어져 나오는 공중볼 장악력 또한 일품이란 평가였다. 한때 다소 둔탁한 플레이로 지적을 받았지만, 경험을 쌓으며 이 부분도 보완했다. 김천에 합류한 뒤에는 한 단계 더 '업그레이드' 됐다. 그야말로 정승현의 재발견이었다. 정승현은 단순히 수비만 잘하는 선수가 아니었다. 김천에서 공격력까지 마음껏 뽐냈다. 그는 2021시즌 5골을 기록했다. 김천의 페널티킥 1번 키커를 맡을 정도로 정교한 킥을 자랑했다. 정승현은 "개인적으로는 공격적인 부분도 좋아져야 더 높은 레벨로 갈 수 있다고 생각한다. 세계적인 수비수들을 보면서 배운다. 발전하려고 노력하고 있다"라고 말했다. 수비력에 공격력까지 장착한 정승현은 자타공인 김천의 대표 선수로 거듭났다. 그는 2021년 후반기부터 주장을 맡아 리더십을 발휘했다. 2022시즌도 '캡틴'으로 팀을 이끈다. 정승현은 "주장으로 팀을 이끌게 돼 영광이다. 2022시즌 K리그1에서 '레알김천'의 모습을 꼭 보여드리겠다. 동료들과 함께 사상 첫 K리그1 우승에 도전하겠다"라고 각오를 다졌다. 정승현은 군 복무 중 '아빠'가 되는 겹경사까지 누리게 됐다. 2022년 정승현은 그라운드 안팎에서 '슈퍼맨'으로 김천의 우승을 향해 달린다.

2021시즌 기록

6	2,799(29) MINUTES 출전시간(경기수)	5 GOALS 득점	0 ASSISTS 도움	0

강점	터프한 수비력 공격력까지 갖춘 수비수	특징	J리그를 거치며 빌드업 능력까지 갖춤
약점	경기 중 가끔 보이는 거친 태클	별명	김천상무의 캡틴

구성윤

1994년 6월 27일 | 28세 | 대한민국 | 197cm | 95kg

GK

No.25

경력

세레소 오사카(13~14)
▷ 콘사도레 삿포로(15~20)
▷ 대구(20)
▷ 김천(21~)

K리그 통산기록

35경기 38실점

대표팀 경력

4경기 6실점
2016 올림픽

국가대표 수문장은 달라도 확실히 달랐다. 구성윤은 지난해 5월 어깨 부상으로 한 달 반가량 재활에 몰두했다. 그 탓에 구성윤은 지난해 리그 18경기를 소화하는 데 그쳤다. 하지만 재능을 선보이기에 18경기면 충분했다. 그는 리그 18경기에서 단 11실점만 허용했다. 클린 시트 10회, 선방률은 81%에 달했다. 지난해 8월 열린 부산아이파크와의 원정 경기에서는 페널티킥을 막아내며 팀의 6대0 완승에 기여했다. 김천의 뒷문을 든든히 지킨 구성윤은 2021년 K리그2 시상식에서 베스트11 골키퍼 부문에 이름을 올렸다. 총 61.31점을 받으며 베스트11 선수 중 최고 점수를 기록했다. 2021년 다이나믹 포인트도 2만4,540점을 쌓으며 골키퍼 부문 1위에 랭크됐다. 구성윤의 최대 강점은 단연 큰 키(197cm)를 활용한 공중볼 장악 능력이다. 반사 신경과 발밑 기술도 갖췄다. 김천이 최후방에서부터 빌드업할 수 있는 이유다. 또한, 구성윤은 연령별 대표팀부터 시작해 다양한 경험을 쌓았다. 일본 J리그에서 뛴 기록은 물론이고 K리그1 무대 경험도 있다. 2021년 K리그2 무대를 장악한 구성윤은 이제 K리그1으로 간다. 조현우(울산) 등 국가대표팀에서 경쟁하는 선수들과의 '선방쇼' 대결이 벌써부터 관심을 끄는 이유다.

2021시즌 기록

1	1,732(18) 출전시간(경기수) MINUTES	47 SAVE 선방	11 LOSS 실점	0

강점	큰 키에서 뿜어져 나오는 공중볼 장악력 빼어난 발밑 기술	특징	갑상선(샘) 항진증을 이겨내고 돌아온 오뚝이
약점	종종 발생하는 아쉬운 실수	별명	구르투와

조규성

1998년 1월 25일 | 24세 | 대한민국 | 185cm | 70kg

FW

No.9

경력

안양(19)
▶전북(20)
▶김천(21~)

K리그 통산기록

81경기 26득점 9도움

대표팀 경력

8경기 2득점

폭풍성장이다. 2019년 FC안양에서 데뷔한 조규성은 이듬해 전북현대로 이적하며 '우량주'로 거듭났다. 하지만 전북에서 기대에 미치지 못했다. 그의 선택은 김천상무였다. 조규성은 김천 합류 뒤 잠재력을 폭발했다. 비결은 '웨이트 트레이닝'에 있었다. 조규성은 "김천에 와서는 밥 먹고 운동밖에 안 한다. 근육량이 41㎏에서 44㎏으로 늘었다"라고 설명했다. 근육량 증가는 조규성에게 더 다양한 움직임을 선물해 줬다. 조규성은 과거 왕성한 활동량과 적극적인 수비로 긍정적 평가를 받았다. 다만, 상대와의 몸싸움에서 밀린 탓에 연계 플레이가 부족하다는 지적을 받았다. 조규성은 웨이트 트레이닝으로 파워까지 갖추게 됐다. 약점이던 부분들을 조금씩 보완하고 있다. 그 결과 조규성은 2021년 많은 것을 이뤘다. 그는 박동진-허용준과 스리톱을 이뤄 김천의 공격을 이끌었다. 25경기에서 8골-3어시스트를 기록했다. 특히 지난해 10월 열린 부천FC와의 원정 경기에서 우승을 확정하는 결승골을 넣었다. 소속팀에서의 활약상은 '생애 첫 태극마크'로 이어졌다. 조규성은 2021년 9월 파울루 벤투 감독의 부름을 받고 A대표팀에 합류했다. 이후 1월 레바논전까지 7경기를 뛰며 핵심으로 발돋움하고 있다. 조규성은 이제 다시 K리그1 무대에 도전한다. 과거 한 차례 어려움을 겪었지만 이번에는 확실히 다를 것이다. 조규성은 "돌아보면 입대는 잘한 선택이었던 것 같다. 자신감도 생겼고, 좋은 사람도 많이 만났다"라고 말했다. 조규성은 어제보다 오늘, 그리고 내일이 더욱 기대되는 선수다.

2021시즌 기록

3	1,973(25) MINUTES 출전시간(경기수)	8 GOALS 득점	3 ASSISTS 도움	0

강점	최전방에서부터 선보이는 왕성한 활동량 적극적인 수비 가담	특징	김천 입대 후 엄청난 '벌크업'
약점	아직은 조금 더 채워야 할 연계 플레이	별명	제2의 황의조

박지수

1994년 6월 13일 | 28세 | 대한민국 | 184cm | 70kg

DF

No.23

경력

인천(13)
▷ 경남(15~18)
▷ 광저우 헝다(19~20)
▷ 수원FC(21)
▷ 김천(21~)

K리그 통산기록

150경기 7득점 3도움

대표팀 경력

10경기
2020 올림픽

롤러코스터의 종착역은 '해피엔딩'이었다. 박지수에게 2021년은 '다사다난' 그 자체였다. 그는 수원FC의 유니폼을 입고 K리그 무대에 복귀했다. 대형 센터백으로 기대가 매우 컸다. 하지만 그는 2연속 오심으로 퇴장을 당하며 눈물 흘렸다. 수원FC 역시 박지수 퇴장 속 패배를 떠안았다. 힘겨운 시간은 여기서 끝이 아니었다. 원 소속 구단인 광저우 헝다의 모기업 상황이 좋지 않다. 심각한 부채 탓에 구단 존속 여부도 장담할 수 없다. 박지수가 "팀과 계약 기간이 2년 남았다. 구단이 없어지면 실직자가 된다. 팀 상황이 어떻게 될지 모른다. 더 열심히 해야 한다"라고 이를 악문 이유다. 간절함은 그라운드 위에서 고스란히 드러났다. 박지수는 입대 직후 도쿄올림픽에 와일드카드로 출전했다. 파울루 벤투 감독의 부름을 받고 A대표팀에서도 맹활약 중이다. 소속팀에서의 활약도 빛났다. 그는 정승현과 짝을 이뤄 김천의 최후방을 든든히 지켰다. 또한, 지난해 9월 열린 대전과의 홈경기에서는 결승골까지 뽑아 내며 수비는 물론, 해결사 역할까지 해냈다. 박지수의 알토란 역할 속 김천은 2021년 K리그2 우승을 차지했다. 2022년 K리그1 무대에서 뛰게 된 박지수는 한 단계 단단한 모습을 보일 것으로 예상된다. 그는 "해외 생활을 하고 돌아왔다. 김천에는 또래가 많다. 행복하게 군 생활을 하고 있다. 특히 입대 후 규칙적인 생활을 한다. 몸 관리가 잘 되는 것 같다. 많이 배우고, 느끼고 있다"라며 앞으로의 활약을 더욱 기대케 했다.

2021시즌 기록

8	1,893(21) MINUTES 출전시간(경기수)	1 GOALS 득점	1 ASSISTS 도움	1
강점	위치 선정 능력 미리 판단하고 예측하는 플레이	**특징**	방출 위기 선수에서 태극마크까지 거머쥔 인간 승리	
약점	가끔씩 열리는 뒷공간	**별명**	오뚝이	

권창훈

1994년 6월 30일 | 28세 | 대한민국 | 174cm | 69kg

MF

No.26

경력

수원(13~16)
▷디종(17~19)
▷프라이부르크(19~21)
▷수원(21)
▷김천(22~)

K리그 통산기록

101경기 19득점 7도움

대표팀 경력

32경기 10득점
2013 U-20 월드컵
2016 · 2020 올림픽

설명이 따로 필요 없다. 그야말로 '역대급' 스펙의 소유자다. '신병' 권창훈은 17세 이하 대표팀을 시작으로 20세 이하, 23세 이하 등 연령별 대표팀을 두루 거친 엘리트다. 올림픽 무대도 두 차례나 밟았다. 현재는 파울루 벤투 감독이 이끄는 A대표팀에서 핵심으로 뛰고 있다. 해외 경험도 풍부하다. 그는 프랑스와 독일 등 유럽 무대를 경험했다. 권창훈이 잘 나가는 데는 이유가 있다. 권창훈은 대한민국 대표 멀티 플레이어. 공격형 미드필더지만 윙어, 중앙 미드필더, 더 나아가 처진 스트라이커까지 소화할 수 있다. 왼발 스페셜리스트라는 점도 눈여겨 볼 필요가 있다. 김천은 권창훈의 합류로 2022년 더욱 다양한 공격 옵션을 활용할 수 있게 됐다. 실제로 권창훈은 1월 A매치 기간 중 포메이션을 가리지 않고 날카로운 움직임으로 상대를 흔들었다. 또한, '선임' 조규성과 위치를 바꿔가며 공격 패턴을 다각화 했다. 다만, 권창훈은 입대와 동시에 A대표팀에 합류했다. 새 동료들과 호흡을 맞출 물리적 시간이 절대적으로 부족하다. 개인적으로 체력을 비축할 틈도 없다. 김태완 감독이 "대표팀에서 뛰는 것 말고는 본 적이 없다. 어떤 포지션에서 조화를 이룰 수 있는지 생각해야 한다"라고 고민할 정도도. 하지만 분명한 사실은 권창훈의 합류만으로도 김천 스쿼드의 무게는 한 단계 업그레이드 됐다는 점이다.

2021시즌 기록

1	**615(11)** MINUTES 출전시간(경기수)	**1** GOALS 득점	**0** ASSISTS 도움	0

강점	처진스트라이커부터 중원 전반을 소화할 수 있는 멀티 능력 풍부한 경험	특징	해외 경험부터 A매치 기록까지 상무 역사상 최고의 스펙
약점	새 동료들과 호흡 맞출 시간 부족 시즌 초반 적응력 물음표	별명	빵훈이

FW

No.10

명준재

1994년 7월 2일 | 28세 | 대한민국 | 178cm | 68kg

경력 | 전북(16) ▶ 이랜드(17) ▶ 전북(18~19) ▶ 인천(19) ▶ 수원(20) ▶ 김천(21~)

대표팀 경력 | U-23 대표팀 2경기

장점이 확실한 선수다. 빠른 발을 활용한 공간 침투 능력이 좋다는 평가다. 드리블, 슈팅력도 좋아 공격적인 윙 포워드 자원으로 분류된다. 그러나 프로에 합류한 뒤 재능을 펼쳐 보이지 못했다. 그는 고려대를 거쳐 2016년 전북에 입단했다. 2016년 비시즌 당시 도르트문트를 상대로 강렬한 인상을 남기기도 했다. 하지만 명준재는 전북에서 제대로 자리잡지 못했다. 이후 인천, 수원삼성 등을 거쳐 2021년 김천에 합류했다. 이번에야 말로 자신의 공격 재능을 뽐낼 때다.

2021시즌 기록					강점	약점
2	0	**333(6)** MINUTES 출전시간(경기수)	**1** GOALS 득점	**1** ASSISTS 도움	강렬한 드리블 공격적인 윙 포워드 자원	아직은 부족한 공격본능

FW

No.28

김지현

1996년 7월 22일 | 26세 | 대한민국 | 184m | 80kg

경력 | 강원(18~20) ▶ 울산(21) ▶ 김천(22~)

대표팀 경력 | -

기대가 컸던 만큼 아쉬움도 남는다. 2018년 강원에서 프로에 데뷔한 김지현은 매년 폭풍 성장을 이어갔다. 특히 2019년에는 리그 27경기에서 10골을 몰아 넣으며 신인상을 거머쥐었다. 과감한 돌파에 이은 파괴력 있는 슈팅으로 높은 평가를 받았다. 그는 2021년 울산의 러브콜을 받고 유니폼을 갈아 입었다. 하지만 김지현은 2021년 K리그 17경기에서 단 한 골을 넣는 데 그쳤다. 김지현은 김천에서 새 도전에 나선다. 기존 김천 공격진과는 사뭇 다른 플레이 스타일이다. 팀 내 새 활력소가 될 것으로 기대를 모은다.

2021시즌 기록					강점	약점
0	0	**838(17)** MINUTES 출전시간(경기수)	**1** GOALS 득점	**1** ASSISTS 도움	과감한 돌파 파괴력 있는 슈팅	다소 떨어지는 세밀함

MF

No.6

문지환

1994년 7월 26일 | 28세 | 대한민국 | 184cm | 77kg

경력 | 성남(17~19) ▶ 인천(20~21) ▶ 김천(21~)

대표팀 경력 | -

문지환은 성남과 인천을 거치며 '언성 히어로'라는 수식어를 얻었다. 지난해 중반 김천에 합류한 뒤 팀에 서서히 적응하는 중이다. 대학교 때는 미드필더를 봤지만, 프로에 온 뒤로는 센터백도 병행했다. 김천에는 정승현 박지수 등 국가대표급 센터백이 즐비한 만큼 주로 중원에 위치하는 모습이다. 문지환은 기본기 좋은 발밑과 단단한 체구를 앞세워 기본적으로 모든 포지션을 소화할 수 있다. 파워 등을 더 보강하면 수비형 미드필더로의 활용 가치가 훨씬 더 높은 선수란 평가다.

2021시즌 기록					강점	약점
3	1	**1,228(15)** MINUTES 출전시간(경기수)	**2** GOALS 득점	**0** ASSISTS 도움	미드필더-수비수 두루 경험 긍정적 발밑 기술	더 많은 경험이 필요

MF

No.7

고승범

1994년 4월 24일 | 28세 | 대한민국 | 173cm | 70kg
경력 | 수원(16~17) ▷ 대구(18) ▷ 수원(19~21) ▷ 김천(21~)
대표팀 경력 | 1경기

2022년 김천 중원의 새 사령관이 될 것으로 기대를 모은다. 고승범은 2016년 수원삼성 데뷔 후 우여곡절을 겪었다. 한때 측면 수비수와 중앙 미드필더를 모두 소화하는 살림꾼으로 박수받았다. 그러나 부상 탓에 한동안 제 실력을 발휘하지 못했다. 고승범은 무너지지 않았다. 그는 패스와 절묘한 프리킥을 강점으로 내세워 재도약했다. 지난해 김천 합류 전까지 수원의 핵심으로 중원을 이끌었다. 2022년 시작과 동시에 파울루 벤투 감독의 부름을 받고 A대표팀에서 훈련하기도 했다. 그의 절묘한 킥과 패스는 김천 중원에 힘을 불어넣을 전망이다.

		2021시즌 기록			강점	약점
5	0	2,029(25) MINUTES 출전시간(경기수)	4 GOALS 득점	6 ASSISTS 도움	엄청난 활동량 정교한 프리킥	다소 불안정한 왼발슛

MF

No.16

권혁규

2001년 3월 13일 | 21세 | 대한민국 | 190cm | 77kg
경력 | 부산(19~20) ▷ 김천(21~)
대표팀 경력 | U-23 대표팀 3경기

권혁규는 김천의 대표적인 22세 이하 자원이다. 14세 이하 대표팀부터 연령별 대표팀을 두루 거친 엘리트이기도 하다. 그만큼 매우 풍부한 잠재력을 갖고 있다. 포백 바로 위에서 공수 윤활유 역할을 한다. 뛰어난 피지컬 덕분에 세트피스 상황에서도 활용 가치가 높다. 김태완 감독은 물론이고 황선홍 23세 이하 대표팀 감독도 눈여겨 보는 선수다. 다만, 아직 프로에서의 경험이 부족하다. 수비 커버 타이밍을 놓치거나, 상대의 강한 압박에 당황하는 모습을 보일 때가 있다. 동료들과의 호흡이 더욱 중요한 시기다.

		2021시즌 기록			강점	약점
4	0	1,183(14) MINUTES 출전시간(경기수)	0 GOALS 득점	1 ASSISTS 도움	압도적 피지컬 풍부한 잠재력	수비 시 반 박자 느린 커버 타이밍

MF

No.22

한찬희

1997년 3월 17일 | 25세 | 대한민국 | 181cm | 75kg
경력 | 전남(16~19) ▷ 서울(20~21) ▷ 김천(21~)
대표팀 경력 | U-23 대표팀 7경기 1득점, 2017 U-20 월드컵

한때 '제2의 기성용'으로 불릴 만큼 빛나는 재능을 선보였다. 패스와 슈팅에 강점을 보인다. 전남 드래곤즈 유스 출신으로 어린 시절부터 연령별 대표팀을 경험했다. 2016년 전남 유니폼을 입고 프로에 데뷔한 뒤에도 중원에서 연결 고리 역할을 톡톡히 해냈다. 하지만 2020년 FC서울 이적 후 분위기가 달라졌다. 부상이 발목을 잡았다. 서울에서 리그 18경기를 소화하는 데 그쳤다. 한찬희는 김천에서 부활을 꿈꾼다. 다만, 다소 떨어지는 스피드는 반드시 보완해야 하는 부분이다.

		2021시즌 기록			강점	약점
0	0	395(8) MINUTES 출전시간(경기수)	1 GOALS 득점	0 ASSISTS 도움	왕성한 활동량 정확한 슈팅력	떨어지는 스피드

MF

No.24

정현철

1993년 4월 29일 | 29세 | 대한민국 | 187cm | 72kg

경력 | 경남(15~17) ▶ 서울(18~20) ▶ 김천(21~)

대표팀 경력 | U-20 대표팀 5경기 1득점, U-20 월드컵

지난해 중원에서 쏠쏠하게 활약했다. 중앙 미드필더지만 수비형 미드필더까지 다방면으로 활용이 가능하다. 과거 수비수로도 뛰었던 경험이 힘이 됐다. 다만, 높이(187cm)에 비해 파워가 부족한 것은 사실이다. 정현철은 새 시즌을 앞두고 파워 기르기에 집중했다. 그는 "개인적으로 피지컬이 부족하다고 느낀다. 감독님께서도 그 부분에 대해 말씀을 주셨다. 부대 내 체력단련 시설이 잘 돼 있다. 피지컬을 키우는 데 더 신경 쓰고 있다. 제대 전까지 피지컬을 더 보완한다면 개인적으로도 발전한 모습을 보일 수 있을 것 같다"라고 설명했다.

2021시즌 기록					강점	약점
5	0	1,620(19) MINUTES 출전시간(경기수)	1 GOALS 득점	0 ASSISTS 도움	미드필더 자원으로서는 큰 키 볼 컨트롤	파워 부족

MF

No.31

이영재

1994년 9월 13일 | 28세 | 대한민국 | 174cm | 60kg

경력 | 울산(15) ▶ 부산(16) ▶ 울산(17~18) ▶ 경남(19) ▶ 강원(19~20) ▶ 수원FC(21) ▶ 김천(22~)

대표팀 경력 | 3경기

이영재는 지난해 수원FC 중원의 핵심으로 활약했다. 최전방 외국인 공격수 라스와 호흡을 맞춰 수원FC의 파이널A 진출을 이끌었다. 프로데뷔 후 가장 많은 12개(5득점-7어시스트)의 공격 포인트를 기록했다. 간결한 패스와 정확한 롱킥은 타의 추종을 불허한다. 발은 빠르지 않지만 넓은 시야로 한 발 앞서 움직인다. 왼발 스페셜리스트라는 점도 매우 긍정적이다. 이영재는 올 시즌 김천의 '신형 무기'가 될 전망이다. 기존 조규성, 신병 권창훈 등과 함께 공격을 이끌 것으로 기대된다.

2021시즌 기록					강점	약점
1	0	2,506(30) MINUTES 출전시간(경기수)	5 GOALS 득점	7 ASSISTS 도움	간결한 패스 정확한 킥	다소 느린 발

DF

No.3

하창래

1994년 10월 16일 | 28세 | 대한민국 | 188cm | 82kg

경력 | 인천(17) ▶ 포항(18~21) ▶ 김천(21~)

대표팀 경력 | -

더 이상의 눈물은 없다. 하창래는 지난해 김천 합류 뒤 부상으로 한동안 경기에 나서지 못했다. 단 8경기 출전에 그쳤다. 2022시즌을 향한 하창래의 각오는 남다르다. 그는 "적응하는 데 어려움이 있었다. 여러 차례 부상도 겹치다 보니 악재가 됐다. 올해는 팀에 더 많은 도움이 되는 선수로 발전하고 싶다. 최소 20경기에 출전하고 싶다"라고 이를 악물었다. 하창래는 올 시즌 김천의 부주장을 맡는다. 그는 "주장을 보좌해 할 수 있는 역할을 다하겠다. 올해는 새로운 모습으로 팀에 일조하겠다"라며 각오를 다졌다.

2021시즌 기록					강점	약점
1	0	895(10) MINUTES 출전시간(경기수)	1 GOALS 득점	0 ASSISTS 도움	경기 읽는 능력 빌드업에 강점	입대 후 부상에 경기력 저하

DF

송주훈

1994년 1월 13일 | 28세 | 대한민국 | 190cm | 83kg

경력 | 알비렉스 니가타(14~15) ▷ 미토 홀리호크(15~16) ▷ 알비렉스 니가타(17~18) ▷ 경남(19) ▷ 톈진 톈하이(19) ▷ 선전(20) ▷ 제주(21) ▷ 김천(21~)

대표팀 경력 | 1경기, 2013 U-20 월드컵

또 한 명의 기대주다. 송주훈은 왼발과 필드 능력이 탁월한 수비수다. 커버 플레이와 수비 센스도 좋다는 평가다. K리그는 물론이고 일본과 중국 무대를 돌며 차곡차곡 경험을 쌓았다. 다만, 잦은 부상 탓에 최근 공백기가 길었다. 송주훈에게 2022년은 재기의 시간이 될 것으로 보인다. 그는 올 시즌 김천의 부주장을 맡게 됐다. 송주훈은 "부주장으로 임명해 주신 만큼 주장을 잘 보좌하겠다. 부주장에 걸맞은 행동과 언행으로 팀을 잘 이끌어가겠다. 올 시즌 높은 곳을 향해 뛰겠다"라고 굳은 각오를 다졌다.

No.4

2021시즌 기록				강점	약점
1	0	**288(3)** MINUTES 출전시간(경기수)	**0** GOALS 득점	**0** ASSISTS 도움	필드 능력 탁월 커버 플레이 일품	부상 탓에 긴 공백기

DF

유인수

1994년 12월 28일 | 28세 | 대한민국 | 178cm | 70kg

경력 | 도쿄(16~17) ▷ 아비스파 후쿠오카(18~19) ▷ 성남(20) ▷ 김천(21~)

대표팀 경력 | U-23 대표팀 9경기

유인수는 최후방에서 팀의 궂은일을 담당한다. 빛나지는 않지만 제 자리에서 묵묵히 역할을 소화한다. 지난해 김천에서 19경기를 소화하며 팀의 다이렉트 승격에 힘을 보탰다. 동료와의 연계를 통한 오버래핑이 좋다는 평가다. 영리하게 타이밍을 읽을 줄 안다. 수비에 집중하는 만큼 공격적으로 나서는 일은 많지 않다. 그러나 한 번 올라갔을 때 매우 위협적이다. 지난해 7월 대전과의 경기에서 수비 사이를 제치고 결승골을 폭발했다. 다만, 오른발을 사용하는 왼쪽 풀백인 만큼 왼쪽 사이드에서 올리는 크로스는 다소 불안하다.

No.11

2021시즌 기록				강점	약점
2	0	**1,730(19)** MINUTES 출전시간(경기수)	**1** GOALS 득점	**0** ASSISTS 도움	동료와의 연계 플레이 정확한 타이밍 예측	왼쪽 사이드에 있을 때 다소 흔들리는 킥

DF

김한길

1995년 6월 21일 | 27세 | 대한민국 | 178cm | 65kg

경력 | 서울(17~20) ▷ 전남(20~21) ▷ 김천(21~)

대표팀 경력 | -

김한길을 평가할 때 첫 번째로 나오는 말은 '가진 것이 많은 선수'라는 것이다. 그는 프로 입문 뒤 공격수에서 윙백으로 자리를 옮겼다. 그만큼 공격과 수비에서 알토란같은 역할을 해낼 능력을 갖추고 있다. 다만, 김한길은 공격쪽에서는 확실히 재능을 보였지만 수비에서는 다소 아쉬움을 남겼다. 김천에서는 공격과 수비 사이의 차이를 채워야 한다. 다행인 것은 기회가 있다는 점이다. 김천은 김한길의 재능을 가장 잘 활용할 수 있는 방안을 고민하고 있다. 김한길은 올 시즌 왼쪽 풀백으로의 활약을 기대케 한다.

No.14

2021시즌 기록				강점	약점
0	0	**511(8)** MINUTES 출전시간(경기수)	**0** GOALS 득점	**0** ASSISTS 도움	스피드 축구 기술	한정적 포지션

DF No.30

김주성
2000년 12월 12일 | 22세 | 대한민국 | 186cm | 76kg
경력 | 서울(19~20) ▷ 김천(21~)
대표팀 경력 | U-23 대표팀 2경기, 2019 U-20 월드컵

김주성은 연령별 대표팀 '단골손님'이다. 2019년 국제축구연맹 20세 이하 월드컵 준우승 멤버다. 최근에는 황선홍 23세 이하 대표팀 감독의 부름을 받고 훈련에 몰두했다. 김주성은 연령별 대표팀에 빠지지 않고 합류할 정도로 성장 가능성이 높다. 나이는 어리지만 경기 운영 능력에서 긍정적 점수를 받는다. 볼 관리 능력도 좋다는 평가다. 다만, 프로의 벽은 생각보다 높다. 2019년 FC서울에서 프로데뷔한 뒤 세 시즌 동안 리그 31경기를 소화하는 데 그쳤다. 출전 시간이 적은 탓에 경기력과 체력을 끌어 올려야 하는 숙제가 있다.

2021시즌 기록					강점	약점
1	0	531(8) MINUTES 출전시간(경기수)	0 GOALS 득점	0 ASSISTS 도움	풍부한 성장 가능성 볼 관리 능력	부족한 경기 체력

DF No.32

강윤성
1997년 7월 1일 | 25세 | 대한민국 | 172cm | 65kg
경력 | 대전(16~18) ▷ 제주(19~21) ▷ 김천(22~)
대표팀 경력 | U-23 대표팀 17경기, 2020 올림픽

신병 강윤성은 2022년 김천의 새 동력이다. 강윤성은 2016년 대전에서 프로데뷔한 이후 단박에 핵심 자리를 꿰찼다. 23세 이하 대표팀에서도 주축으로 뛰며 도쿄올림픽 무대를 밟았다. 강윤성이 쑥쑥 성장한 비결은 멀티 플레이어로서의 능력 덕분이다. 그는 수비 전반과 수비형 미드필더까지 소화할 수 있는 멀티 자원이다. 오른발을 주로 사용하지만 상황에 따라 왼쪽 수비로도 뛸 정도다. 여기에 왕성한 활동량까지 묶어 팀에 힘을 보탠다. 다만, 가끔 보이는 수비 실수는 보완해야 할 점으로 꼽힌다.

2021시즌 기록					강점	약점
4	0	882(23) MINUTES 출전시간(경기수)	0 GOALS 득점	0 ASSISTS 도움	다양한 포지션 활용 가능 엄청난 활동량	경험 부족에서 오는 수비 실수

GK No.18

강정묵
1996년 3월 21일 | 26세 | 대한민국 | 188cm | 82kg
경력 | 이랜드(18~20) ▷ 김천(21~)
대표팀 경력 | -

지난해 김천의 '제2 골키퍼'로 뛰었다. 신장(188cm)은 특별히 높지 않지만 동물적인 움직임을 선보인다. 순간적인 반사 신경이 뛰어나다. 단국대 시절부터 뛰어난 선방 실력으로 각광 받았다. 2018년 이랜드의 유니폼을 입고 프로에 합류한 뒤에도 빼어난 선방 능력을 선보였다. 그러나 발밑 기술에서 세밀함이 다소 떨어진다는 평가다. 그 탓에 낮게 오는 볼을 처리하는데 어려움을 겪는 모습을 보인다. 김천에서 한 단계 더 발전한 모습을 보이기 위해서는 발밑 기술을 보완해야 한다.

2021시즌 기록					강점	약점
1	0	687(7) MINUTES 출전시간(경기수)	16 SAVE 선방	8 LOSS 실점	순간적인 반사 신경 선방	다소 부족한 발밑 능력

2022
K리그
스카우팅리포트

초판 1쇄 펴낸 날 | 2022년 3월 11일
초판 2쇄 펴낸 날 | 2022년 3월 25일

지은이 | 김성원, 이원만, 김용, 윤진만, 박찬준, 김가을
펴낸이 | 홍정우
펴낸곳 | 브레인스토어

책임편집 | 김다니엘
편집진행 | 차종문, 박혜림
디자인 | 이예슬
마케팅 | 장민영
자료제공 | 한국프로축구연맹

주소 | (04035) 서울특별시 마포구 양화로 7안길 31(서교동, 1층)
전화 | (02)3275-2915~7
팩스 | (02)3275-2918
이메일 | brainstore@chol.com
블로그 | https://blog.naver.com/brain_store
페이스북 | https://www.facebook.com/brainstorebooks
인스타그램 | https://instagram.com/brainstore_publishing

등록 | 2007년 11월 30일(제313-2007-000238호)

© 브레인스토어, 김성원, 이원만, 김용, 윤진만, 박찬준, 김가을, 2022
ISBN 979-11-88073-88-7 (03690)